中华现代学术名著丛书

中国哲学史大纲

胡适 著

商務印書館
创于1897
The Commercial Press

图书在版编目(CIP)数据

中国哲学史大纲/胡适著.—北京:商务印书馆,2011(2025.6重印)
(中华现代学术名著丛书)
ISBN 978-7-100-08532-8

Ⅰ.①中… Ⅱ.①胡… Ⅲ.①哲学史—中国—古代 Ⅳ.①B21

中国版本图书馆CIP数据核字(2011)第172217号

本书据商务印书馆1947年版排印

中华现代学术名著丛书
中国哲学史大纲
胡 适 著

商 务 印 书 馆 出 版
(北京王府井大街36号 邮政编码100710)
商 务 印 书 馆 发 行
三河市春园印刷有限公司印刷
ISBN 978-7-100-08532-8

2011年10月第1版 开本880×1240 1/32
2025年6月第6次印刷 印张12⅛ 插页1

定价:68.00元

胡 适

(1891—1962)

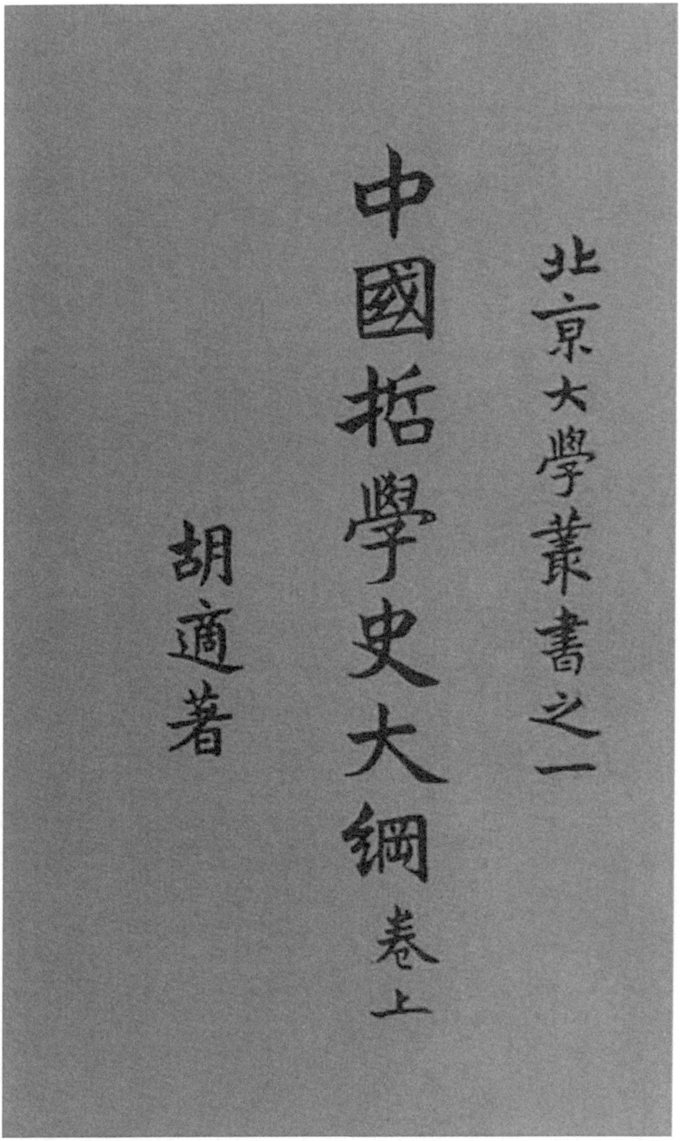

商务印书馆1928年版封面

出版说明

百年前，张之洞尝劝学曰："世运之明晦，人才之盛衰，其表在政，其里在学。"是时，国势颓危，列强环伺，传统频遭质疑，西学新知亟亟而入。一时间，中西学并立，文史哲分家，经济、政治、社会等新学科勃兴，令国人乱花迷眼。然而，淆乱之中，自有元气淋漓之象。中华现代学术之转型正是完成于这一混沌时期，于切磋琢磨、交锋碰撞中不断前行，涌现了一大批学术名家与经典之作。而学术与思想之新变，亦带动了社会各领域的全面转型，为中华复兴奠定了坚实基础。

时至今日，中华现代学术已走过百余年，其间百家林立、论辩蜂起，沉浮消长瞬息万变，情势之复杂自不待言。温故而知新，述往事而思来者。"中华现代学术名著丛书"之编纂，其意正在于此，冀辨章学术，考镜源流，收纳各学科学派名家名作，以展现中华传统文化之新变，探求中华现代学术之根基。

"中华现代学术名著丛书"收录上自晚清下至20世纪80年代末中国大陆及港澳台地区、海外华人学者的原创学术名著（包括外文著作），以人文社会科学为主体兼及其他，涵盖文学、历史、哲学、政治、经济、法律和社会学等众多学科。

出版“中华现代学术名著丛书”，为本馆一大夙愿。自1897年始创起，本馆以“昌明教育，开启民智”为己任，有幸首刊了中华现代学术史上诸多开山之著、扛鼎之作；于中华现代学术之建立与变迁而言，既为参与者，也是见证者。作为对前人出版成绩与文化理念的承续，本馆倾力谋划，经学界通人擘画，并得国家出版基金支持，终以此丛书呈现于读者面前。唯望无论多少年，皆能傲立于书架，并希冀其能与“汉译世界学术名著丛书”共相辉映。如此宏愿，难免汲深绠短之忧，诚盼专家学者和广大读者共襄助之。

商务印书馆编辑部

2010年12月

凡　例

一、“中华现代学术名著丛书”收录晚清以迄20世纪80年代末，为中华学人所著，成就斐然、泽被学林之学术著作。入选著作以名著为主，酌量选录名篇合集。

二、入选著作内容、编次一仍其旧，唯各书卷首冠以作者照片、手迹等。卷末附作者学术年表和题解文章，诚邀专家学者撰写而成，意在介绍作者学术成就，著作成书背景、学术价值及版本流变等情况。

三、入选著作率以原刊或作者修订、校阅本为底本，参校他本，正其讹误。前人引书，时有省略更改，倘不失原意，则不以原书文字改动引文；如确需校改，则出脚注说明版本依据，以“编者注”或“校者注”形式说明。

四、作者自有其文字风格，各时代均有其语言习惯，故不按现行用法、写法及表现手法改动原文；原书专名（人名、地名、术语）及译名与今不统一者，亦不作改动。如确系作者笔误、排印舛误、数据计算与外文拼写错误等，则予径改。

五、原书为直（横）排繁体者，除个别特殊情况，均改作横排简体。其中原书无标点或仅有简单断句者，一律改为新式标点，专名号从略。

六、除特殊情况外，原书篇后注移作脚注，双行夹注改为单行夹注。文献著录则从其原貌，稍加统一。

七、原书因年代久远而字迹模糊或纸页残缺者，据所缺字数用“□”表示；字数难以确定者，则用“（下缺）”表示。

目　录

序

我们今日要编中国古代哲学史,有两层难处。第一是材料问题:周秦的书,真的同伪的混在一处。就是真的,其中错简错字又是很多。若没有做过清朝人叫做"汉学"的一步工夫,所搜的材料必多错误。第二是形式问题:中国古代学术从没有编成系统的纪载。《庄子》的《天下》篇,《汉书·艺文志》的《六艺略》、《诸子略》,均是平行的纪述。我们要编成系统,古人的著作没有可依傍的,不能不依傍西洋人的哲学史。所以非研究过西洋哲学史的人,不能构成适当的形式。

现在治过"汉学"的人虽还不少,但总是没有治过西洋哲学史的。留学西洋的学生,治哲学的,本没有几人。这几人中,能兼治"汉学"的,更少了。适之先生生于世传"汉学"的绩溪胡氏,禀有"汉学"的遗传性;虽自幼进新式的学校,还能自修"汉学",至今不辍;又在美国留学的时候兼治文学哲学,于西洋哲学史是很有心得的。所以编中国古代哲学史的难处,一到先生手里,就比较的容易多了。

先生到北京大学教授中国哲学史,才满一年。此一年的短时期中,成了这一编《中国古代哲学史大纲》,可算是心灵手敏了。我曾细细读了一遍,看出其中几处的特长:

第一是证明的方法。我们对于一个哲学家,若是不能考实他生存的时代,便不能知道他思想的来源;若不能辨别他遗著的真伪,便不能揭出他实在的主义;若不能知道他所用辩证的方法,便不能发见他有无矛盾的议论。适之先生这《大纲》中此三部分的研究,差不多占了全书三分之一,不但可以表示个人的苦心,并且为后来的学者开无数法门。

第二是扼要的手段。中国民族的哲学思想远在老子、孔子之前,是无可疑的。但要从此等一半神话、一半政史的记载中,抽出纯粹的哲学思想,编成系统,不是穷年累月,不能成功的。适之先生认定所讲的是中国古代哲学家的思想发达史,不是中国民族的哲学思想发达史,所以截断众流,从老子、孔子讲起。这是何等手段!

第三是平等的眼光。古代评判哲学的,不是墨非儒,就是儒非墨。且同是儒家,荀子非孟子,崇拜孟子的人,又非荀子。汉宋儒者,崇拜孔子,排斥诸子;近人替诸子抱不平,又有意嘲弄孔子。这都是闹意气罢了!适之先生此编,对于老子以后的诸子,各有各的长处,各有各的短处,都还他一个本来面目,是很平等的。

第四是系统的研究。古人记学术的,都用平行法,我已说过了。适之先生此编,不但孔墨两家有师承可考的,一一显出变迁的痕迹。便是从老子到韩非,古人划分做道家和儒、墨、名、法等家的,一经排比时代,比较论旨,都有递次演进的脉络可以表示。此真是古人所见不到的。

以上四种特长,是较大的,其他较小的长处,读的人自能领会,我不必赘说了。我只盼望适之先生努力进行,由上古而中古,而近世,编成一部完全的《中国哲学史大纲》,把我们三千年来一半断烂、一半庞杂的哲学界,理出一个头绪来,给我们一种研究本国哲学史的门径,那真是我们的幸福了!

中华民国七年八月三日　蔡元培

再版自序

一部哲学的书，在这个时代，居然能于两个月之内再版，这是我自己不曾梦想到的事。这种出乎意外的欢迎，使我心里欢喜感谢，自不消说得。

这部书的稿本是去年九月寄出付印的，到今年二月出版时，我自己的见解已有几处和这书不同了。近来承各地的朋友同我讨论这部书的内容，有几点我很佩服。我本想把这几处修正了然后再版。但是这时候各处需要这书的人很多，我又一时分不出工夫来做修正的事，所以只好暂时先把原版重印。这是我很抱歉的事。(有一两处已在正误表里改正。又关于墨辩的一部分，我很希望读者能参看《北京大学月刊》第三期里我的《〈墨子·小取〉篇新诂》一篇。)

我做这部书，对于过去的学者我最感谢的是：王怀祖、王伯申、俞荫甫、孙仲容四个人。对于近人，我最感谢章太炎先生。北京大学的同事里面，钱玄同、朱逿先两位先生对于这书都曾给我许多帮助。这书排印校稿的时候，我正奔丧回家去了，多亏得高一涵和张申府两位先生替我校对，我很感谢他们。

民国八年五月三日　胡　适

凡 例

一、本书分上中下三卷*。上卷述古代哲学,自为一册。中卷述中古哲学,下卷述近世哲学,合为一册。这个区分,似乎不平均。但这里面有两层理由。第一,古代哲学书有许多话须详细解释,故校勘、训诂两项占了许多篇幅。中古以下的书籍,不用做这几项工夫,故篇幅少些。第二,古代哲学的规模广大、问题繁杂、学派众多,故须多占篇幅。中古哲学材料较少些。近世哲学材料虽多,问题实很简单、派别也很少,故不须一一细述了。

二、本书选择材料的方法,在第一篇中另有详细的讨论。此处恕不重述了。

三、本书全用白话。但引用古书,还用原文;原文若不容易懂得,便用白话作解说。

四、本书所用的句读符号和他种文字符号、列表如下:

(1)。 表一句的收束。

(2)、 表一顿或一读。

(3); 表含有几个小读的长读。

(4): 表冒下文或总结上文。

(5)? 表疑问。

---

* 中、下卷未出。——编者注

(6)！　表惊叹。

(7)……　表删节。

(8)——　(甲)表忽转一个意思。(例)《诗·伐檀》:"河水清且涟猗。——不稼不穑,胡取禾三百廛兮!"

(乙)表夹注的字句。(例)"以上所说四种证据——史事、文字、文体、思想——都可叫做内证"*

(丙)表总结上文几小段。(例)——以上三项,都是消极的主张。

(9)""、''　表引用的话的起结。有时也表特别提出的名词或句语。

(10)字右边的直线　表一切私名。或称本名。(例)墨翟人名、洛阳地名、汉魏朝代、佛学学派。**

(11)字右边的曲线　表书名及篇名。(例)《庄子·天下》篇***

(12)。。。。或……　表特别注重的所在。****

民国七年七月十五日　胡　适。

* 此次重排版取消夹注,加括注。——编者注

** 按现代标点规范,此直线取消。——编者注

*** 按现代标点规范,改为书名号。——编者注

**** 原书不统一,统加着重号。但其中标题部分,仅予以加粗。——编者注

第一篇　导言

哲学的定义　哲学的定义，从来没有一定的。我如今也暂下一个定义："凡研究人生切要的问题，从根本上着想，要寻一个根本的解决。这种学问，叫做哲学。"例如行为的善恶，乃是人生一个切要问题。平常人对着这问题，或劝人行善去恶，或实行赏善罚恶，这都算不得根本的解决。哲学家遇着这问题，便去研究什么叫做善，什么叫做恶；人的善恶还是天生的呢，还是学得来的呢；我们何以能知道善恶的分别，还是生来有这种观念，还是从阅历经验上学得来的呢；善何以当为，恶何以不当为；还是因为善事有利所以当为，恶事有害所以不当为呢；还是只论善恶，不论利害呢。这些都是善恶问题的根本方面。必须从这些方面着想，方可希望有一个根本的解决。

因为人生切要的问题不止一个，所以哲学的门类也有许多种。例如：

一、天地万物怎样来的。（宇宙论）

二、知识思想的范围、作用及方法。（名学及知识论）

三、人生在世应该如何行为。（人生哲学，旧称"伦理学"）

四、怎样才可使人有知识，能思想，行善去恶呢。（教育哲学）

五、社会国家应该如何组织，如何管理。（政治哲学）

六、人生究竟有何归宿。　（宗教哲学）

哲学史　这种种人生切要问题，自古以来，经过了许多哲学家的研究。往往有一个问题发生以后，各人有各人的见解，各人有各人的解决方法，遂致互相辩论。有时一种问题过了几千百年，还没有一定的解决法。例如孟子说人性是善的，告子说性无善无不善，荀子说性是恶的。到了后世，又有人说性有上中下三品，又有人说性是无善无恶可善可恶的。若有人把种种哲学问题的种种研究法和种种解决方法，都依着年代的先后和学派的系统，一一记叙下来，便成了哲学史。

哲学史的种类也有许多：

一、通史。例如《中国哲学史》、《西洋哲学史》之类。

二、专史。

（一）专治一个时代的。例如《希腊哲学史》、《明儒学案》。

（二）专治一个学派的。例如《禅学史》、《斯多亚派哲学史》。

（三）专讲一人的学说的。例如《王阳明的哲学》、《康德的哲学》。

（四）专讲哲学的一部分的历史。例如《名学史》、《人生哲学史》、《心理学史》。

哲学史有三个目的：

（一）明变　哲学史第一要务，在于使学者知道古今思想沿革变迁的线索。例如孟子、荀子同是儒家，但是孟子、荀子的学说，和孔子不同，孟子又和荀子不同。又如宋儒、明儒也都自称孔氏，但是宋明的儒学，并不是孔子的儒学，也不是孟子、荀子的儒学。但是这个不同之中，却也有个相同的所在，又有个一线相承的所在。

这种同异沿革的线索，非有哲学史，不能明白写出来。

（二）求因　哲学史目的，不但要指出哲学思想沿革变迁的线索，还须要寻出这些沿革变迁的原因。例如程子、朱子的哲学，何以不同于孔子、孟子的哲学？陆象山、王阳明的哲学，又何以不同于程子、朱子呢？这些原因，约有三种：

（甲）个人才性不同。

（乙）所处的时势不同。

（丙）所受的思想学术不同。

（三）评判　既知思想的变迁和所以变迁的原因了，哲学史的责任还没有完，还须要使学者知道各家学说的价值。这便叫做评判。但是我说的评判，并不是把做哲学史的人自己的眼光，来批评古人的是非得失。那种"主观的"评判，没有什么大用处。如今所说，乃是"客观的"评判。这种评判法，要把每一家学说所发生的效果表示出来。这些效果的价值，便是那种学说的价值。这些效果，大概可分为三种：

（甲）要看一家学说在同时的思想和后来的思想上，发生何种影响。

（乙）要看一家学说在风俗政治上，发生何种影响。

（丙）要看一家学说的结果可造出什么样的人格来。

例如古代的"命定主义"，说得最痛切的，莫如庄子。庄子把天道看作无所不在，无所不包，故说"庸讵知吾所谓天之非人乎？所谓人之非天乎？"因此他有"乘化以待尽"的学说。这种学说，在当时遇着荀子，便发生一种反动力。荀子说"庄子蔽于天而不知人"，所以荀子的《天论》极力主张征服天行，以利人事。但是后来庄子这种学说的影响，养成一种乐天安命的思想，牢不可破。在社会上，好的效果，便是一种达观主义；不好的效果，便是懒惰不肯进取的心理。造成的人才，好的便是陶渊明、苏东坡；不好的便是刘伶一类达观的废物了。

中国哲学在世界哲学史上的位置　世界上的哲学大概可分为东西两支。东支又分印度、中国两系。西支也分希腊、犹太两系。初起的时候，这四系都可算作独立发生的。到了汉以后，犹太系加入希腊系，成了欧洲中古的哲学。印度系加入中国系，成了中国中古的哲学。到了近代，印度系的势力渐衰，儒家复起，遂产生了中国近世的哲学，历宋元明清，直到于今。欧洲的思想，渐渐脱离了犹太系的势力，遂产生欧洲的近世哲学。到了今日，这两大支的哲学互相接触、互相影响。五十年后，一百年后，或竟能发生一种世界的哲学，也未可知。

附世界哲学统系图

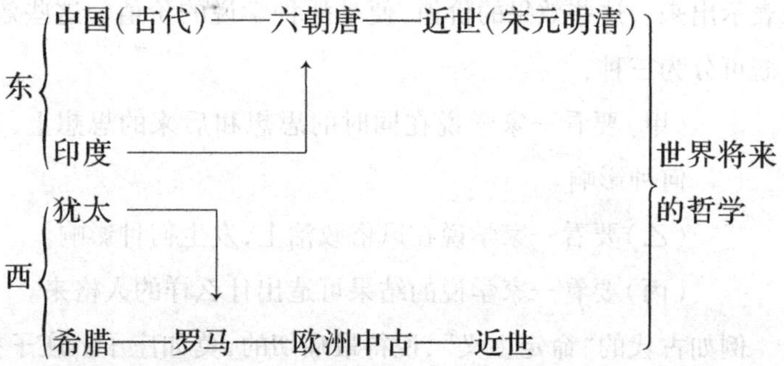

中国哲学史的区分　中国哲学史可分三个时代：

（一）古代哲学　自老子至韩非，为古代哲学。这个时代，又名“诸子哲学”。

（二）中世哲学　自汉至北宋，为中世哲学。这个时代，大略又可分作两个时期：

（甲）中世第一时期。自汉至晋，为中世第一时期。这一时期的学派，无论如何不同，都还是以古代诸子的哲学作起点的。例如《淮南子》是折衷古代各家的；董仲舒是儒家的一支；王充的天论得力于道家，性论折衷于各家；魏晋的老庄之学，更不用说了。

（乙）中世第二时期。自东晋以后，直到北宋，这几百年中间，是印度哲学在中国最盛的时代。印度的经典，次第输入中国。印度的宇宙论、人生观、知识论、名学、宗教哲学，都能于诸子哲学之外，别开生面，别放光彩。此时凡是第一流的中国思想家，如智颢、玄奘、宗密、窥基，多用全副精力，发挥印度哲学。那时的中国系的学者，如王通、韩愈、李翱诸人，全是第二流以下的人物。他们所有的学说，浮泛浅陋，全无精辟独到的见解。故这个时期的哲学，完全以印度系为主体。

（三）近世哲学 唐以后，印度哲学已渐渐成为中国思想文明的一部分。譬如吃美味，中古第二时期是仔细咀嚼的时候，唐以后便是胃里消化的时候了。吃的东西消化时，与人身本有的种种质料结合，别成一些新质料。印度哲学在中国，到了消化的时代，与中国固有的思想结合，所发生的新质料，便是中国近世的哲学。我这话初听了好像近于武断。平心而论，宋明的哲学，或是程朱，或是陆王，表面上虽都不承认和佛家禅宗有何关系，其实没有一派不曾受印度学说的影响的。这种影响，约有两方面。一面是直接的。如由佛家的观心，回到孔子的“操心”，到孟子的“尽心”、“养心”，到《大学》的“正心”，是直接的影响。另一面是反动的。佛家见解尽管玄妙，终究是出世的，是“非伦理的”。宋明的儒家，攻击佛家的出世主义，故极力提倡“伦理的”入世主义。明心见性，以成佛果，终是自私自利；正心诚意，以至于齐家、治国、平天下，便是伦理的人生哲学了。这是反动的影响。

明代以后，中国近世哲学完全成立。佛家已衰，儒家成为一尊。于是又生反动力，遂有汉学、宋学之分。清初的汉学家，嫌宋儒用主观的见解，来解古代经典，有"望文生义"、"增字解经"种种流弊。故汉学的方法，只是用古训、古音、古本等等客观的根据，来求经典的原意。故嘉庆以前的汉学、宋学之争，还只是儒家的内讧。但是汉学家既重古训古义，不得不研究与古代儒家同时的子书，用来作参考互证的材料。故清初的诸子学，不过是经学的一种附属品，一种参考书。不料后来的学者，越研究子书，越觉得子书有价值。故孙星衍、王念孙、王引之、顾广圻、俞樾诸人，对于经书与子书，简直没有上下轻重和正道异端的分别了。到了最近世，如孙诒让、章炳麟诸君，竟都用全副精力，发明诸子学。于是从前作经学附属品的诸子学，到此时代，竟成专门学。一般普通学者，崇拜子书，也往往过于儒书。岂但是"附庸蔚为大国"，简直是"婢作夫人"了。

综观清代学术变迁的大势，可称为古学昌明的时代。自从有了那些汉学家考据、校勘、训诂的工夫，那些经书子书，方才勉强可以读得。这个时代，有点像欧洲的"再生时代"(再生时代西名Renaissance，旧译文艺复兴时代)。欧洲到了"再生时代"，昌明古希腊的文学哲学，故能推翻中古"经院哲学"(旧译烦琐哲学，极不通。原文为Scholasticism，今译原义)的势力，产出近世的欧洲文化。我们中国到了这个古学昌明的时代，不但有古书可读，又恰当西洋学术思想输入的时代，有西洋的新旧学说可供我们的参考研究。我们今日的学术思想，有这两个大源头：一方面是汉学家传给我们的古书；一方面是西洋的新旧学说。这两大潮流汇合以后，中国若不能产生一种中国的新哲学，那就真是辜负了这个好机会了。

哲学中的史料　上文说哲学史有三个目的：一是明变，二是求因，三是评判。但是哲学史先须做了一番根本工夫，方才可望达到这三个目的。这个根本工夫，叫做述学。述学是用正确的手段，科学的方法，精密的心思，从所有的史料里面，求出各位哲学家的一生行事、思想渊源沿革和学说的真面目。为什么说“学说的真面目”呢？因为古人读书编书最不细心，往往把不相干的人的学说并入某人的学说（例如《韩非子》的第一篇是张仪说秦王的书。又如《墨子·经》上下、《经说》上下、《大取》、《小取》诸篇，决不是墨翟的书）；或把假书作为真书（如《管子》、《关尹子》、《晏子春秋》之类）；或把后人加入的篇章，作为原有的篇章（此弊诸子书皆不能免。试举《庄子》为例，庄子书中伪篇最多。世人竟有认《说剑》、《渔父》诸篇为真者。其他诸篇，更无论矣）；或不懂得古人的学说，遂致埋没了（如《墨子·经上》诸篇）；或把古书解错了，遂失原意（如汉人用分野、爻辰、卦气说《易经》，宋人用太极图、先天卦位图说《易经》。又如汉人附会《春秋》，来说灾异，宋人颠倒《大学》，任意补增，皆是其例）；或各用己意解古书，闹得后来众说纷纷，糊涂混乱（如《大学》中“格物”两字，解者多至七十余家。又如老庄之书，说者纷纷，无两家相同者）。有此种种障碍，遂把各家学说的真面目大半失掉了。至于哲学家的一生行事和所居的时代，古人也最不留意。老子可见杨朱；庄周可见鲁哀公；管子能说毛嫱、西施；墨子能见吴起之死和中山之灭；商鞅能知长平之战；韩非能说荆、齐、燕、魏之亡。此类笑柄，不可胜数。《史记》说老子活了一百六十多岁，或言二百余岁，又说孔子死后一百二十九年，老子还不曾死。那种神话，更不足论了。哲学家的时代，既不分明，如何能知道他们思想的传授沿革？最荒谬的是汉朝的刘歆、班固说诸子的学说都出于王官；又说“合其要归，亦六经之支与流裔”（《汉书·艺文志》。看胡适“诸子不出于王官论”，《太平洋》杂志第一卷第七号）*。诸子既都出于王官与六经，还有什么别的渊源传授可说？

以上所说，可见“述学”之难。述学的所以难，正为史料或不完备，或不可靠。哲学史的史料，大概可分为两种：一为原料，一为副料。今分说于下：

一、**原料** 哲学史的原料，即是各哲学家的著作。近世哲学史对于这一层，大概没有什么大困难。因为近世哲学发生在印书术通行以后，重要的哲学家的著作，都有刻版流传；偶有散失埋没的书，终究不多。但近世哲学史的史料，也不能完全没有疑窦。如谢良佐的《上蔡语录》里，是否有江民表的书？如朱熹的《家礼》是否可信为他自已的主张？这都是可疑的问题。又宋儒以来，各家都有语录，都是门弟子笔记的。这些语录，是否无误记误解之处，也是一个疑问。但是大致看来，近世哲学史料还不至有大困难。到了中世哲学史，便有大困难了。汉代的书，如贾谊的《新书》，董仲舒的《春秋繁露》，都有后人增加的痕迹。又如王充的《论衡》，是汉代一部奇书，但其中如《乱龙》篇极力为董仲舒作土龙求雨一事辩护，与全书的宗旨恰相反。篇末又有“论衡终之，故曰乱龙。乱者，终也”的话，全无道理。明是后人假造的。此外重复的话极多。伪造的书定不止这一篇。又如仲长统的《昌言》，乃是中国政治哲学史上有数的书，如今已失，仅存三篇。魏晋人的书，散失更多。《三国志》、《晋书》、《世说新语》所称各书，今所存的，不过几部书。

---

* 已收入本书附录。——编者注

如《世说新语》说魏晋注《庄子》的有几十家，今但有郭象注完全存在。《晋书》说鲁胜有《墨辩注》，今看其序，可见那注定极有价值，可惜现在不传了。后人所编的汉魏六朝人的集子，大抵多系东抄西摘而成的，那原本的集子大半都散失了。故中古哲学史料最不完全。我们不能完全恢复魏晋人的哲学著作，是中国哲学史最不幸的事。到了古代哲学史，这个史料问题更困难了。表面上看来，古代哲学史的重要材料，如孔、老、墨、庄、孟、荀、韩非的书，都还存在。仔细研究起来，这些书差不多没有一部是完全可靠的。大概《老子》里假的最少。《孟子》或是全真，或是全假（宋人疑《孟子》者甚多）。依我看来，大约是真的。称"子曰"或"孔子曰"的书极多，但是真可靠的实在不多。《墨子》、《荀子》两部书里，很多后人杂凑伪造的文字。《庄子》一书，大概十分之八九是假造的。《韩非子》也只有十分之一二可靠。此外如《管子》、《列子》、《晏子春秋》诸书，是后人杂凑成的。《关尹子》、《鹖冠子》、《商君书》，是后人伪造的。《邓析子》也是假书。《尹文子》似乎是真书，但不无后人加入的材料。《公孙龙子》有真有假，又多错误。这是我们所有的原料。更想到《庄子·天下》篇和《荀子·非十二子》篇、《天论》篇、《解蔽》篇所举它嚣、魏牟、陈仲（即孟子之陈仲子）、宋钘（即孟子之宋牼）、彭蒙、田骈、慎到（今所传《慎子》五篇是佚文）、惠施、申不害和王充《论衡》所举的世硕、漆雕开、宓子贱、公孙尼子，都没有著作遗传下来。更想到孔门一脉的儒家，所著书籍，何止大小戴《礼记》里所采的几篇？如此一想，可知中国古代哲学的史料于今所存不过十分之一二。其余的十分之八九，都不曾保存下来。古人称"惠施多方，其书五车"。于今惠施的学说，只剩得一百多个字。若依此比例，恐怕现存的古代史料，还没有十分之一二呢！原著的书既散失了这许多,于今又无发见古书的希望,于是有一班学者,把古书所记各人的残章断句,一一搜集成书。如汪继培或孙星衍的《尸子》,如马国翰的《玉函山房辑佚书》。这种书可名为"史料钩沉",在哲学史上也极为重要。如惠施的五车书都失掉了,幸亏有《庄子·天下》篇所记的十事,还可以考见他的学说的性质。又如告子与宋钘的书,都不传了,今幸亏有《孟子》的《告子》篇和《荀子》的《正论》篇,还可以考见他们的学说的大概。又如各代历史的列传里,也往往保存了许多中古和近世的学说。例如《后汉书》的《仲长统传》保存了三篇《昌言》;《梁书》的《范缜传》保存了他的《神灭论》。这都是哲学史的原料的一部分。

二、副料 原料之外,还有一些副料,也极重要。凡古人所作关于哲学家的传记、轶事、评论、学案、书目都是哲学史的副料。例如《礼记》中的《檀弓》,《论语》中的十八、十九两篇,《庄子》中的《天下》篇,《荀子》中的《正论》篇,《吕氏春秋》,《韩非子》中的《显学》篇,《史记》中各哲学家的列传,皆属于此类。近世文集里有许多传状序跋,也往往可供参考。至于黄宗羲的《明儒学案》及黄宗羲、黄百家、全祖望的《宋元学案》,更为重要的哲学史副料。若古代中世的哲学都有这一类的学案,我们今日编哲学史便不至如此困难了。副料的重要,约有三端:第一,各哲学家的年代、家世、事迹,未必在各家著作之中,往往须靠这种副料,方才可以考见。第二,各家哲学的学派系统、传授源流,几乎全靠这种副料作根据。例如《庄子·天下》篇与《韩非子·显学》篇论墨家派别,为他书所无。《天下》篇说墨家的后人,"以坚白同异之辩相訾,以觭偶不仵之辞相应",可考证后世俗儒所分别的"名家",原不过是墨家的一派。不但"名家出于礼官之说"不能成立,还可证明古代本无所谓

“名家”(说详见本书第八篇)。第三,有许多学派的原著已失,全靠这种副料里面,论及这种散佚的学派,借此可以考见他们的学说大旨。如《庄子·天下》篇所论宋钘、彭蒙、田骈、慎到、惠施、公孙龙、桓团及其他辩者的学说;如《荀子·正论》篇所称宋钘的学说,都是此例。上节所说的“史料钩沉”,也都全靠这些副料里所引的各家学说。

以上论哲学史料是什么。

史料的审定　中国人作史,最不讲究史料。神话官书,都可作史料,全不问这些材料是否可靠。却不知道史料若不可靠,所作的历史便无信史的价值。孟子说:“尽信书则不如无书。”孟子何等崇拜孔子,但他对于孔子手定之书,还持怀疑态度。何况我们生在今日,去古已远,岂可一味迷信古书,甘心受古代作伪之人的欺骗?哲学史最重学说的真相、先后的次序和沿革的线索。若把那些不可靠的材料信为真书,必致(一)失了各家学说的真相;(二)乱了学说先后的次序;(三)乱了学派相承的系统。我且举《管子》一部书为例。《管子》这书,定非管仲所作,乃是后人把战国末年一些法家的议论和一些儒家的议论(如《内业》篇,如《弟子职》篇)和一些道家的议论(如《白心》、《心术》等篇),还有许多夹七夹八的话,并作一书;又伪造了一些桓公与管仲问答诸篇,又杂凑了一些纪管仲功业的几篇;遂附会为管仲所作。今定此书为假造的,证据甚多,单举三条:

(一)《小称》篇记管仲将死之言,又记桓公之死。管仲死于西历前六四三年。《小称》篇又称毛嫱、西施,西施当吴亡时还在。吴亡在西历前四七二年,管仲已死百七十年了。此外如《形势解》说“五伯”,《七臣七主》说“吴王好剑,楚王好细腰”,皆可见此书为后人伪作。

(二)《立政》篇说:"寝兵之说胜,则险阻不守;兼爱之说胜,则士卒不战。"《立政九败解》说"兼爱"道:"视天下之民如其民,视人国如吾国。如是则无并兼攘夺之心。"这明指墨子的学说,远在管仲以后了(《法法》篇亦有求废兵之语)。

(三)《左传》纪子产铸刑书(西历前五三六年),叔向极力反对。过了二十几年,晋国也作刑鼎、铸刑书。孔子也极不赞成(西历前五一三年)。这都在管仲死后一百多年。若管仲生时已有了那样完备的法治学说,何以百余年后,贤如叔向、孔子,竟无一毫法治观念?(或言孔子论晋铸刑鼎一段,不很可靠。但叔向谏子产书,绝不是后人能假造的)何以子产答叔向书,也只能说"吾以救世而已"?为什么不能利用百余年前已发挥尽致的法治学说?这可见《管子》书中的法治学说,乃是战国末年的出产物,绝不是管仲时代所能突然发生的。全书的文法笔势也都不是老子、孔子以前能产生的。即以论法治诸篇看来,如《法法》篇两次说"《春秋》之记,臣有弑其君,子有弑其父者矣"。可见是后人伪作的了。

《管子》一书既不是真书,若用作管仲时代的哲学史料,便生出上文所说的三弊:(一)管仲本无这些学说,今说他有,便是张冠李戴,便是无中生有。(二)老子之前,忽然有《心术》、《白心》诸篇那样详细的道家学说;孟子、荀子之前数百年,忽然有《内业》那样深密的儒家心理学;法家之前数百年,忽然有《法法》、《明法》、《禁藏》诸篇那样发达的法治主义。若果然如此,哲学史便无学说先后演进的次序,竟变成了灵异记、神秘记了!(三)管仲生当老子、孔子之前一百多年,已有那样规模广大的哲学。这与老子以后一步一步、循序渐进的思想发达史,完全不合。故认《管子》为真书,便把诸子学直接间接的渊源系统一齐推翻。

以上用《管子》作例，表示史料的不可不审定。读古书的人，须知古书有种种作伪的理由。第一，有一种人实有一种主张，却恐怕自己的人微言轻，不见信用，故往往借用古人的名字。《庄子》所说的“重言”，即是这一种借重古人的主张。康有为称这一种为“托古改制”，极有道理。古人言必称尧舜，只因为尧舜年代久远，可以由我们任意把我们理想中的制度一概推到尧舜的时代。即如《黄帝内经》假托黄帝，《周髀算经》假托周公，都是这个道理。韩非说得好：

> 孔子、墨子俱道尧舜，而取舍不同，皆自谓真尧舜，尧舜不复生，将谁使定儒墨之诚乎？（《显学》篇）

正为古人死无对证，故人多可随意托古改制。这是作伪书的第一类。第二，有一种人为了钱财，有意伪作古书。试看汉代求遗书的令和诸王贵族求遗书的竞争心，便知作假书在当时定可发财。这一类造假书的，与造假古董的同一样心理。他们为的是钱，故东拉西扯，篇幅越多，越可多卖钱。故《管子》、《晏子春秋》诸书，篇幅都极长。有时得了真本古书，因为篇幅太短，不能多得钱，故又东拉西扯，增加许多卷数。如《庄子》、《韩非子》都属于此类。但他们的买主，大半是一些假充内行的收藏家，没有真正的赏鉴本领。故这一类的假书，于书中年代事实，往往不曾考校正确。因此庄子可以见鲁哀公，管子可以说西施。这是第二类的伪书。大概这两类之中，第一类“托古改制”的书，往往有第一流的思想家在内。第二类“托古发财”的书，全是下流人才，思想既不高尚，心思又不精密，故最容易露出马脚来。如《周礼》一书，是一种托古改制的国家组织法。我们虽可断定他不是"周公致太平"之书，却不容易定他是什么时代的人假造的。至于《管子》一类的书，说了作者死后的许多史事，便容易断定了。

审定史料之法 审定史料乃是史学家第一步根本工夫。西洋近百年来史学大进步，大半都由于审定史料的方法更严密了。凡审定史料的真伪，须要有证据，方能使人心服。这种证据，大概可分五种（此专指哲学史料）：

（一）史事 书中的史事，是否与作书的人的年代相符。如不相符，即可证那一书或那一篇是假的。如庄子见鲁哀公，便太前了；如管仲说西施，便太后了。这都是作伪之证。

（二）文字 一时代有一时代的文字，不致乱用。作伪书的人，多不懂这个道理，故往往露出作伪的形迹来。如《关尹子》中所用字："术咒"、"诵咒"、"役神"、"豆中摄鬼、杯中钓鱼、画门可开、土鬼可语"，"婴儿蕊女、金楼绛宫、青蛟白虎、宝鼎红炉"，是道士的话。"石火"、"想"、"识"、"五识并驰"、"尚自不见我，将何为我所"，是佛家的话。这都是作伪之证。

（三）文体 不但文字可作证，文体也可作证。如《管子》那种长篇大论的文体，绝不是孔子前一百多年所能作的。后人尽管仿古，古人绝不仿今。如《关尹子》中"譬犀望月，月影入角，特因识生，始有月形，而彼真月，初不在角"；又譬如"水中之影，有去有来，所谓水者，实无去来"：这绝不是佛经输入以前的文体。不但一个时代有一个时代的文体，一个人也有一个人的文体。如《庄子》中《说剑》、《让王》、《渔父》、《盗跖》等篇，绝不是庄周的文体。《韩非子》中《主道》、《扬榷》（今作扬权）等篇和《五蠹》、《显学》等篇，明是两个人的文体。

（四）思想 凡能著书立说成一家言的人，他的思想学说，总有一个系统可寻，决不致有大相矛盾冲突之处。故看一部书里的学说是否能连络贯串，也可帮助证明那书是否真的。最浅近的，例如《韩非子》的第一篇，劝秦王攻韩，第二篇，劝秦王存韩。这是绝对不相容的。司马光不仔细考察，便骂韩非请人灭他自己的祖国，死有余辜，岂不是冤煞韩非了！大凡思想进化有一定的次序，一个时代有一个时代的问题，即有那个时代的思想。如《墨子》里《经上下》、《经说上下》、《大取》、《小取》等篇，所讨论的问题，乃是墨翟死后百余年才发生的，决非墨翟时代所能提出。因此可知这六篇书决不是墨子自己做的。不但如此，大凡一种重要的新学说，发生以后决不会完全没有影响。若管仲时代已有《管子》书中的法治学说，决不会二三百年中没有法治观念的影响。又如《关尹子》说："即吾心中，可作万物"；又说："风雨雷电，皆缘气而生。而气缘心生，犹如内想大火，久之觉热；内想大水，久之觉寒。"这是极端的万物唯心论。若老子、关尹子时代已有这种唯心论，决无毫不发生影响之理。周秦诸子竟无人受这种学说的影响，可见《关尹子》完全是佛学输入以后的书，决不是周秦的书。这都是用思想来考证古书的方法。

（五）旁证 以上所说四种证据，史事、文字、文体、思想，皆可叫做内证。因这四种都是从本书里寻出来的。还有一些证据，是从别书里寻出的，故名为旁证。旁证的重要，有时竟与内证等。如西洋哲学史家，考定柏拉图（Plato）的著作，凡是他的弟子亚里士多德（Aristotle）书中所曾称引的书，都定为真是柏拉图的书。又如清代惠栋、阎若璩诸人考证梅氏《古文尚书》之伪，所用方法，几乎全是旁证(看阎若璩《古文尚书疏证》及惠栋《古文尚书考》)。又如《荀子·正论》篇引宋子曰:“明见侮之不辱,使人不斗。”又曰:“人之情欲寡(欲是动词),而皆以己之情为欲多,是过也。”《尹文子》说:“见侮不辱,见推不矜,禁暴息兵,救世之斗。”《庄子·天下》篇合论宋钘、尹文的学说道:“见侮不辱,救民之斗;禁攻寝兵,救世之战。”又说:“以禁攻寝兵为外,以情欲寡小为内。”又《孟子》记宋轻听见秦楚交战,便要去劝他们息兵。以上四条,互相印证,即互为旁证,证明宋钘、尹文实有这种学说。

以上说审定史料方法的大概。今人谈古代哲学,不但根据《管子》、《列子》、《鬻子》、《晏子春秋》、《鹖冠子》等书,认为史料。甚至于高谈“邃古哲学”、“唐虞哲学”,全不问用何史料。最可怪的是竟有人引《列子·天瑞》篇“有太易,有太初,有太始”一段,及《淮南子》“有始者,有未始有有始者”一段,用作“邃古哲学”的材料,说这都是“古说而诸子述之。吾国哲学思想初萌之时,大抵其说即如此!”(谢无量《中国哲学史》第一编第一章,页六)这种办法,似乎不合作史的方法。韩非说得好:

> 无参验而必之者,愚也。弗能必而据之者,诬也。故明据先王必定尧舜者,非愚即诬也。(《显学》篇)

参验即是我所说的证据。以现在中国考古学的程度看来,我们对于东周以前的中国古史,只可存一个怀疑的态度。至于“邃古”的哲学,更难凭信了。唐、虞、夏、商的事实,今所根据,止有一部《尚书》。但《尚书》是否可作史料,正难决定。梅赜伪古文,固不用说。即二十八篇之“真古文”,依我看来,也没有信史价值。如

《皋陶谟》的“凤皇来仪”，“百兽率舞”，如《金縢》的“天大雷电以风，禾尽偃，大木斯拔。……王出郊，天乃雨，反风。禾则尽起。二公命邦人，凡大木所偃，尽起而筑之，岁则大孰”，这岂可用作史料？我以为《尚书》或是儒家造出的“托古改制”的书，或是古代歌功颂德的官书。无论如何，没有史料的价值。古代的书只有一部《诗经》可算得是中国最古的史料。《诗经·小雅》说：

> 十月之交，朔日辛卯日有食之。

后来的历学家，如梁虞劆，隋张胄元，唐傅仁均、僧一行，元郭守敬，都推定此次日食在周幽王六年十月辛卯朔，日入食限。清朝阎若璩、阮元推算此日食也在幽王六年。近来西洋学者，也说《诗经》所记月日（西历纪元前七七六年八月二十九日），中国北部可见日蚀。这不是偶然相合的事，乃是科学上的铁证。《诗经》有此一种铁证，便使《诗经》中所说的国政、民情、风欲、思想，一一都有史料的价值了。至于《易经》更不能用作上古哲学史料。《易经》除去《十翼》，止剩得六十四个卦，六十四条卦辞，三百八十四条爻辞，乃是一部卜筮之书，全无哲学史料可说。故我以为我们现在作哲学史，只可从老子、孔子说起。用《诗经》作当日时势的参考资料。其余一切“无征则不信”的材料，一概阙疑。这个办法，虽比不上别的史家的淹博，或可免“非愚即诬”的讥评了。

整理史料之法　哲学史料既经审定，还须整理。无论古今哲学史料，都有须整理之处。但古代哲学书籍，更不能不加整理的工夫。今说整理史料的方法，约有三端：

（一）校勘　古书经了多少次传写，遭了多少兵火虫鱼之劫，往往有脱误、损坏种种缺点。校勘之学，便是补救这些缺点的方法。这种学问，从古以来，多有人研究，但总不如清朝王念孙、王引之、卢文弨、孙星衍、顾广圻、俞樾、孙诒让诸人的完密谨严、合科学的方法。孙诒让论诸家校书的方法道：

> 综论厥善，大氐以旧刊精校为据依，而究其微旨，通其大例，精研博考，不参成见。其諟正文字讹舛，或求之于本书，或旁证之他籍，及援引之类书，而以声类通转为之錧键。（《札迻序》）

大抵校书有三种根据：(一)是旧刊精校的古本。例如《荀子·解蔽》篇："不以己所臧害所将受。"宋钱佃本、元刻本、明世德堂本，皆作"所已臧"，可据以改正。(二)是他书或类书所援引。例如《荀子·天论》篇"修道而不贰"。王念孙校曰："修当为循。贰当为贷。字之误也。贷与忒同。……《群书治要》作循道而不忒。"(三)是本书通用的义例。例如《墨子·小取》篇："辟也者，举也物而以明之也。"毕沅删第二"也"字，便无意思。王念孙说："也与他同。举他物以明此物，谓之譬。……《墨子》书通以也为他。说见《备城门》篇。"这是以本书的通例作根据。又如《小取》篇说："此与彼同类，世有彼而不自非也。墨者有此而非之，无故也焉。"王引之曰："无故也焉，当作无也故焉。也故即他故。下文云，此与彼同类，世有彼而不自非也。墨者有此而罪非之，无也故焉。文正与此同。"这是先用本篇构造相同的文句，来证"故也"当作"也故"；又用全书以也为他的通例，来证"也故"即"他故"。

(二)训诂　古书年代久远，书中的字义，古今不同。宋儒解书，往往妄用己意，故常失古义。清代的训诂学，所以超过前代，正因为戴震以下的汉学家，注释古书，都有法度，都用客观的佐证，不用主观的猜测。三百年来，周、秦、两汉的古书所以可读，不单靠校勘的精细，还靠训诂的谨严。今述训诂学的大要，约有三端：(一)根据古义或用古代的字典（如《尔雅》、《说文》、《广雅》之类），或用古代笺注（如《诗》的毛、郑，如《淮南子》的许、高）作根据，或用古书中相同的字句作印证。今引王念孙《读书杂记余编》上一条为例：

《老子》五十三章："行于大道，唯施是畏。"王弼曰："唯施为之是畏也。"河上公注略同。念孙按二家以"施为"释施字，非也。施读为迤。迤，邪也。言行于大道之中，唯惧其入于邪道也。……《说文》："迤衺行也。"引《禹贡》："东迤北会于汇。"《孟子·离娄》篇："施从良人之所之。"赵注："施者，邪施而行。"丁公著音迤。《淮南·齐俗》篇："去非者，非批邪施也。"高注曰："施，微曲也。"《要略》篇："接径直施。"高注曰："施，邪也。"是施与迤通。《史记·贾生传》："庚子日施兮。"《汉书》施作斜。斜亦邪也。《韩子·解老》篇释此章之义曰："所谓大道也者，端道也。所谓貌施也者，邪道也。"此尤其明证矣。

这一则中引古字典一条，古书类似之例五条，古注四条。这都是根据古义的注书法。(二)根据文字假借、声类通转的道理。古字通用，全由声音。但古今声韵有异，若不懂音韵变迁的道理，便不能领会古字的意义。自顾炎武、江永、钱大昕、孔广森诸人以来，音韵学大兴。应用于训诂学，收效更大。今举二例。《易·系辞传》："旁行而不流。"又《乾·文言》："旁通情也。"旧注多解旁为边旁。

王引之说:“旁之言溥也,遍也。《说文》:‘旁,溥也。’旁溥遍一声之转。《周官》男巫曰:‘旁招以茅’,谓遍招于四方也。《月令》曰:‘命有司大难、旁磔’,亦谓遍磔于四方也。……《楚语》曰:武丁使以梦象‘旁求四方之贤’,谓遍求四方之贤也。”又《书·尧典》:“汤汤洪水方割”;《微子》:“小民方兴,相为敌仇”;《立政》:“方行天下,至于海表”;《吕刑》:“方告无辜于上。”旧说方字都作四方解。王念孙说:“方皆读为旁。旁之言溥也,遍也。《说文》曰:‘旁,溥也。’旁与方古字通。(《尧典》:“共工方鸠僝功”,《史记》引作旁。《皋陶谟》:“方施象刑惟明”,《新序》引作旁。)《商颂》:‘方命厥后’,郑笺曰:‘谓遍告诸侯’。是方为遍也。……‘方告无辜于上’,《论衡·变动》篇引此,方作旁,旁亦遍也。”以上两例,说方、旁两字皆作溥遍解。今音读方为轻唇音,旁为重唇音。不知古无轻唇音,故两字同音,相通。与溥字遍字,皆为同纽之字。这是音韵学帮助训诂学的例。(三)根据文法的研究。古人讲书最不讲究文法上的构造,往往把助字、介字、连字、状字等,都解作名字、代字等等的实字。清朝训诂学家最讲究文法的,是王念孙、王引之父子两人。他们的《经传释词》用归纳的方法,比较同类的例句,寻出各字的文法上的作用,可算得《马氏文通》之前的一部文法学要书。这种研究法,在训诂学上,别开一新天地。今举一条例如下:

《老子》三十一章:“夫佳兵者不祥之器。”《释文》:“佳,善也。”河上云:“饰也。”念孙案,善饰二训,皆于义未安。……今案佳字当作隹,字之误也。隹,古唯字也。唯兵为不祥之器,故有道者不处。上言“夫唯”,下言“故”,文义正相承也。八章云:“夫唯不争,故无尤。”十五章云:“夫唯不可识,故强为之容。”又云：“夫唯不盈。故能蔽不新成。”二十二章云：“夫唯不争，故天下莫能与之争。”皆其证也。古钟鼎文，唯字作隹。石鼓文亦然。又夏竦《古文四声韵》载《道德经》唯字作隺。据此则今本作唯者，皆后人所改。此隹字若不误为隹，则后人亦必改为唯矣。（王念孙《读书杂志余篇》上）

以上所述三种根据，乃是训诂学的根本方法。

（三）贯通　上文说整理哲学史料之法，已说两种。校勘是书的本子上的整理，训诂是书的字义上的整理。没有校勘，我们定读误书；没有训诂，我们便不能懂得书的真意义。这两层虽极重要，但是作哲学史还须有第三层整理的方法。这第三层，可叫做“贯通”。贯通便是把每一部书的内容要旨融会贯串，寻出一个脉络条理，演成一家有头绪有条理的学说。宋儒注重贯通，汉学家注重校勘训诂。但是宋儒不明校勘训诂之学（朱子稍知之而不甚精），故流于空疏，流于臆说。清代的汉学家，最精校勘训诂，但多不肯做贯通的工夫，故流于支离碎琐。校勘训诂的工夫，到了孙诒让的《墨子间诂》，可谓最完备了（此书尚多缺点，此所云最完备，乃比较之辞耳）。但终不能贯通全书，述墨学的大旨。到章太炎方才于校勘训诂的诸子学之外，别出一种有条理系统的诸子学。太炎的《原道》、《原名》、《明见》、《原墨》、《订孔》、《原法》、《齐物论释》都属于贯通的一类。《原名》、《明见》、《齐物论释》三篇，更为空前的著作。今细看这三篇，所以能如此精到，正因太炎精于佛学，先有佛家的因明学、心理学、纯粹哲学，作为比较印证的材料，故能融会贯通，于墨翟、庄周、惠施、荀卿的学说里面寻出一个条理系统。于此可见，整理哲学史料的第三步，必须于校勘训诂之外，还要有比较参考的哲学资料。为什么呢？因为古代哲学去今太远，久成了绝学。当时发生那些学说的特别时势、特别原因，现在都没有了。当时讨论最激烈的问题，现在都不成问题了。当时通行的学术名词，现在也都失了原意了。但是别国的哲学史上，有时也曾发生那些问题，也曾用过那些名词，也曾产出大同小异或小同大异的学说。我们有了这种比较参考的材料，往往能互相印证、互相发明。今举一个极显明的例。《墨子》的《经上下》、《经说上下》、《大取》、《小取》六篇，从鲁胜以后，几乎无人研究。到了近几十年之中，有些人懂得几何算学了，方才知道那几篇里有几何算学的道理。后来有些人懂得光学力学了，方才知道那几篇里又有光学力学的道理。后来有些人懂得印度的名学心理学了，方才知道这几篇里又有名学知识论的道理。到了今日，这几篇二千年没人过问的书，竟成中国古代的第一部奇书了！我做这部哲学史的最大奢望，在于把各家的哲学融会贯通，要使他们各成有头绪条理的学说。我所用的比较参证的材料，便是西洋的哲学。但是我虽用西洋哲学作参考资料，并不以为中国古代也有某种学说，便可以自夸自喜。做历史的人，千万不可存一毫主观的成见。须知东西的学术思想的互相印证、互相发明，至多不过可以见得人类的官能心理大概相同，故遇着大同小异的境地时势，便会产出大同小异的思想学派。东家所有，西家所无，只因为时势境地不同，西家未必不如东家，东家也不配夸炫于西家。何况东西所同有，谁也不配夸张自豪。故本书的主张，但以为我们若想贯通整理中国哲学史的史料，不可不借用别系的哲学，作一种解释演述的工具。此外别无他种穿凿附会、发扬国光、自己夸耀的心。

史料结论　以上论哲学史料：先论史料为何，次论史料所以必须审定,次论审定的方法,次论整理史料的方法。前后差不多说了一万字。我的理想中,以为要做一部可靠的中国哲学史,必须要用这几条方法。第一步须搜集史料。第二步须审定史料的真假。第三步须把一切不可信的史料全行除去不用。第四步须把可靠的史料仔细整理一番:先把本子校勘完好,次把字句解释明白,最后又把各家的书贯串领会,使一家一家的学说,都成有条理有统系的哲学。做到这个地位,方才做到“述学”两个字。然后还须把各家的学说,笼统研究一番,依时代的先后,看他们传授的渊源、交互的影响、变迁的次序,这便叫做“明变”。然后研究各家学派兴废沿革变迁的原故,这便叫做“求因”。然后用完全中立的眼光,历史的观念,一一寻求各家学说的效果影响,再用这种种影响效果来批评各家学说的价值,这便叫做“评判”。

这是我理想中的《中国哲学史》,我自己深知道当此初次尝试的时代,我这部书定有许多未能做到这个目的和未能谨守这些方法之处。所以我特地把这些做哲学史的方法详细写出。一来呢,我希望国中学者用这些方法来评判我的书;二来呢,我更希望将来的学者用这些方法来做一部更完备更精确的《中国哲学史》。

参考书举要:

论哲学史,看 Windelband's *A History of Philosophy*(页八至十八)。

论哲学史料,参看同书(页十五至十七注语)。

论史料审定及整理之法,看 C. V. Langlois and Seignobos's *Introduction to the Study of History*。

论校勘学,看王念孙《读淮南子杂志叙》(《读书杂志》九之二十二)及俞樾《古书疑义举例》。

论西洋校勘学，看 *Encyclopaedia Britannica* 中论 Textual Criticism 一篇。

论训诂学，看王引之《经义述闻》卷三十一及三十二。

第二篇　中国哲学发生的时代

第一章　中国哲学结胎的时代

大凡一种学说，决不是劈空从天上掉下来的。我们如果能仔细研究，定可寻出那种学说有许多前因，有许多后果。譬如一篇文章，那种学说不过是中间的一段。这一段定不是来无踪影，去无痕迹的。定然有个承上起下、承前接后的关系。要不懂他的前因，便不能懂得他的真意义。要不懂他的后果，便不能明白他在历史上的位置。这个前因，所含不止一事。第一是那时代政治社会的状态。第二是那时代的思想潮流。这两种前因、时势和思潮，很难分别。因为这两事又是互相为因果的。有时是先有那时势，才生出那思潮来；有了那种思潮，时势受了思潮的影响，一定有大变动。所以时势生思潮，思潮又生时势，时势又生新思潮。所以这学术史上寻因求果的研究，是很不容易的。我们现在要讲哲学史，不可不先研究哲学发生时代的时势和那时势所发生的种种思潮。

中国古代哲学大家，独有孔子一人的生年死年，是我们所晓得的。孔子生于周灵王二十一年，当西历纪元前五五一年，死于周敬王四十一年，当西历前四七九年。孔子曾见过老子，老子比孔子至多不过大二十岁,大约生于周灵王的初年,当西历前五七〇年左右。中国哲学到了老子孔子的时候,才可当得"哲学"两个字。我们可把老子孔子以前的二三百年,当作中国哲学的怀胎时代。为便利起见,我们可用西历来记算如下:

前八世纪(周宣王二十八年到东周桓王二十年,西历纪元前八〇〇年到七〇〇年)

前七世纪(周桓王二十年到周定王七年,西历前七〇〇年到六〇〇年)

前六世纪(周定王七年到周敬王二十年,西历前六〇〇年到五〇〇年)

这三百年可算得一个三百年的长期战争。一方面是北方戎狄的扰乱(宣王时,常与玁狁开战。幽王时,戎祸最烈。犬戎杀幽王,在西历前七七一年。后来周室竟东迁以避戎祸。狄灭卫,杀懿公,在前六六〇年),一方面是南方楚、吴诸国的勃兴(楚称王在前七〇四年,吴称王在前五八五年)。中原的一方面,这三百年之中,那一年没有战争侵伐的事。周初许多诸侯,早已渐渐的被十几个强国吞并去了。东迁的时候,晋、郑、鲁最强。后来鲁、郑衰了,便到了"五霸"时代。到了春秋的下半段,便成了晋楚争霸的时代了。

这三个世纪中间,也不知灭了多少国,破了多少家,杀了多少人,流了多少血。只可惜那时代的政治和社会的情形,已无从详细查考了。我们如今参考《诗经》、《国语》、《左传》几部书,仔细研究起来,觉得那时代的时势,大概有这几种情形:

第一,这长期的战争,闹得国中的百姓死亡丧乱,流离失所,痛苦不堪。如《诗经》所说:

肃肃鸨羽，集于苞栩。王事靡盬，不能艺稷黍。父母何怙？悠悠苍天，曷其有所！（《唐风·鸨羽》）

陟彼屺兮，瞻望母兮。母曰："嗟予季行役，夙夜无寐！上慎旃哉！犹来无弃！"（《陟岵》）

昔我往矣，杨柳依依。今我来思，雨雪霏霏。行道迟迟，载渴载饥。我心伤悲，莫知我哀！（《小雅·采薇》，参看《出车》、《杕杜》）

何草不黄！何日不行！何人不将，经营四方！何草不玄！何人不矜！哀我征夫，独为匪民？（《小雅·何草不黄》）

中谷有蓷，暵其湿矣！有女仳离，啜其泣矣！啜其泣矣！何嗟及矣！（《王风·中谷有蓷》）

有兔爰爰，雉离于罗。我生之初，尚无为。我生之后，逢此百罹。尚寐无吪！（《兔爰》）

苕之华，其叶青青。知我如此，不如无生！牂羊坟首，三星在罶。人可以食，鲜可以饱。（《苕之华》）

读了这几篇诗，可以想见那时的百姓受的痛苦了。

第二，那时诸侯互相侵略，灭国破家不计其数。古代封建制度的种种社会阶级，都渐渐的消灭了。就是那些不曾消灭的阶级，也渐渐的可以互相交通了。

古代封建制度的社会，最重阶级。《左传》昭十年，芋尹无宇曰："天子经略，诸侯正封，古之制也。封略之内，何非君土？食土之毛，谁非君臣？……天有十日，人有十等，下所以事上，上所以共神也。故王臣公，公臣大夫，大夫臣士，士臣皂，皂臣舆，舆臣隶，隶臣僚，僚臣仆，仆臣台。马有圉，牛有牧，以待百事。"古代社会的阶级，约有五等：

一、王（天子）

二、诸侯（公、侯、伯、子、男）

三、大夫

四、士

五、庶人（皂、舆、隶、僚、仆、台）

到了这时代，诸侯也可称王了。大夫有时比诸侯还有权势了（如鲁之三家，晋之六卿。到了后来，三家分晋，田氏代齐，更不用说了），亡国的诸侯卿大夫，有时连奴隶都比不上。《国风》上说的：

> 式微式微，胡不归！微君之躬，胡为乎泥中！（《邶风·式微》）
>
> 琐兮尾兮，流离之子！叔兮伯兮，褎如充耳！（《邶风·旄丘》）

可以想见当时亡国君臣的苦处了。《国风》又说：

> 东人之子，职劳不来。西人之子，粲粲衣服。舟人之子，熊罴是裘。私人之子，百僚是试。（《小雅·大东》）

可以想见当时下等社会的人，也往往有些“暴发户”，往往会爬到社会的上层去。再看《论语》上说的公叔文子和他的家臣大夫僎同升诸公。又看《春秋》时，贩牛的甯戚，卖作奴隶的百里奚，郑国商人弦高，都能跳上政治舞台，建功立业。可见当时的社会阶级，早已不如从前的严紧了。

第三，封建时代的阶级虽然渐渐消灭了，却新添了一种生计上的阶级。那时社会渐渐成了一个贫富很不平均的社会。富贵的太富贵了，贫苦的太贫苦了。

《国风》上所写贫苦人家的情形，不止一处(参观上文第一条)。内中写那贫富太不平均的，也不止一处。如：

小东大东，杼柚其空。纠纠葛屦，可以履霜。佻佻公子，行彼周行。既往既来，使我心疚。(《小雅·大东》)

纠纠葛屦，可以履霜。掺掺女手，可以缝裳。要之襋之，"好人"服之！"好人"提提，宛然左辟，佩其象揥。维是褊心，是以为刺。(《魏风·葛屦》)

这两篇竟像英国虎德(Thmoas Hood)的《缝衣歌》的节本。写的是那时代的资本家雇用女工，把那"掺掺女子"的血汗工夫，来做他们发财的门径。葛屦本是夏天穿的，如今这些穷工人到了下霜下雪的时候，也还穿着葛屦。怪不得那些慈悲的诗人忍不过要痛骂了。又如：

彼有旨酒，又有嘉肴。洽比其邻，昏姻孔云。念我独兮，忧心殷殷！佌佌彼有屋，蔌蔌方有谷。民今之无禄，天夭是椓。哿矣富人，哀此惸独！(《小雅·正月》)

这也是说贫富不平均的。更动人的，是下面的一篇：

坎坎伐檀兮，置之河之干兮。河水清且涟猗。——不稼不

穑，胡取禾三百廛兮！不狩不猎，胡瞻尔庭有县貆兮！彼君子兮，不素餐兮！（《魏风·伐檀》）

这竟是近时社会党攻击资本家不该安享别人辛苦得来的利益的话了！

第四，那时的政治除了几国之外，大概都是很黑暗、很腐败的王朝的政治。我们读《小雅》的《节南山》、《正月》、《十月之交》、《雨无正》几篇诗，也可以想见了。其他各国的政治内幕，我们也可想见一二。例如：

《邶风·北门》，《齐风·南山》、《敝笱》、《载驱》，《桧风·匪风》

《鄘风·鹑之奔奔》，《秦风·黄鸟》，《曹风·候人》

《王风·兔爰》，《陈风·株林》

写得最明白的，莫如：

人有土田，女反有之。人有民人，女覆夺之。此宜无罪，女反收之。彼宜有罪，女覆说之。（《大雅·瞻卬》）

最痛快的，莫如：

硕鼠硕鼠，无食我黍。三岁贯女，莫我肯顾。逝将去汝，适彼乐土！乐土乐土！爰得我所！（《硕鼠》）

又如：

匪鹑匪鸢，翰飞戾天。匪鳣匪鲔，潜逃于渊。（《小雅·四月》）

这首诗写虐政之不可逃,更可怜了。还不如:

> 鱼在于沼,亦匪克乐。潜虽伏矣,亦孔之炤。忧心惨惨,念国之为虐。(《正月》)

这诗说即使人都变做鱼,也没有乐趣的。这时的政治,也就可想而知了。

这四种现象:(一)战祸连年,百姓痛苦;(二)社会阶级渐渐消灭;(三)生计现象贫富不均;(四)政治黑暗,百姓愁怨。这四种现状,大约可以算得那时代的大概情形了。

第二章　那时代的思潮(诗人时代)

上章所讲三个世纪的时势:政治那样黑暗,社会那样纷乱,贫富那样不均,民生那样痛苦。有了这种时势,自然会生出种种思想的反动。从前第八世纪到前第七世纪,这两百年的思潮,除了一部《诗经》,别无可考。我们可叫它做诗人时代(三百篇中以《株林》一篇为最后。《株林》大概作于陈灵公末年)。

这时代的思想,大概可分几派:

第一,忧时派

(例)

> 节彼南山,维石岩岩。赫赫师尹,民具尔瞻!忧心如惔,不敢戏谈。国既卒斩,何用不监?(《节南山》)

忧心惸惸，念我无禄。民之无辜，并其臣仆。哀我人斯，于何从禄！瞻乌爰止，于谁之屋？

瞻彼中林，侯薪侯蒸。民今方殆，视天梦梦。既克有定，靡人弗胜。有皇上帝，伊谁云憎！(《正月》)

彼黍离离，彼稷之苗。行迈靡靡，中心摇摇！知我者谓我心忧，不知我者谓我何求。悠悠苍天，此何人哉！(《黍离》)

园有桃，其实之淆。心之忧矣，我歌且谣。不知我者，谓我士也骄。彼人是哉！子曰何其！心之忧矣，其谁知之！其谁知之！盖亦勿思。(《园有桃》)

第二，厌世派 忧时爱国，却又无可如何，便有些人变成了厌世派。

(例)

我生之初，尚无为。我生之后，逢此百罹。尚寐无吪！(《兔爰》)

隰有苌楚，猗傩其枝。夭之沃沃，乐子之无知？(《隰有苌楚》)

苕之华，其叶青青。知我如此，不如无生！(《苕之华》)

第三，乐天安命派 有些人到了没法想的时候，只好自推自解，以为天命如此，无可如何，只好知足安命罢。

(例)

出自北门，忧心殷殷。终窭且贫，莫知我艰。已矣哉！天

实为之，谓之何哉！（《北门》）

衡门之下，可以栖迟。泌之洋洋，可以乐饥。岂其食鱼，必河之鲂？岂其取妻，必齐之姜？岂其食鱼，必河之鲤？岂其娶妻，必宋之子？（《衡门》）

第四，纵欲自恣派　有些人抱了厌世主义，看看时事不可为了，不如“遇饮酒时须饮酒，得高歌处且高歌”罢。

（例）

萚兮萚兮，风其吹女，叔兮伯兮，倡予和女。（《萚兮》。倡字一顿。）

蟋蟀在堂，岁聿其莫。今我不乐，日月其除。……（《蟋蟀》）

山有枢，隰有榆，子有衣裳，弗曳弗娄。子有车马，弗驰弗驱。宛其死矣，他人是愉。……

山有漆，隰有栗，子有酒食。何不日鼓瑟？且以喜乐，且以永日！宛其死矣，他人入室！（《山有枢》）

第五，愤世派（激烈派）　有些人对着黑暗的时局、腐败的社会，却不肯低头下心的忍受。他们受了冤屈，定要作不平之鸣的。

（例）

溥天之下，莫非王土。率土之滨，莫非王臣。大夫不均，我从事独贤。……或燕燕居息，或尽瘁事国。或偃息在床，或不已于行。或不知叫号，或惨惨劬劳。或栖迟偃仰，或王事鞅

掌。或湛乐饮酒，或惨惨畏咎，或出入风议，或靡事不为。(《北山》)

坎坎伐檀兮，置之河之干兮。河水清且涟猗。不稼不穑，胡取禾三百廛兮！不狩不猎，胡瞻尔庭有悬貆兮！彼君子兮，不素餐兮！(《伐檀》)

硕鼠硕鼠，无食我黍。三岁贯女，莫我肯顾。逝将去汝，适彼乐土！乐土乐土！爰得我所！(《硕鼠》)

这几派大约可以代表前七、八世纪的思潮了。请看这些思潮，没有一派不是消极的。到了《伐檀》和《硕鼠》的诗人，已渐渐的有了一点勃勃的独立精神。你看那《伐檀》的诗人，对于那时的“君子”，何等冷嘲热骂！又看那《硕鼠》的诗人，气愤极了，把国也不要了，去寻他自己的乐土乐国。到了这时代，思想界中已下了革命的种子了。这些革命种子发生出来，便成了老子孔子的时代。

第三篇　老子

一、老子略传　老子的事迹，已不可考。据《史记》所说，老子是楚国人（《礼记·曾子问·正义》引《史记》作陈国人），名耳，字聃，姓李氏（今本《史记》作"姓李氏，名耳。字伯阳，谥曰聃"，乃是后人据《列仙传》妄改的。《索隐》云："许慎云，聃，耳曼也。故名耳，字聃。有本字伯阳，非正也。老子号伯阳父，此传不称也。"王念孙《读书杂志》三之四引《索隐》此节，又《经典释文序录》、《文选注》、《后汉书·桓帝纪》注，并引《史记》云老子字聃。可证今本《史记》所说是后人伪造的。后人所以要说老子字伯阳父者，因为周幽王时有个太史伯阳，后人要合两人为一人，说老子曾做幽王的官，当孔子生时，他已活了二百五十岁了）。他曾做周室"守藏室之史"。《史记·孔子世家》和《老子列传》，孔子曾见过老子。这事不知在于何年，但据《史记》，孔子与南宫敬叔同适周。又据《左传》，孟僖子将死，命孟懿子与南宫敬叔从孔子学礼（昭公七年）。孟僖子死于昭公二十四年二月。清人阎若璩因《礼记·曾子问》孔子曰："昔吾从老聃助葬于巷党，及堩，日有食之。"遂推算昭公二十四年夏五月乙未朔巳时，日食，恰入食限。阎氏因断定孔子适周见老子在昭公二十四年，当孔子三十四岁（《四书释地续》）。这话很像可信，但还有可疑之处：一则曾子问是否可信；二则南宫敬叔死了父亲，不到三个月，是否可同孔子适周；三则曾子问所说日食，即便可信,难保不是昭公三十一年的日食。但无论如何,孔子适周,总在他三十四岁以后,当西历纪元前五一八年以后。大概孔子见老子在三十四岁(西历前五一八年,日食)与四十一岁(定五年,西历前五一一年,日食)之间。老子比孔子至多不过大二十岁,老子当生于周灵王初年,当西历前五七〇年左右。

老子死时,不知在于何时。《庄子·养生主》篇明记老聃之死。《庄子》这一段文字决非后人所能假造的,可见古人并无老子"入关仙去"、"莫知所终"的神话,《史记》中老子活了"百有六十余岁"、"二百余岁"的话,大概也是后人加入的。老子即享高寿,至多不过活了九十多岁罢了。

上文说老子"名耳,字聃,姓李氏",何以又称老子呢?依我看来,那些"生而皓首,故称老子"的话,固不足信(此出《神仙传》,谢无量《中国哲学史》用之);"以其年老,故号其书为《老子》"(《高士传》)也不足信。我以为"老子"之称,大概不出两种解说:(一)"老"或是字。《春秋》时人往往把"字"用在"名"的前面,例如叔梁(字)纥(名),孔父(字)嘉(名),正(字)考父(名),孟明(字)视(名),孟施(字)舍(名),皆是。《左传》文十一年、襄十年《正义》都说:"古人连言名字者,皆先字后名。"或者老子本名聃,字耳,一字老(《老训寿考》,古多用为名字者,如《檀弓》晋有张老,《楚语》楚有史老)。古人名字同举,先说字而后说名,故战国时的书皆称老聃(王念孙《春秋名字解诂》及《读书杂志》俱依《索隐》说,据《说文》:"聃,耳曼也。"《释名》耳字聃之意。今按朱骏声《说文通训定声》聃字下引汉《老子铭》云:"聃然,老旄之貌也。"又《礼记·曾子问》注:"老聃古寿考者之号也。"是聃亦有寿考之意,故名聃,字老。非必因其寿考而后称之也)。此与人称叔梁纥、正考父,都不举其姓氏，正同一例。又古人的“字”下可加“子”字、“父”字等字，例如孔子弟子冉求字有，可称“有子”（哀十一年《左传》），故后人又称“老子”。这是一种说法。（二）“老”或是姓。古代有氏姓的区别。寻常的小百姓，各依所从来为姓，故称“百姓”、“万姓”。贵族于姓之外，还有氏，如以国为氏、以官为氏之类。老子虽不曾做大官，或者源出于大族，故姓老而氏李，后人不懂古代氏族制度，把氏姓两事混作一事，故说“姓某氏”，其实这三字是错的。老子姓老，故人称老聃，也称老子。这也可备一说。这两种解说，都可通，但我们现今没有凭据，不能必定那一说是的。

二、《老子考》 今所传老子的书分上下两篇，共八十一章。这书原本是一种杂记体的书，没有结构组织。今本所分篇章，决非原本所有。其中有许多极无道理的分断（如二十章首句“绝学无忧”当属十九章之末，与“见素抱朴，少私寡欲”两句为同等的排句）。读者当删去某章某章等字，合成不分章的书，然后自己去寻一个段落分断出来（元人吴澄作《道德真经注》，合八十一章为六十八章。中如合十七、十八、十九为一章，三十、三十一为一章，六十三、六十四为一章，六十七、六十八、六十九为一章，皆极有理，远胜河上公本）。又此书中有许多重复的话和许多无理插入的话，大概不免有后人妄加妄改的所在。今日最通行的刻本，有世德堂的河上公章句本，华亭张氏的王弼注本，读者须参看王念孙、俞樾、孙诒让诸家校语（章太炎极推崇《韩非子》《解老》、《喻老》两篇。其实这两篇所说，虽偶有好的，大半多浅陋之言。如解“攘臂而仍之”、“生之徒十有三”、“带利剑”等句，皆极无道理。但这两篇所据《老子》，像是古本，可供我们校勘参考）。

三、革命家之老子 上篇说老子以前的时势，和那种时势所发生的思潮。老子亲见那种时势,又受了那些思潮的影响,故他的思想,完全是那个时代的产儿,完全是那个时代的反动。看他对于当时政治的评判道:

> 民之饥,以其上食税之多,是以饥。民之难治,以其上之有为,是以难治。民之轻死,以其求生之厚,是以轻死。
>
> 民不畏死,奈何以死惧之?若使民常畏死,而为奇者吾得执而杀之,孰敢?
>
> 天下多忌讳,而民弥贫;民多利器,国家滋昏;人多伎巧,奇物滋起;法令滋彰,盗贼多有。
>
> 天之道损有余而补不足。人之道则不然:损不足以奉有余。

这四段都是很激烈的议论。读者试把《伐檀》、《硕鼠》两篇诗记在心里,便知老子所说"人之道损不足以奉有余"和"民之饥以其上食税之多,是以饥"的话,乃是当时社会的实在情形。更回想《苕之华》诗"知我如此,不如无生"的话,便知老子所说"民不畏死"、"民之轻死,以其求生之厚,是以轻死"的话,也是当时的实在情形。人谁不求生?到了"知我如此,不如无生"的时候,束手安分也是死,造反作乱也是死,自然轻死,自然不畏死了。

还有老子反对有为的政治,主张无为无事的政治,也是当时政治的反动。凡是主张无为的政治哲学,都是干涉政策的反动。因为政府用干涉政策,却又没干涉的本领,越干涉越弄糟了,故挑起一种反动,主张放任无为。欧洲十八世纪的经济学者政治学者,多主张放任主义,正为当时的政府实在太腐败无能,不配干涉人民的活动。老子的无为主义,依我看来,也是因为当时的政府不配有为，偏要有为，不配干涉，偏要干涉，所以弄得“天下多忌讳，而民弥贫；民多利器，国家滋昏；法令滋彰，盗贼多有”。上篇所引《瞻卬》诗说的：“人有土田，汝反有之；人有民人，汝覆夺之；此宜无罪，女反收之；彼宜有罪，汝覆说之。”那种虐政的效果，可使百姓人人有“匪鹑匪鸢，翰飞戾天；匪鳣匪鲔，潜逃于渊”的感想（老子尤恨当时的兵祸连年，故书中屡攻击武力政策。如“师之所处荆棘生焉，大军之后必有凶年”，“兵者不祥之器”，“天下无道，戎马生于郊”皆是）。故老子说：“民之难治，以其上之有为，是以难治。”

老子对于那种时势，发生激烈的反响，创为一种革命的政治哲学。他说：

> 大道废，有仁义；智慧出，有大伪；六亲不和，有孝慈；国家昏乱，有忠臣。

所以他主张：

> 绝圣弃智，民利百倍；绝仁弃义，民复孝慈；绝巧弃利，盗贼无有！

这是极端的破坏主义。他对于国家政治，便主张极端的放任。他说：

> 治大国若烹小鲜（河上公注：烹小鱼不去肠，不去鳞，不敢挠，恐其糜也）。

又说：

> 我无为而民自化，我好静而民自正，我无事而民自富，我无欲而民自朴。其政闷闷，其民醇醇；其政察察，其民缺缺。

又说：

> 太上，下知有之。其次，亲而誉之，其次，畏之。其次，侮之。信不足，焉有不信（焉，乃也）。犹兮其贵言（贵言，不轻易其言也。所谓"行不言之教"是也），功成事遂，百姓皆谓我自然。

老子理想中的政治，是极端的放任无为，要使功成事遂，百姓还以为全是自然应该如此，不说是君主之功。故"太上，下知有之"，是说政府完全放任无为，百姓的心里只觉得有个政府的存在罢了；实际上是"天高皇帝远"，有政府和无政府一样。"下知有之"，《永乐大典》本及吴澄本皆作"不知有之"；日本本作"下不知有之"，说此意更进一层，更明显了。

我述老子的哲学，先说他的政治学说。我的意思要人知道哲学思想不是悬空发生的。有些人说，哲学起于人类惊疑之念，以为人类目睹宇宙间万物的变化生灭，惊欢疑怪，要想寻出一个满意的解释，故产生哲学。这话未必尽然。人类的惊疑心可以产生迷信与宗教，但未必能产生哲学。人类见日月运行，雷电风雨，自然生惊疑心。但他一转念，便说日有日神，月有月神，雷有雷公，电有电母，天有天帝，病有病魔，于是他的惊疑心，便有了满意的解释，用不着哲学思想了。即如希腊古代的宇宙论,又何尝是惊疑的结果?那时代欧亚非三洲古国,如埃及、巴比仑、犹太等国的宗教观念和科学思想,与希腊古代的神话宗教相接触,自然起一番冲突,故发生"宇宙万物的本源究竟是什么"的问题。并不是泰尔史(Thales)的惊奇心忽然劈空提出这个哲学问题的。在中国的一方面,最初的哲学思想,全是当时社会政治的现状所唤起的反动。社会的阶级秩序已破坏混乱了,政治的组织不但不能救补维持,并且呈现同样的腐败纷乱。当时的有心人,目睹这种现状,要想寻一个补救的方法,于是有老子的政治思想。但是老子若单有一种革命的政治学说,也还算不得根本上的解决,也还算不得哲学。老子观察政治社会的状态,从根本上着想,要求一个根本的解决,遂为中国哲学的始祖。他的政治上的主张,也只是他的根本观念的应用。如今说他的根本观念是什么。

四、老子论天道　老子哲学的根本观念是他的天道观念。老子以前的天道观念,都把天看作一个有意志、有知识、能喜能怒、能作威作福的主宰。试看《诗经》中说"有命自天,命此文王"(《大明》),又屡说"帝谓文王"(《皇矣》),是天有意志。"天监在下"、"上帝临汝"(《大明》),"皇矣上帝,临下有赫,监观四方,求民之莫"(《皇矣》),是天有知识。"有皇上帝,伊谁云憎?"(《正月》),"敬天之怒,无敢戏豫;敬天之渝,无敢驰驱"(《板》),是天能喜怒。"昊天不佣,降此鞠凶;昊天不惠,降此大戾"(《节南山》),"天降丧乱,降此蟊贼"(《桑柔》),"天降丧乱,饥馑荐臻"(《云汉》),是天能作威作福。老子生在那种纷争大乱的时代,眼见杀人、破家、灭国等等惨祸,以为若有一个有意志知觉的天帝,决不致有这种惨祸。万物相争相杀,人类相争相杀,便是天道无知的证据。故老子说：

天地不仁，以万物为刍狗。

这仁字有两种说法：第一，仁是慈爱的意思。这是最明白的解说。王弼说："地不为兽生刍而兽食刍，不为人生狗而人食狗。无为于万物，而万物各适其所用。"这是把不仁作无有恩意解。第二，仁即是"人"的意思。《中庸》说："仁者，人也"；《孟子》说："仁也者，人也"；刘熙《释名》说："人，仁也；仁，生物也"；不仁便是说不是人，不和人同类。古代把天看作有意志、有知识、能喜怒的主宰，是把天看作人同类，这叫做天人同类说（Anthropomorphism）。老子的"天地不仁"说，似乎也含有天地不与人同性的意思。人性之中，以慈爱为最普通，故说天地不与人同类，即是说天地无有恩意。老子这一个观念，打破古代天人同类的谬说，立下后来自然哲学的基础。

打破古代的天人同类说，是老子的天道观念的消极一方面。再看他的积极的天道论：

有物混成，先天地生，寂兮寥兮，独立而不改，周行而不殆，可以为天下母。吾不知其名，字之曰道，强为之名曰大。

老子的最大功劳，在于超出天地万物之外，别假设一个"道"。这个道的性质，是无声、无形；有单独不变的存在，又周行天地万物之中；生于天地万物之先，又却是天地万物的本源。这个道的作用，是

> 大道汜兮，其可左右。万物恃之而生而不辞，功成不名有，衣养万物而不为主。

道的作用，并不是有意志的作用，只是一个“自然”。自是自己，然是如此，“自然”只是自己如此（谢著《中国哲学史》云：“自然者，究极之谓也。”不成话）。老子说：

> 道常无为而无不为。

道的作用，只是万物自己的作用，故说“道常无为”。但万物所以能成万物，又只是一个道，故说“而无不为”。

五、论无　老子是最先发见“道”的人。这个“道”本是一个抽象的观念，太微妙了，不容易说得明白。老子又从具体的方面着想，于是想到一个“无”字，觉得这个“无”的性质、作用，处处和这个“道”最相像。老子说：

> 三十辐，共一毂，当其无，有车之用。埏埴以为器，当其无，有器之用。凿户牖以为室，当其无，有室之用。故有之以为利，无之以为用。

无即是虚空。上文所举的三个例，一是那车轮中央的空洞，二是器皿的空处，三是窗洞门洞和房屋里的空处。车轮若无中间的圆洞，便不能转动；器皿若无空处，便不能装物事；门户若没有空洞，便不能出入；房屋里若没有空处，便不能容人。这个大虚空，无形、无声；整个的不可分断，却又无所不在；一切万有若没有他，便没有用处。这几项性质，正合上文所说“寂兮寥兮，独立而不改，周行而不殆，可以为天下母”的形容。所以老子所说的“无”与“道”，简直是一样的。所以他既说：

> 道生一，一生二，二生三，三生万物。

一方面又说：

> 天地万物生于有，有生于无。

道与无同是万物的母，可见道即是无，无即是道。大概哲学观念初起的时代，名词不完备，故说理不能周密。试看老子说“吾无以名之”，“强名之”，可见他用名词的困难。他提出了一个“道”的观念，当此名词不完备的时代，形容不出这个“道”究竟是怎样一个物事，故用那空空洞洞的虚空，来说那无为而无不为的道。却不知道“无”是对于有的名词，所指的是那无形体的空洞，如何可以代表那无为而无不为的“道”？只因为老子把道与无看作一物，故他的哲学都受这种观念的影响（庄子便不如此。老庄的根本区别在此）。

老子说：“天地万物生于有，有生于无。”且看他怎样说这无中生有的道理。老子说：

> 视之不见名曰夷。听之不闻名曰希。搏之不得名曰微。此三者不可致诘，故混而为一。其上不皦，其下不昧。绳绳不可名，复归于无物。是谓无状之状，无物之象，是谓惚恍。

又说：

> 道之为物，惟恍惟惚。惚兮恍兮，其中有象。恍兮惚兮，其中有物。

这也可见老子寻相当名词的困难。老子既说道是“无”，这里又说道不是“无”。乃是“有”与“无”之间的一种情境，虽然看不见、听不着、摸不到，但不是完全没有形状的。不过我们不能形容他，又叫不出他的名称，只得说他是“无物”；只好称他做“无状之状，无物之象”；只好称他做“恍惚”。这个“恍惚”，先是“无状之状，无物之象”，故说“惚兮恍兮，其中有象”。后来忽然从无物之象变为有物，故说“恍兮惚兮，其中有物”。这便是“天地万物生于有，有生于无”的历史（论象字参看下文第四篇第三章）。

六、名与无名 中国古代哲学的一个重要问题，就是名实之争。老子是最初提出这个问题的人。他说：

> 惚兮恍兮，其中有象。恍兮惚兮，其中有物。窈兮冥兮，其中有精。其精甚真，其中有信。自古及今，其名不去，以阅（王弼本原作说。今刊本作阅，乃后人所改）众甫。吾何以知众甫之然（王本今作状，原本似作然）哉？以此。

这一段论名的原起与名的功用。既有了法象，然后有物。有物之后，于是发生知识的问题。人所以能知物，只为每物有一些精纯的物德，最足代表那物的本性（《说文》：“精，择也。”择其特异之物德，故谓之精。真字古训诚、训天、训身，能代表此物的特性，故谓之真),即所谓“其中有精,其精甚真,其中有信”。这些物德,如雪的寒与白,如人的形体官能,都是极可靠的知识上的信物。故说“其中有信”(《说文》:“信,诚也。”又古谓符节为信)。这些信物都包括在那物的“名”里面。如说“人”,便可代表人的一切表德;说“雪”,便可代表雪的一切德性。个体的事物尽管生死存灭,那事物的类名,却永远存在。人生人死,而“人”名常在;雪落雪消,而“雪”名永存。故说“自古及今,其名不去,以阅众甫”。众甫即是万物。又说:“吾何以知众甫之然哉?以此。”此字指“名”。我们所以能知万物,多靠名的作用。

老子虽深知名的用处,但他又极力崇拜“无名”。名是知识的利器,老子是主张绝圣弃智的,故主张废名。他说:

> 道可道,非常道(俞樾说常通尚,尚,上也)。名可名,非常名。无名,天地之始。有名,万物之母。故常无,欲以观其妙;常有,欲以观其徼。(常无常有,作一顿。旧读两欲字为顿,乃是错的。)

老子以为万有生于无,故把无看得比有重。上文所说万物未生时,是一种“绳绳不可名”的混沌状态。故说“无名天地之始”。后来有象有信,然后可立名字,故说“有名万物之母”。因为无名先于有名,故说可道的道,不是上道;可名的名,不是上名。老子又常说“无名之朴”的好处。无名之朴,即是那个绳绳不可名的混沌状态。老子说:

> 道常(常,尚也)无名朴。(五字为句。朴字旧连下读,似

乎错了。)虽小,天下不敢臣。侯王若能守之,万物将自宾。天地相合以降甘露(此八字既失韵,又不合老子哲学。疑系后人加入的话)。民莫之令而自均。始制有名,名亦既有,夫亦将知之(王弼今本之作止。下句同。今依河上公本改正。之止古文相似,易误)。知之所以不治。(王弼本所作可,治字各本皆作殆。适按王弼注云:"始制官长,不可不立名分以定尊卑,故始制有名也。过此以往,将争锥刀之末,故曰名亦既有,夫亦将知止也。遂任名以号物,则失治之母也。故知止所以不殆也。"细看此注,可见王弼原本作"夫亦将知之,知之所以不治",若作知止,则注中所引叔向谏子产的话,全无意思。注中又说"任名则失治之母",可证殆本作治。注末殆字同。后世妄人因下文四十四章有"知止不殆"的话,遂把此章也改成"知止可以不殆"。又乱改王注知之为知止,所以不治为所以不殆,却忘了"失治之母"的治字,可以作证。不但注语,全文可作铁证也。)

这是说最高的道是那无名朴。后来制有名字(王弼训始制为"朴散始为官长之时",似乎太深了一层),知识遂渐渐发达,民智日多,作伪行恶的本领也更大了。大乱的根源,即在于此。老子说:

> 古之为治者,非以明民,将以愚之。民之难治,以其智多。故以智治国,国之贼。不以智治国,国之福。

"民之难治,以其智多",即是上文"夫亦将知之,知之所以不治"的注脚。

老子何以如此反对知识呢？大概他推想当时社会国家种种罪恶的根原，都由于多欲。文明程度越高，知识越复杂，情欲也越发展。他说：

> 五色令人目盲，五音令人耳聋，五味令人口爽，驰骋田猎令人心发狂，难得之货令人行妨。

这是攻击我们现在所谓文明文化。他又说：

> 天下皆知美之为美，斯恶已。皆知善之为善，斯不善已。故有无相生，难易相成；长短相较，高下相倾；音声相和，前后相随。是以圣人处无为之事，行不言之教。……不尚贤，使民不争。不贵难得之货，使民不为盗。不见（读现）可欲，使民心不乱。是以圣人之治，虚其心，实其腹；弱其志，强其骨，常使民无知无欲。

这一段是老子政治哲学的根据。老子以为一切善恶、美丑、贤不肖，都是对待的名词。正如长短、高下、前后，等等。无长便无短，无前便无后，无美便无丑，无善便无恶，无贤便无不肖。故人知美是美的，便有丑的了；知善是善的，便有恶的了；知贤是贤的，便有不肖的了。平常那些赏善罚恶，尊贤去不肖，都不是根本的解决。根本的救济方法须把善恶美丑贤不肖一切对待的名词都销灭了，复归于无名之朴的混沌时代，须要常使民无知无欲。无知，自然无欲了。无欲，自然没有一切罪恶了。前面所引的“大道废，有仁义；智慧出，有大伪；六亲不和，有孝慈；国家昏乱，有忠臣”和“绝圣弃智，绝仁弃义，绝巧弃利"，也都是这个道理。他又说：

> 道常无为而无不为。侯王若能守之，万物将自化。化而欲作（欲是名词，谓情欲也），吾将镇之以无名之朴。无名之朴，夫亦将无欲。不欲以静，天下将自定。

老子所处的时势，正是"化而欲作"之时。故他要用无名之朴来镇压。所以他理想中的至治之国，是一种

> 小国寡民，使有什伯人之器而不用（什是十倍，伯是百倍，文明进步，用机械之力代人工。一车可载千斤，一船可装几千人。这多是什伯人之器。下文所说"虽有舟舆，无所乘之。虽有甲兵，无所陈之"，正释这一句）。使民重死而不远徙。虽有舟舆，无所乘之。虽有甲兵，无所陈之。使民复结绳而用之。甘其食，美其服，安其居，乐其俗。邻国相望，鸡狗之声相闻，民至老死不相往来。

这是"无名"一个观念的实际应用。这种学说，要想把一切交通的利器、守卫的甲兵、代人工的机械、行远传久的文字……等等制度文物，全行毁除。要使人类依旧回到那无知无欲老死不相往来的乌托邦。

七、无为 本篇第三节说老子对于社会政治有两种学说：一是毁坏一切文物制度，一是主张极端放任无为的政策。第一说的根据，上节已说过。如今且说他的无为主义。他把天道看作"无为而无不为"，以为天地万物，都有一个独立而不变、周行而不殆的道

理，用不着有什么神道作主宰，更用不着人力去造作安排。老子的“天道”，就是西洋哲学的自然法（Law of Nature 或译“性法”非）。日月星的运行，动植物的生老死，都有自然法的支配适合。凡深信自然法绝对有效的人，往往容易走到极端的放任主义。如十八世纪的英法经济学者，又如斯宾塞（Herbert Spencer）的政治学说，都以为既有了“无为而无不为”的天道，何必要政府来干涉人民的举动？老子也是如此。他说：

> 天之道，不争而善胜，不言而善应，不召而自来，绰然而善谋。天网恢恢，疏而不失。

这是说“自然法”的森严。又说：

> 常有司杀者杀。夫代司杀者杀，是谓代大匠斫。夫代大匠斫者，希有不伤其手者矣。

这个“司杀者”，便是天，便是天道。违背了天道，扰乱了自然的秩序，自有“天然法”来处置他，不用社会和政府的干涉。若用人力去赏善罚恶，便是替天行道，便是“代司杀者杀”。这种代刽子手杀人的事，正如替大匠斫木头，不但无益于事，并且往往闹出乱子来。所以说：“民之难治，以其上之有为，是以难治。”所以又说：“天下多忌讳而民弥贫，……法令滋彰，盗贼多有。”所以他主张一切放任，一切无为。“损之又损，以至于无为，无为而无不为。”

八、人生哲学 老子的人生哲学（旧称伦理学，殊未当）和他的政治哲学相同，也只是要人无知无欲。详细的节目是“见素抱朴，少私寡欲，绝学无忧”。他说：

> 众人熙熙，如享太牢，如登春台。我独泊兮其未兆，如婴儿之未孩。儽儽兮若无所归。众人皆有余，而我独若遗。我愚人之心也哉！沌沌兮，俗人昭昭，我独昏昏；俗人察察，我独闷闷。澹兮其若海，飂兮若无止。众人皆有以，而我独顽似鄙。我独异于人而贵食母。

别人都想要昭昭察察的知识，他却要那昏昏闷闷的愚人之心。此段所说的“贵食母”，即是前所引的“虚其心，实其腹”。老子别处又说“圣人为腹不为目”，也是此意。老子只要人肚子吃得饱饱的，做一个无思无虑的愚人；不愿人做有学问知识的文明人。这种观念，也是时势的反动。《隰有苌楚》的诗人说：

> 隰有苌楚，猗傩其枝。夭之沃沃，乐子之无知！

老子的意思，正与此相同。知识愈高，欲望愈难满足，又眼见许多不合意的事，心生无限烦恼，倒不如无知的草木，无思虑的初民，反可以混混沌沌，自寻乐趣。老子常劝人知足。他说：

> 知足不辱，知止不殆，可以长久。……罪莫大于可欲（孙诒让按，《韩诗外传》引可欲作多欲），祸莫大于不知足，咎莫大于欲得。故知足之足常足矣。

但是知足不是容易做到的。知识越开，越不能知足。故若要知足，除非毁除一切知识。

老子的人生哲学，还有一个重要观念，叫做"不争主义"。他说：

> 江海所以能为百谷王者，以善下之，故能为百谷王。……以其不争，故天下莫能与之争。
>
> 曲则全，枉则直，洼则盈。……夫唯不争，故天下莫与之争。
>
> 上善若水，水利万物而不争。处众人之所恶，故几于道。
>
> 天下柔弱莫过于水，而攻坚胜者莫之能胜。其无以易之。弱之胜强，柔之胜刚，天下莫不知，莫能行。

这种学说，也是时势的反动。那个时代是一个兵祸连年的时代。小国不能自保，大国又争霸权不肯相下。老子生于这个时代，深知武力的竞争，以暴御暴，只有更烈，决没有止境。只有消极的软工夫，可以抵抗强暴。狂风吹不断柳丝，齿落而舌长存，又如最柔弱的水可以冲开山石，凿成江河。人类交际，也是如此，汤之于葛，太王之于狄人，都是用柔道取胜。楚庄王不能奈何那肉袒出迎的郑伯，也是这个道理。老子时的小国，如宋，如郑，处列强之间，全靠柔道取胜。故老子提出这个不争主义，要人知道柔弱能胜刚强；要人知道"夫唯不争，故天下莫与之争"。他教人莫要"为天下先"，又教人"报怨以德"。他要小国下大国，大国下小国。他说暂时吃亏忍辱，并不害事。要知"物或损之而益，或益之而损。……强梁者不得其死"。这句话含有他的天道观念。他深信"自然法"的"天网恢恢，疏而不失"，故一切听其自然。物或损之而益，或益之而损，都是天道之自然。宇宙之间，自有“司杀者杀”，故强梁的总不得好死。我们尽可逆来顺受，且看天道的自然因果罢。

第四篇　孔子

第一章　孔子略传

孔丘，字仲尼，鲁国人。生于周灵王二十一年（西历纪元前五五一），死于周敬王四十一年（西历纪元前四七九）。他一生的行事，大概中国人也都知道，不消一一地叙述了。他曾见过老子。大概此事在孔子三十四岁之后（说详上章）。

孔子本是一个实行的政治家。他曾做过鲁国的司空，又做过司寇。鲁定公十年，孔子以司寇的资格，做定公的傧相，和齐侯会于夹谷，很替鲁国争得些面子。后来因为他的政策不行，所以把官丢了，去周游列国。他在国外游了十三年，也不曾遇有行道的机会。到了六十八岁回到鲁国，专做著述的事业。把古代的官书，删成《尚书》；把古今的诗歌，删存三百多篇；还订定了礼书、乐书。孔子晚年最喜《周易》，那时的《周易》不过是六十四条卦辞和三百八十四条爻辞。孔子把他的心得，作成了六十四条卦象传，三百八十四条爻象传，六十四条彖辞。后人又把他的杂说纂辑成书，便是《系辞传》、《文言》。这两种之中，已有许多话是后人胡乱加入的，如《文言》中论四德的一段。此外还有《杂卦》、《序卦》、《说卦》，更靠不住了。除了删诗书，定礼乐之外，孔子还作了一部《春秋》。孔子自己说他是"述而不作"的。所以《诗》、《书》、《礼》、《乐》都是他删定的，不是自己著作的。就是《易经》的诸传，也是根据原有的《周易》作的，就是《春秋》也是根据鲁国的史记作的。

此外还有许多书，名为是孔子作的，其实都是后人依托的，例如一部《孝经》，称孔子为"仲尼"，称曾参为"曾子"，又夹许多"诗云"、"子曰"，可见决不是孔子作的。《孝经·钩命诀》说的"吾志在《春秋》行在《孝经》"的话，也是汉人假造的诳语，决不可信。

一部《论语》虽不是孔子作的，却极可靠、极有用。这书大概是孔门弟子的弟子们所记孔子及孔门诸子的谈话议论。研究孔子学说的人，须用这书和《易传》、《春秋》两书参考互证，此外便不可全信了。

孔子本有志于政治改良，所以他说：

> 苟有用我者，期月而已可也。三年有成。

又说：

> 如有用我者，吾其为东周乎。

后来他见时势不合，没有政治改良的机会。所以专心教育，要想从教育上收效。他深信教育功效最大，所以说"有教无类"，又说"性相近也，习相远也"。《史记》说他的弟子有三千之多。这话虽不知真假，但是他教学几十年，周游几十国，他的弟子定必不少。

孔子的性情德行，是不用细述的了。我且引他自己说自己的话：

> 饭疏食，饮水，曲肱而枕之，乐亦在其中矣。不义而富且贵，于我如浮云。

这话虽不大像“食不厌精，脍不厌细”、“席不正不坐”、“割不正不食”的人的口气，却很可想见孔子的为人。他又说他自己道：

> 其为人也，发愤忘食，乐以忘忧，不知老之将至云尔。

这是何等精神！《论语》说：

> 子路宿于石门，晨门曰：“奚自？”子路曰：“自孔氏。”曰：“是知其不可而为之者欤？”

“知其不可而为之”七个字写出一个孳孳恳恳、终身不倦的志士。

第二章　孔子的时代

孟子说孔子的时代，是

> 邪说暴行有作：臣弑其君者有之，子弑其父者有之。

这个时代，既叫做邪说暴行的时代，且看是些什么样的邪说暴行。

第一,“暴行”就是孟子所说的“臣弑其君,子弑其父”了。《春秋》二百四十年中,共有弑君三十六次。内中有许多是子弑父的,如楚太子商臣之类。此外还有贵族世卿专权窃国,如齐之田氏,晋之六卿,鲁之三家。还有种种丑行,如鲁之文姜,陈之夏姬,卫之南子、弥子瑕,怪不得那时的隐君子要说:

滔滔者,天下皆是也,而谁与易之?

第二,“邪说”一层,孟子却不曾细述。我如今且把那时代的“邪说”略举几条。

(一)老子　老子的学说,在当时真可以算得“大逆不道”的“邪说”了。你看他说“民之饥,以其上食税之多”,又说“圣人不仁”,又说“民不畏死,奈何以死惧之?”又说“绝仁弃义,民复孝慈;绝圣去知,民利百倍”。这都是最激烈的破坏派的理想(详见上篇)。

(二)少正卯　孔子做司寇,七日便杀了一个“乱政大夫少正卯”。有人问他为什么把少正卯杀了。孔子数了他的三大罪:

一、其居处足以撮徒成党。

二、其谈说足以饰衺荧众。

三、其强御足以反是独立。

这三件罪名,译成今文,便是“聚众结社,鼓吹邪说,淆乱是非”。

(三)邓析　孔子同时思想界的革命家,除了老子,便该算邓析。邓析是郑国人,和子产、孔子同时。《左传》鲁定公九年(西历前五〇一),“郑驷颛杀邓析而用其竹刑”。那时子产已死了二十一年(子产死于昭公二十年,西历前五二二),《吕氏春秋》和《列子》都说邓析是子产杀的,这话恐怕不确。第一因为子产是极不愿意压制言论自由的。《左传》说:

> 郑人游于乡校以论执政。然明谓子产曰:"毁乡校,何如?"子产曰:"何为?夫人朝夕退而游焉,以议执政之善否。其所善者,吾则行之。其所恶者,吾则改之。是吾师也。若之何毁之?"

可见子产决不是杀邓析的人。第二子产铸刑书,在西历前五三六年。驷颛用竹刑,在西历前五〇一年。两件事相差三十余年。可见子产铸的是"金刑",驷颛用的是"竹刑",决不是一件事(金刑还是极笨的刑鼎,竹刑是可以传写流通的刑书)。

邓析的书都散失了。如今所传的《邓析子》,乃是后人假造的。我看一部《邓析子》,只有开端几句或是邓析的话。那几句是:

> 天于人无厚也。君于民无厚也。……何以言之?天不能屏悖厉之气,全夭折之人,使为善之民必寿,此于民无厚也。凡民有穿窬为盗者,有诈伪相迷者,此皆生于不足,起于贫穷,而君必欲执法诛之,此于民无厚也。……

这话和老子"天地不仁"的话相同,也含有激烈的政治思想。

《列子》书说:"邓析操两可之说,设无穷之辞。"《吕氏春秋》说:

邓析……与民之有狱者约，大狱一衣，小狱襦袴。民之献衣襦袴而学讼者，不可胜数。以非为是，以是为非，是非无度，而可与不可日变。所欲胜因胜，所欲罪因罪。

又说：

郑国多相县以书者（这就是出报纸的起点）。子产令无县书，邓析致之。子产令无致书，邓析倚之（县书是把议论张挂在一处叫人观看，致书是送上门去看，倚书是混在他物里夹带去看）。令无穷而邓析应之亦无穷矣。

又说：

洧水甚大，郑之富人有溺者。人得其死者，富人请赎之。其人求金甚多，以告邓析。邓析曰："安之，人必莫之卖矣。"得死者患之，以告邓析。邓析又答之曰："安之，此必无所更买矣。"

这种人物简直同希腊古代的"哲人"（Sophists）一般。希腊的"哲人"所说的都有老子那样激烈，所行的也往往有少正卯、邓析那种遭忌的行为。希腊的守旧派，如梭格拉底、柏拉图之流，对于那些"哲人"，非常痛恨。中国古代的守旧派，如孔子之流，对于这种"邪说"自然也非常痛恨。所以孔子做司寇便杀少正卯。孔子说：

放郑声，远佞人。郑声淫，佞人殆。

又说：

恶紫之夺朱也，恶郑声之乱雅乐也，恶利口之覆邦家者。

他又说：

天下有道，则庶人不议。

要懂得孔子的学说，必须先懂得孔子的时代是一个“邪说横行，处士横议”的时代。这个时代的情形既是如此“无道”，自然总有许多“有心人”对于这种时势生出种种的反动。如今看来，那时代的反动大约有三种：

第一，极端的破坏派　老子的学说，便是这一派，邓析的反对政府，也属于这一派。

第二，极端的厌世派　还有些人看见时势那样腐败，便灰心绝望，隐世埋名，宁愿做极下等的生活，不肯干预世事。这一派人，在孔子的时代，也就不少。所以孔子说：

贤者辟世，其次辟地，其次辟色，其次辟言。……作者七人矣。

那《论语》上所记“晨门”、“荷蒉”、“丈人”、“长沮桀溺”都是这一派。接舆说：

凤兮！凤兮！何德之衰！已而！已而！今之从政者殆而！

桀溺对子路说：

滔滔者，天下皆是也，而谁以易之？且而与其从辟人之士也，岂若从辟世之士哉？

第三，积极的救世派　孔子对于以上两派，都不赞成。他对于那几个辟世的隐者，虽很原谅他们的志趣，终不赞成他们的行为。所以他批评伯夷、叔齐、……柳下惠、少连诸人的行为，道：

我则异于是，无可无不可。

又他听了长沮、桀溺的话，便觉得大失所望，因说道：

鸟兽不可与同群。吾非斯人之徒与，而谁与？天下有道，丘不与易也。

正为“天下无道”，所以他才去栖栖皇皇的奔走，要想把无道变成有道。懂得这一层，方才可懂得孔子的学说。

第三章 《易》

孔子生在这个“邪说暴行”的时代，要想变无道为有道，却从何处下手呢？他说：

> 臣弑其君，子弑其父，非一朝一夕之故，其所由来者渐矣，由辨之不早辨也。《易》曰：“履霜坚冰至”，盖言顺也。(《易·文言》)

社会国家的变化，都不是“一朝一夕之故”，都是渐渐变成的。如今要改良社会国家，不是“头痛医头脚痛医脚”的工夫所能办到的，必须从根本上下手。孔子学说的一切根本，依我看来，都在一部《易经》。我且先讲《易经》的哲学。

《易经》这一部书，古今来多少学者做了几屋子的书，也还讲不明白。我讲《易经》和前人不同。我以为从前一切河图、洛书、谶纬术数、先天太极……种种议论，都是谬说。如今若要懂得《易经》的真意，须先把这些谬说扫除干净。

我讲《易》，以为一部《易经》，只有三个基本观念：(一)易，(二)象，(三)辞。

第一，易 易便是变易的易。天地万物都不是一成不变的，都是时时刻刻在那里变化的。孔子有一天在一条小河上，看那滚滚不绝的河水，不觉叹了一口气说道：

逝者如斯夫！不舍昼夜！

“逝者”便是“过去种种”。（程子说：“此道体也。天运而不已，日往则月来，寒往则暑来，水流而不息，物生而无穷，皆与道为体，运乎昼夜，未尝已也。”朱子说：“天地之化，往者过来者续，无一息之停。”此两说大旨都不错。）天地万物，都像这滔滔河水，才到了现在，便早又成了过去，这便是“易”字的意义。

一部《易》讲“易”的状态，以为天地万物的变化，都起于一个动字。何以会有“动”呢？这都因为天地之间，本有两种原力：一种是刚性的，叫做“阳”；一种是柔性的，叫做“阴”。这刚柔两种原力，互相冲突，互相推挤，于是生出种种运动，种种变化。所以说：“刚柔相推而生变化。”又说：“一阴一阳之谓道。”孔子大概受了老子的影响，故他说万物变化完全是自然的，唯物的，不是唯神的（孔子受老子的影响，最明显的证据，如《论语》极推崇“无为而治”。又如“或曰，以德报怨”，亦是老子的学说）。

在《易经》里，阳与阴两种原力，用“⚊”“⚋”两种符号作代表。《易·系辞传》说：

是故易有太极，是生两仪。两仪生四象。四象生八卦。

这是代表**万物由极简易的变为极繁杂**的公式。此处所说“太极”并不是宋儒说的“太极图”。《说文》说：“极，栋也。”极便是屋顶上的横梁，在《易经》上便是一画的“⚊”。“仪，匹也。”两仪便是那一对“⚊”、“⚋”。四象便是“⚌⚏⚎⚍”。由八卦变为六十四卦，便可代表种种的“天下之至赜”和“天下之至动”，却又都从一条小小的横画上生出来。这便是“变化由简而繁”的明例了。

《易经》常把乾坤(“—”、“--”)代表“易”、“简”。有了极易极简的,才有极繁赜的。所以说:“乾坤其易之门耶。”又说:“易简而天下之理得矣。”

万物变化,既然都从极简易的原起渐渐变出来,若能知道那简易的远因,便可以推知后来那些复杂的后果,所以《易·系辞传》说:

> 德行恒易以知险,……德行恒简以知阻。

因为如此,所以能“彰往而察来”,所以能“温故而知新”。《论语》上子张问十世以后的事可能前知吗?孔子说,不但十世,百世亦可推知。这都因孔子深信万物变化都是由简而繁,成一条前后不断的直线,所以能由前段推知后段,由前因推到后果。

这便是《易经》的第一个基本观念。

第二,象 《系辞传》说:“易也者象也。”这五个字是一部《易》的关键。这是说一切变迁进化,都只是一个“象”的作用。要知此话怎讲,须先问这象字作何解。《系辞传》说:“象也者,像也”(像字是后人所改。古无像字。孟京、虞董姚皆作象,可证)。《韩非子》说:“人希见生象也,而案其图以想其生。故诸人之所以意想者,皆谓之象。”(《解老》篇)我以为《韩非子》这种说法似乎太牵强了。象字古代大概用“相”字。《说文》:“相,省视也。从目从木。”目视物,得物的形象,故相训省视。从此引申,遂把所省视的“对象”也叫做“相”(如《诗·棫朴》“金玉其相”之相)。后来相人术的相字,还是此义。相字既成专门名词,故普通的形相，遂借用同音的"象"字（如僖十五年《左传》："物生而后有象"）。引申为象效之意。凡象效之事，与所仿效的原本，都叫做"象"。这一个弯可转得深了。本来是"物生而后有象"，象是仿本，物是原本。到了后来把所仿效的原本叫做象，如画工画虎，所用作模型的虎也是"象"（亦称法象），便是把原本叫做"象"了。例如《老子》说：

> 道之为物，惟恍惟惚。惚兮恍兮，其中有象。恍兮惚兮，其中有物。

有人根据王弼注，以为原本当是"恍兮惚兮，其中有物"二句在先，"惚兮恍兮，其中有象"二句应在后。这是"物生而后有象"的说法。却不知道老子偏要说"象生而后有物"。他前文曾说"无物之象"可以作证。老子的意思大概以为先有一种"无物之象"，后来从这些法象上渐渐生出万物来。故先说"其中有象"，后说"其中有物"。但这个学说，老子的书里不曾有详细的发挥。孔子接着这个意思，也主张"象生而后有物"。象是原本的模型，物是仿效这模型而成的。《系辞传》说：

> 在天成象，在地成形，变化见矣。

这和老子先说"有象"后说"有物"，同一意思。"易也者，象也；象也者，像也。"正是说易（变化）的道理只是一个象效的作用。先有一种法象，然后有仿效这法象而成的物类。

以上说《易经》的象字是法象之意（法象即是模范）。孔子以为人类历史上种种文物制度的起原都由于象，都起于仿效种种法象。这些法象，大约可分两种：一种是天然界的种种“现象”（如云“天垂象，见吉凶，圣人则之”）；一种是物象所引起的“意象”，又名“观念”。《系辞传》说：

> 古者庖牺氏之王天下也，仰则观象于天，俯则观法于地，观鸟兽之文与地之宜，近取诸身，远取诸物，于是始作八卦，以通神明之德，以类万物之情。
>
> 作结绳而为网罟，以佃以渔，盖取诸离（䷝）。
>
> 庖牺氏没，神农氏作，斫木为耜，揉木为耒，……盖取诸益（䷩）。
>
> 日中为市，致天下之民，聚天下之货，交易而退，各得其所，盖取诸噬嗑（䷔）。
>
> 神农氏没，黄帝尧舜氏作，……垂衣裳而天下治，盖取诸乾坤。
>
> 刳木为舟，剡木为楫，……盖取诸涣（䷺）。
>
> 服牛乘马，引重致远，……盖取诸随（䷐）。
>
> 重门击柝，以待暴客，……盖取诸豫（䷏）。
>
> 断木为杵，掘地为臼，……盖取诸小过（䷽）。
>
> 弦木为弧，剡木为矢，……盖取诸睽（䷥）。
>
> 上古穴居而野处。后世圣人易之以宫室，上栋下宇，以待风雨，盖取诸大壮（䷡）。
>
> 古之葬者，厚衣之以薪，葬之中野，不封不树，丧期无数。后之圣人易之以棺椁，盖取诸大过（䷛）。
>
> 上古结绳而治。后世圣人易之以书契，百官以治，万民以

> 察，盖取诸夬(䷪)。

这一大段说的有两种象：第一是先有天然界的种种“现象”，然后有庖牺氏观察这些“现象”，起了种种“意象”，都用卦来表出。这些符号，每个或代表一种“现象”，或代表一种“意象”。例如☲是火，☵是水，是两种物象。䷿是未济(失败)，䷾是既济(成功)，是两种意象。

后来的圣人从这些物象意象上，又生出别的新意象来，例如䷺(涣)代表一个“风行水上”(或“木在水上”)的意象。后人从这意象上忽然想到一个“船”的意象，因此便造出船来。所以说：

> 刳木为舟，剡木为楫，……盖取诸涣。

又如䷽(小过)代表一个“上动下静”的意象。后人见了这个观念，忽然想到一种上动下静的物事的意象，因此便造出杵臼来。所以说：

> 断木为杵，凿地为臼，……盖取诸小过。

又如䷛(大过)代表一个“泽灭木”的意象。后人见了这个意象，忽然发生两个意象：一是怕大水浸没了他的父母的葬地，若不封不树，便认不出来了；一是怕大水把那柴裹的死尸要浸烂了。因此便生出“棺椁”的意象来，造作棺椁，以免“泽灭木”的危险。所以说：

> 古之葬者，厚衣之以薪，葬之中野，不封不树，丧期无数。

> 后世圣人易之以棺椁，盖取诸大过。

又如䷪（夬）代表“泽上于天”，是一个大雨的意象。后人见了，忽然生出一个普及博施的意象。因此又想起古代结绳的法子，既不能行远，又不能传后，于是便又生出一个普及博施的“书契”的意象。从这个观念上，才有书契文字的制度。所以说：

> 上古结绳而治。后世圣人易之以书契，……盖取诸夬。

以上所说古代器物制度的原起，未必件件都合着历史的事实。但是孔子对于“象”的根本学说，依我看来，是极明白无可疑的了。**这个根本学说是人类种种的器物制度都起于种种的“意象”**。

六十四章《象传》全是这个道理，例如䷃（蒙）是一个“山下出泉”的意象。山下出泉，是水的源头。后人见了，便生出一个“儿童教育”的意象。所以说：“蒙，君子以果行育德。”又如䷐（随）和䷗（复），一个代表“雷在泽中”，一个代表“雷在地下”，都是收声蛰伏的雷。后人见了，因生出一个“休息”的意象。所以由“随”象上，生出夜晚休息的习惯；又造出用牛马引重致远以节省人力的制度。由“复”象上，也生出“七日来复”，“至日闭关，商旅不行，后不省方”的假期制度。又如䷫（姤）代表“天下有风”的意象，后人因此便想到“天下大行”的意象，于是造出“施命诰四方”的制度。又如䷓（观）代表“风行地上”和上文的“姤”象差不多。后人从这个意象上，便造出“省方观民设教”的制度。又如䷎（谦）代表“地中有山”，山在地下，是极卑下的意象。后人见了这个意象，便想到人事高下多寡的不均平。于是便发生一种“拵多益寡，称物平施”的观念。又如☶☰(大畜)代表"天在山中",山中看天,有如井底观天,是一个"识见鄙陋"的意象。后人因此便想到补救陋识的方法,所以说:"天在山中,大畜,君子以多识前言往行,以畜其德。"

以上所说,不过是随便乱举几卦作例。但是据这些例看来,已可见孔子的意思,不但说一切器物制度,都是起于种种意象,并且说一切人生道德礼俗也都是从种种意象上发生出来的。

因为"象"有如此重要,所以说:

> 易有圣人之道四焉,……以制器者尚其象。
>
> 形而上者谓之道,形而下者谓之器。化而裁之谓之变。推而行之谓之通。举而措之天下之民谓之事业。

又说:

> 是故阖户谓之坤,辟户谓之乾。一阖一辟谓之变,往来不穷谓之通。见乃谓之象。形乃谓之器。制而用之谓之法。利用出入民咸用之谓之神。

那种种开阖往来变化的"现象",到了人的心目中,便成"意象"。这种种"意象",有了有形体的仿本,便成种种"器"。制而用之,便成种种"法"(法是模范标准)。举而措之天下之民,便成种种"事业"。到了"利用出入民咸用之"的地位,便成神功妙用了。

"象"的重要既如上文所说,可见"易也者象也"一句,真是一部《易经》的关键。一部《易经》,只是一个"象"字。古今说易的人,不懂此理,却去讲那些"分野"、"爻辰"、"消息"、"太一"、"太极”,……种种极不相干的谬说,所以越讲越不通了。(清代汉学家过崇汉学,欲重兴汉诸家易学。惠栋、张惠言,尤多钩沉继绝之功。然汉人易学实无价值,焦赣、京房、翼奉之徒,皆“方士”也。郑玄、虞翻皆不能脱去汉代“方士”的臭味。王弼注《易》扫空汉人陋说,实为易学一大革命。其注虽不无可议,然高出汉学百倍矣。惠张诸君之不满意于宋之“道士易”是也。其欲兴汉之“方士易”则非也。)

这是《易》的第二个基本观念。

第三,辞 《易经》六十四卦,三百八十四爻,每卦每爻都有一个“象”,但是单靠“象”也还不够。因为

> 易有四象(适按此处象与辞对称,不当有“四”字。此涉上文而误也。因此一字,遂使诸儒聚讼“四象”是何物,终不能定。若衍此字,则毫不废解矣),所以示也。系辞焉,所以告也。圣人立象以尽意,设卦以尽情伪,系辞焉以尽其言。

“象”但可表示各种“意象”。若要表示“象”的吉凶动静,须要用“辞”。例如䷎(谦)但可表示“地中有山”的意象,却不能告人这“象”的吉凶善恶。于是作为卦辞道:

> ䷎谦亨,君子有终。

这便可指出这一卦的吉凶悔吝了。又如谦卦的第一爻,是一个阴爻,在谦卦的最下层,真可谓谦之又谦、损之又损了。但单靠这一

画,也不能知道他的吉凶,所以须有爻辞道:

初六,谦谦君子,用涉大川,吉。

这便指出这一爻的吉凶了。

“辞”的作用在于指出卦象或爻象的吉凶。所以说:

系辞焉以断其吉凶。

又说:

辨吉凶者存乎辞。

辞字从𤔔辛,《说文》云:“辞讼也(段依《广韵》作“说也”)。从𤔔辛,犹理辜也。”朱骏声说:“分争辩讼谓之辞。后汉《周纾传》‘善为辞案条教’注,辞案,犹今案牍也。”辞的本义是争讼的“断语”、“判辞”。《易经》的“辞”,都含“断”字“辨”字之意。在名学上,象只是“词”(Term),是“概念”(Concept),辞即是“辞”,亦称“判断”(Judgment)。例如“谦亨”一句,谦是“所谓”,亨是“所以谓”,合起来成为一辞。用“所以谓”来断定“所谓”,故叫做辞(西文 Judgment 本义也是讼狱的判辞)。

《系辞传》有辞的界说道:

是故卦有小大,辞有险易。辞也者,各指其所之。

“之”是趋向，卦辞爻辞都是表示一卦或一爻的趋向如何，或吉或凶，或亨或否，叫人见了便知趋吉避凶。所以说：“辞也者，各指其所之。”又说：

> 圣人有以见天下之赜，而拟诸形容，象其物宜，是故谓之象。圣人有以见天下之动，而观其会通，以行其典礼，系辞焉以断其吉凶，是故谓之爻（爻字似当作辞。下文作辞，可证）。极天下之赜者，存乎卦。鼓天下之动者，存乎辞。

象所表示的是“天下之赜”的形容物宜。辞所表示的，是“天下之动”的会通吉凶。象是静的，辞是动的；象表所“像”，辞表何之。

“天下之动”的动，便是“活动”，便是“动作”。万物变化，都由于“动”，故说：

> 吉凶悔吝者，生乎动者也。

又说：

> 吉凶者，失得之象也。悔吝者，忧虑之象也。
>
> 吉凶者，言乎其失得也。悔吝者，言乎其小疵也。

动而“得”，便得吉；动而“失”，便是凶；动而有“小疵”，便是悔吝。“动”有这样重要，所以须有那些“辞”来表示各种“意象”动作时的种种趋向，使人可以趋吉避凶，趋善去恶。能这样指导，便可鼓舞

人生的行为。所以说:“鼓天下之动者,存乎辞。”又说:

> 天地之大德曰生。圣人之大宝曰位。何以守位曰人,何以聚人曰财。理财正辞,禁民为非,曰义。

辞的作用,积极一方面,可以“鼓天下之动”;消极一方面,可以“禁民为非”。

这是《易经》的第三个基本观念。

这三个观念(一)易,(二)象,(三)辞,便是《易经》的精华。孔子研究那时的卜筮之《易》,竟能找出这三个重要的观念:第一,万物的变动不穷,都是由简易的变作繁赜的。第二,人类社会的种种器物制度礼俗,都有一个极简易的原起,这个原起,便是“象”。人类的文明史,只是这些“法象”实现为制度文物的历史。第三,这种种“意象”变动作用时,有种种吉凶悔吝的趋向,都可用“辞”表示出来,使人动作都有仪法标准,使人明知利害,不敢为非。——这就是我的“《易》论”。我且引一段《系辞传》作这篇的结束:

> 圣人有以见天下之赜,而拟诸形容,象其物宜,是故谓之“象”。圣人有以见天下之动,而观其会通,以行其典礼,系辞焉以断其吉凶,是故谓之爻(爻似当作辞。说见上)。言天下之至赜而不可亚也(亚字从荀本)。言天下之至动而不可乱也。拟之而后言,仪之而后动。(仪旧作议。《释文》云:“陆姚桓元荀柔之作仪。”适按作仪是也。仪,法也。与下文拟字对文。)拟仪以成其变化。

"象"与"辞"都是给我们摹拟仪法的模范。

第四章 正名主义

孔子哲学的根本观念,依我看来,只是上篇所说的三个观念:第一,一切变迁都是由微变显,由简易变繁赜。所以说:

> 臣弑其君,子弑其父,非一朝一夕之故,其所由来者渐矣,由辨之不早辨也。《易》曰:"履霜坚冰至",盖言顺也。

知道一切变迁都起于极微极细极简易的,故我们研究变迁,应该从这里下手。所以说:

> 夫易,圣人之所以极深而研几也(韩注:"极未形之理曰深,适动微之会曰几。")。唯深也,故能通天下之志;唯几也,故能成天下之务。

"深"是隐藏未现的。"几"字《易系辞》说得最好:

> 几者,动之微,吉凶之先见者也(旧无凶字,义不可通。今按孔颖达《正义》云:"诸本或有凶字者,其定本则无也。"是唐时尚有有凶字之本。今据增)。

孔子哲学的根本观念,只是要"知几",要"见几",要"防微杜渐"。

大凡人生哲学(即伦理学),论人生行为的善恶,约分两大派:一派注重"居心",注重"动机";一派注重行为的效果影响。孔子的人生哲学,属于"动机"一派。

第二,人类的一切器物制度礼法,都起于种种"象"。换言之,"象"便是一切制度文物的"几"。这个观念,极为重要。因为"象"的应用,在心理和人生哲学一方面就是"意",就是"居心"(孟子所谓"以仁存心,以礼存心"之存心)。就是俗话说的"念头"。在实际一方面,就是"名",就是一切"名字"(郑玄说,古曰名,今曰字)。"象"的学说,于孔子的哲学上,有三层效果:(一)因为象是事物的"动机",故孔子的人生哲学,极注重行为的"居心"和"动机"。(二)因为"象"在实际上,即是名号名字,故孔子的政治哲学主张一种"正名"主义。(三)因为象有仿效模范的意思,故孔子的教育哲学和政治哲学,又注重标准的榜样行为,注重正己以正人,注重以德化人。

第三,积名成"辞",可以表示意象动作的趋向,可以指出动作行为的吉凶利害,因此可以作为人生动作的向导。故说:

> 理财正辞,禁民为非,曰义。

"正辞"与"正名"只是一事。孔子主张"正名"、"正辞",只是一方面要鼓天下之动,一方面要禁民为非。

以上所说,是孔子哲学的重要大旨。如今且先说"正名主义"。

正名主义,乃是孔子学说的中心问题。这个问题的重要,见于《论语·子路》篇:

子路曰:“卫君待子而为政,子将奚先?”

子曰:“必也正名乎!”(马融注正百事之名)

子路曰:“有是哉,子之迂也!奚其正?”

子曰:“野哉由也!君子于其所不知,盖阙如也。名不正,则言不顺。言不顺,则事不成。事不成,则礼乐不兴。礼乐不兴,则刑罚不中。刑罚不中,则民无所措手足。故君子名之必可言也,言之必可行也。君子于其言,无所苟而已矣。”

请看名不正的害处,竟可致礼乐不兴,刑罚不中,百姓无所措手足。这是何等重大的问题!如今且把这一段仔细研究一番:

怎么说“名不正,则言不顺”呢?“言”是“名”组合成的。名字的意义若没有正当的标准,便连话都说不通了。孔子说:

觚不觚,觚哉?觚哉?

“觚”是有角之形。(《汉书·律历志》:“成六觚。”苏林曰:“六觚,六角也。”又《郊祀志》:“八觚宣通,象八方。”师古曰:“觚,角也。”班固《西都赋》:“上觚棱而楼金爵。”注云:“觚,八觚,有隅者也。”可证。)故有角的酒器叫做“觚”。后来把觚字用泛了,凡酒器可盛三升的,都叫做“觚”,不问他有角无角。所以孔子说:“现在觚没有角了。这也是觚吗?这也是觚吗?”不是觚的都叫做“觚”,这就是言不顺。且再举一例。孔子说:

政者,正也。子率以正,孰敢不正?

政字从正,本有正意。现今那些昏君贪官的政府,也居然叫做“政”,这也是“言不顺”了。

这种现象,是一种学识思想界昏乱“无政府”的怪现象。语言文字(名)是代表思想的符号。语言文字没有正确的意义,还用什么来做是非真假的标准呢?没有角的东西可叫做“觚”,一班暴君污吏可叫做“政”,怪不得少正卯、邓析一般人,要“以非为是,以是为非,是非无度,而可与不可日变”(用《吕氏春秋》语)了。

孔子当日眼见那些“邪说暴行”(说见本篇第二章),以为天下的病根在于思想界没有公认的是非真伪的标准。所以他说:

> 天下有道,则庶人不议。

他的中心问题,只是要建设一种公认的是非真伪的标准。建设下手的方法便是“正名”。这是儒家公有的中心问题。试引荀卿的话为证:

> 今圣王没,名守慢,奇辞起,名实乱,是非之形不明,则虽守法之吏,诵数之儒,亦皆乱也。……异形离心交喻,异物名实互纽;贵贱不明,同类不别:如是,则志必有不喻之患,而事必有困废之祸(《荀子·正名》篇。详解见第十一篇第三章)。

不正名则“志必有不喻之患,而事必有困废之祸”,这两句可作孔子“名不正则言不顺,言不顺则事不成”两句的正确注脚。

怎么说“事不成则礼乐不兴,礼乐不兴则刑罚不中”呢?这是说是非真伪善恶，若没有公认的标准，则一切别的种种标准如礼乐刑罚之类，都不能成立。正如荀卿说的："名守慢，奇辞起，名实乱，是非之形不明，则虽守法之吏，诵数之儒，亦皆乱也。"

"正名"的宗旨，只要建设是非善恶的标准，已如上文所说。这是孔门政治哲学的根本理想。《论语》说：

> 齐景公问政于孔子，孔子对曰："君君臣臣，父父子子。"公曰："善哉！信如君不君，臣不臣，父不父，子不子，虽有粟，吾得而食诸？"

"君君臣臣父父子子"，也只是正名主义。正名的宗旨，不但要使觚的是"觚"，方的是"方"，还须要使君真是君，臣真是臣，父真是父，子真是子。不君的君，不臣的臣，不子的子和不觚的觚，有角的圆是同样的错谬。

如今且看孔子的正名主义如何实行。孟子说：

> 世衰道微，邪说暴行有作。臣弑其君者有之，子弑其父者有之。孔子惧，作《春秋》。《春秋》，天子之事也。是故孔子曰："知我者，其惟《春秋》乎！罪我者，其惟《春秋》乎！"

又说：

> 昔者禹抑洪水而天下平。周公兼夷狄，驱猛兽，而百姓宁。孔子成《春秋》而乱臣贼子惧。

一部《春秋》便是孔子实行正名的方法。《春秋》这部书，一定是有深意“大义”的，所以孟子如此说法。孟子又说：

> 王者之迹熄而诗亡，诗亡，然后《春秋》作。晋之《乘》，楚之《梼杌》，鲁之《春秋》，一也。其事则齐桓晋文，其文则史。孔子曰：“其义则丘窃取之矣。”

庄子《天下》篇，也说：“《春秋》以道名分。”这都是论《春秋》最早的话，该可相信。若《春秋》没有什么“微言大义”，单是一部史书，那真不如“断烂朝报”了。孔子不是一个全无意识的人，似乎不至于做出这样极不可读的史书。

论《春秋》的真意，应该研究《公羊传》和《谷梁传》，晚出的《左传》最没有用。我不主张“今文”，也不主张“古文”，单就《春秋》而论，似乎应该如此主张。

《春秋》正名的方法，可分三层说：

第一，正名字　《春秋》的第一个方法，是要订正一切名字的意义。这是言语学、文法学的事业。今举一例，《春秋》说：

> 僖公十有六年，春王正月，戊申朔，陨石于宋，五。是月，六鹢退飞，过宋都。
>
> （《公羊传》）曷为先言“霣”而后言“石”？霣石记闻。闻其磌然，视之则“石”，察之则“五”。是月者何？仅逮是月也。……曷为先言“六”而后言“鹢”？六鹢退飞，记见也。视之则“六”，察之则“鹢”，徐而察之，则退飞。……
>
> （《谷梁传》）“陨石于宋，五。”先“陨”而后“石”，何也？

"陨"而后"石"也。于宋四境之内曰"宋"。后数,散辞也,耳治也。"是月也,六鹢退飞,过宋都。""是月也",决不日而月也。"六鹢退飞过宋都",先数聚辞也,目治也。……君子之于物,无所苟而已。石鹢且犹尽其辞,而况于人乎?故五石六鹢之辞不设,则王道不亢矣。

(董仲舒《春秋繁露·深察名号》篇)《春秋》辨物之理以正其名,名物如其真,不失秋毫之末,故名霣石则后其"五",言退鹢则先其"六"。圣人之谨于正名如此。"君子于其言,无所苟而已矣。"五石六鹢之辞是也。

"《春秋》辨物之理以正其名,名物如其真",这是正名的第一义。古书辨文法上词性之区别,莫如《公羊》、《谷梁》两传。《公羊传》讲词性更精。不但名词(如车马曰赗,货财曰赙,衣服曰襚之类),动词(如春曰苗,秋曰蒐,冬曰狩,春曰祠,夏曰礿,秋曰尝,冬曰烝,直来曰来,大归曰来归等),分别得详细,并且把状词(如既者何,尽也)、介词(如及者何,累也)、连词(如遂者何,生事也,乃者何,难之也,之类)之类,都仔细研究文法上的作用。所以我说《春秋》的第一义,是文法学、言语学的事业。

第二,定名分　上一条是"别同异",这一条是"辨上下"。那时的周天子久已不算什么东西。楚吴都已称王,此外各国,也多拓地灭国,各自称雄。孔子眼见那纷争无主的现象,回想那封建制度最盛时代,井井有条的阶级社会,真有去古日远的感慨。所以《论语》说:

孔子谓季氏八佾舞于庭,是可忍也,孰不可忍也!

读这两句,可见他老人家气得胡子发抖的神气!《论语》又说:

> 三家者,以《雍彻》。子曰:"相维辟公,天子穆穆",奚取于三家之堂?

孔子虽明知一时做不到那"天下有道,礼乐征伐自天子出"的制度,他却处处要保存那纸上的封建阶级。所以《春秋》于吴楚之君,只称"子",齐晋只称"侯",宋虽弱小,却称"公"。践土之会,明是晋文公把周天子叫来,《春秋》却说是"天王狩于河阳"。周天子的号令,久不行了,《春秋》每年仍旧大书"春王正月"。这都是"正名分"的微旨。《论语》说:

> 子贡欲去告朔之饩羊,子曰:"赐也,尔爱其羊,我爱其礼。"

这便是《春秋》大书"春王正月"一类的用意。

第三,寓褒贬 《春秋》的方法,最重要的,在于把褒贬的判断寄托在记事之中。司马迁《史记·自序》,引董仲舒的话道:

> 夫《春秋》上明三王之道,下辨人事之纪,别嫌疑,明是非,定犹豫,善善恶恶,贤贤贱不肖,……王道之大者也。

善善恶恶,贤贤贱不肖,便是褒贬之意。上章说"辞"字本有判断之意。故"正辞"可以"禁民为非"。《春秋》的"书法",只是要人看见了生畏惧之心,因此趋善去恶。即如《春秋》书弑君三十六次,中间

很有个分别,都寓有"记者"褒贬的判断。如下举的例:

(例一)(隐四年三月戊申)卫州吁弑其君完。

(例二)(隐四年九月)卫人杀州吁于濮。

(例三)(桓二年春王正月戊申)宋督弑其君与夷及其大夫孔父。

(例四)(文元年冬十月丁未)楚世子商臣弑其君頵(《公》、《谷》皆作髡)。

(例五)(六十六年)宋人弑其君杵白。

(例六)(文十八年冬)莒弑其君庶其。

(例七)(宣二年秋九月乙丑)晋赵盾弑其君夷皋。

(例八)(成十八年春王正月庚申)晋弑其君州蒲。

即举此八例,可以代表《春秋》书弑君的义例。(例一)与(例三、四、七)同是书明弑者之名,却有个分别。(例一)是指州吁有罪。(例三)带着褒奖与君同死的大夫。(例四)写"世子商臣"以见不但是弑君,又是弑父,又是世子弑父。(例七)虽与(例一)同式,但弑君的人,并不是赵盾,乃是赵穿。因为赵盾不讨贼,故把弑君之罪责他。这四条是称臣弑君之例。(例二、五、六、八)都是称君不称弑者之例,却也有个分别。(例二)称"卫人",又不称州吁为君,是讨贼的意思,故不称弑,只称杀。又明说"于濮"。濮是陈地,不是卫地,这是说卫人力不能讨贼,却要借助于外国人。(例五)也称"宋人",是责备被弑的君有该死之罪,但他究竟是正式的君主,故称"其君"。(例六)与(例八)都称是"国"弑君之例,称"人"还只说"有些人",称"国"便含有"全国"的意思。故称国弑君,那被弑之君，一定是罪大恶极的了。（例六）是太子仆弑君，又是弑父（据《左传》）。因为死者罪该死，故不著太子仆弑君弑父之罪。（例八）是栾书中行偃使程滑去弑君的。因为君罪恶太甚，故不罪弑君的人，却说这是国民的公意。

这种褒贬的评判，如果真能始终一致，本也很有价值。为什么呢？因为这种书法，不单是要使"乱臣贼子"知所畏惧，并且教人知道君罪该死，弑君不为罪；父罪该死，弑父不为罪（如上所举的例六是）。这是何等精神！只可惜《春秋》一书，有许多自相矛盾的书法。如鲁国几次弑君，却不敢直书。于是后人便生出许多"为尊者讳，为亲者讳，为贤者讳"等等文过的话，便把《春秋》的书法弄得没有价值了。这种矛盾之处，或者不是孔子的原文，后来被"权门"干涉，方才改了的。我想当日孔子那样称赞晋国的董狐（宣二年《左传》），岂有破坏自己的书法？但我这话，也没有旁的证据，只可算一种假设的猜想罢了。

总论　《春秋》的三种方法——正名字，定名分，寓褒贬——都是孔子实行"正名"、"正辞"的方法。这种学说，初看去觉得是很幼稚的。但是我们要知道这种学说，在中国学术思想上，有绝大的影响。我且把这些效果，略说一二，作为孔子正名主义的评判。

（1）语言文字上的影响　孔子的"君子于其言，无所苟而已矣"一句话，实是一切训诂书的根本观念。故《公羊》、《谷梁》，都含有字典气味。董仲舒的书更多声音通假的诂训（如名训"鸣以出命"，号训謞、训效，民训瞑，性训生之类）。也有从字形上着想的训诂（如说王字为三画而连其中。《说文解字》引之）。大概孔子的正名说，无形之中，含有提倡训诂书的影响。

（2）名学上的影响　自从孔子提出"正名"的问题之后，古代哲学家都受了这种学说的影响。以后如荀子的"正名论"(看第十一篇第三章),法家的"正名论"(看第十二篇),不用说了。即如墨子的名学(看第六篇第三、四章),便是正名论的反响。杨朱的"名无实,实无名"(看第七篇),也是这种学说的反动。我们简直可以说孔子的正名主义,实是中国名学的始祖。正如希腊梭格拉底的"概念说",是希腊名学的始祖(参观上篇老子论名一节)。

(3)**历史上的影响** 中国的历史学几千年来,很受了《春秋》的影响。试读司马迁《史记·自序》及司马光《资治通鉴》论"初命三晋为诸侯"一段,及朱熹《通鉴纲目》的正统书法各段,便可知《春秋》的势力了。《春秋》那部书,只可当作孔门正名主义的参考书看,却不可当作一部模范的史书看。后来的史家把《春秋》当作史的模范,便大错了。为什么呢?因为历史的宗旨在于"说真话,记实事"。《春秋》的宗旨,不在记实事,只在写个人心中对于实事的评判。明是赵穿弑君,却说是赵盾弑君。明是晋文公召周天子,却说是"天王狩于河阳"。这都是个人的私见,不是历史的实事。后来的史家崇拜《春秋》太过了,所以他们作史,不去讨论史料的真伪,只顾讲那"书法"和"正统"种种谬说。《春秋》的余毒就使中国只有主观的历史,没有物观的历史。

第五章　一以贯之

《论语》说孔子对子贡道:

> 赐也,汝以予为多学,而识之者与?

对曰:然,非与?

曰:非也,予一以贯之。(十五)

何晏注这一章最好。他说:

善有元,事有会。天下殊途而同归,百虑而一致。知其元,则众善举矣。故不待学而一知之。

何晏所引,乃《易·系辞传》之文。原文是:

子曰:天下何思何虑?天下同归而殊途,一致而百虑。天下何思何虑?

韩康伯注这一条,也说:

苟识其要,不在博求。一以贯之,不虑而尽矣。

《论语》又说:

子曰:参乎吾道,一以贯之。

曾子曰:唯。

子出,门人问曰:何谓也?

曾子曰:夫子之道,忠恕而已矣。(四)

“一以贯之”四个字,当以何晏所说为是。孔子认定宇宙间天地万物，虽然头绪纷繁，却有系统条理可寻。所以“天下之至赜”和“天下之至动”，都有一个“会通”的条理，可用“象”与“辞”表示出来。“同归而殊途，一致而百虑”，也只是说这个条理系统。寻得出这个条理系统，便可用来综贯那纷烦复杂的事物。正名主义的目的，在于“正名以正百物”，也只是这个道理。一个“人”字，可包一切人；一个“父”字，可包一切做父的。这便是繁中的至简，难中的至易。所以孔门论知识，不要人多学而识之。孔子明说“多闻，择其善者而从之，多见而识之”，不过是“知之次也”(七)。可见真知识，在于能寻出事物的条理系统，即在于能“一以贯之”。贯字本义为穿，为通，为统。“一以贯之”即是后来荀子所说的“以一知万”，“以一持万”。这是孔子的哲学方法。一切“知几”说，“正名”主义，都是这个道理。

自从曾子把“一以贯之”解作“忠恕”，后人误解曾子的意义，以为忠恕乃是关于人生哲学的问题，所以把“一以贯之”也解作“尽己之心，推己及人”，这就错了。“忠恕”两字，本有更广的意义。《大戴礼·三朝记》说：

> 知忠必知中，知中必知恕，知恕必知外。……内思毕心(一作必)曰知中。中以应实曰知恕，内恕外度曰知外。

章太炎作《订孔》下，论忠恕为孔子的根本方法，说：

> 心能推度曰恕，周以察物曰忠。故夫闻一以知十，举一隅而以三隅反者，恕之事也。……周以察物，举其征符，而辨其骨理者，忠之事也。……“身观焉”，忠也。“方不障”，恕也

(《章氏丛书·检论三》。“身观焉,方不障”见《墨子·经说下》。说详本书第八篇第二章)。

太炎这话发前人所未发。他所据的《三朝记》虽不是周末的书,但总可算得一部古书。恕字本训“如”(《苍颉》篇)。《声类》说:“以心度物曰恕。”恕即是推论(Inference),推论总以类似为根据。如《中庸》说:

伐柯伐柯,其则不远。执柯以伐柯,睨而视之,犹以为远。

这是因手里的斧柄与要砍的斧柄同类,故可由这个推到那个。闻一知十,举一反三,都是用类似之点,作推论的根据。恕字训“如”,即含此意。忠字太炎解作亲身观察的知识(《墨子·经说下》:“身观焉,亲也。”),《周语》说:“考中度衷为忠。”又说:“中能应外,忠也。”中能应外为忠,与《三朝记》的“中以应实,曰知恕”同意。可见忠恕两字意义本相近,不易分别。《中庸》有一章上文说“忠恕违道不远”,是忠恕两字并举。下文紧接“施诸己而不愿,亦勿施于人”,下文又说“所求乎子以事父”一大段,说的都只是一个“恕”字。此可见“忠恕”两字,与“恕”字同意,分知识为“亲知”(即经验)与“说知”(即推论),乃是后来墨家的学说。太炎用来解释忠恕两字,恐怕有点不妥。我的意思,以为孔子说的“一以贯之”和曾子说的“忠恕”,只是要寻出事物的条理统系,用来推论,要使人闻一知十,举一反三。这是孔门的方法论,不单是推己及人的人生哲学。

孔子的知识论,因为注重推论,故注意思虑。《论语》说:

学而不思则罔。思而不学则殆。(二)

学与思两者缺一不可。有学无思,只可记得许多没有头绪条理的物事,算不得知识。有思无学,便没有思的材料,只可胡思乱想,也算不得知识。但两者之中,学是思的预备,故更为重要。有学无思,虽然不好,但比有思无学害还少些。所以孔子说,多闻多见,还可算得是"知之次也"。又说:

吾尝终日不食,终夜不寝,以思。无益,不如学也。(十五)

孔子把学与思两事看得一样重,初看去似乎无弊。所以竟有人把"学而不思则罔,思而不学则殆"两句来比康德的"感觉无思想是瞎的,思想无感觉是空的"。但是孔子的"学",与康德所说的"感觉"略有不同。孔子的"学"并不是耳目的经验。看他说"多闻,多见而识之"(识通志),"好古敏以求之","信而好古","博学于文",哪一句说的是实地的观察经验?墨家分知识为三种:一是亲身的经验,二是推论的知识,三是传受的知识(说详第八篇第二章)。孔子的"学"只是读书,只是文字上传受来的学问。所以他的弟子中,那几个有豪气的,都不满意于这种学说。那最爽快的子路驳孔子道:

有民人焉,有社稷焉,何必读书,然后为学?(十一)

这句话孔子不能驳回,只得骂他一声"佞者"罢了。还有那"堂堂乎”的子张，也说：

> 士见危授命，见得思义，祭思敬，丧思哀，其可已矣。（十九）

这就是后来陆九渊一派重“尊德性”而轻“道问学”的议论了。

所以我说孔子论知识注重“一以贯之”，注重推论，本来很好。只可惜他把“学”字看作读书的学问，后来中国几千年的教育，都受这种学说的影响，造成一国的“书生”废物，这便是他的流弊了。

以上说孔子的知识方法。

“忠恕”虽不完全属于人生哲学，却也可算得是孔门人生哲学的根本方法。《论语》上子贡问可有一句话可以终身行得的吗？孔子答道：

> 其恕乎，已所不欲，勿施于人。（十五）

这就是《大学》的絜矩之道：

> 所恶于上，毋以使下；所恶于下，毋以事上；所恶于前，毋以先后；所恶于后，毋以从前；所恶于右，毋以交于左；所恶于左，毋以交于右；此之谓絜矩之道。

这就是《中庸》的忠恕：

> 忠恕违道不远。施诸已而不愿，亦勿施于人。君子之道

> 四，丘未能一焉：所求乎子以事父，未能也；所求乎臣以事君，未能也；所求乎弟以事兄，未能也；所求乎朋友，先施之，未能也。

这就是孟子说的“善推其所为”：

> 老吾老，以及人之老；幼吾幼，以及人之幼。……古之人所以大过人者，无他焉，善推其所为而已矣。（一）

这几条都只说了一个“恕”字。恕字在名学上是推论，在人生哲学一方面，也只是一个“推”字。我与人同是人，故“己所不欲，勿施于人”，故“所恶于上，毋以使下”，故“所求乎子以事父”，故“老吾老，以及人之老”。只要认定我与人同属的类，——只要认得我与人的共相，——便自然会推己及人。这是人生哲学上的“一以贯之”。

上文所说“恕”字只是要认得我与人的“共相”。这个“共相”即是“名”所表示。孔子的人生哲学，是和他的正名主义有密切关系的。古书上说，楚王失了一把宝弓，左右的人请去寻他。楚王说：“楚人失了，楚人得了，何必去寻呢？”孔子听人说这话，叹息道：“何不说‘人失了，人得了？’何必说‘楚人’呢？”这个故事很有道理。凡注重“名”的名学，每每先求那最大的名。“楚人”不如“人”的大，故孔子要楚王爱“人”。故“恕”字《说文》训仁（训仁之字，古文作恕。后乃与训如之恕字混耳）。《论语》记仲弓问仁，孔子答语有“己所不欲，勿施于人”一句，可见仁与恕的关系。孔门说仁虽是爱人（《论语》十三。《说文》：仁，亲也），却和后来墨家说的“兼爱”不相同。墨家的爱，是“无差等”的爱，孔门的爱，是“有差等”的爱。故说:“亲亲之杀”。看儒家丧服的制度,从三年之丧,一级一级的降到亲尽无服,这便是“亲亲之杀”。这都由于两家的根本观念不同。墨家重在“兼而爱之”的兼字,儒家重在“推恩足以保四海”的推字,故同说爱人,而性质截然不同。

仁字不但是爱人,还有一个更广的义。今试举《论语》论仁的几条为例。

> 颜渊问仁,子曰:“克己复礼为仁。”……颜渊曰:“请问其目。”子曰:“非礼勿视,非礼勿听,非礼勿言,非礼勿动。”
>
> 仲弓问仁,子曰:“出门如见大宾,使民如承大祭。己所不欲,勿施于人。在邦无怨,在家无怨。”
>
> 司马牛问仁,子曰:“仁者其言也讱。”(以上十二)
>
> 樊迟问仁,子曰:“居处恭,执事敬,与人忠。”(十三)

以上四条,都不止于爱人。细看这几条,可知仁即是做人的道理。克己复礼;出门如见大宾,使民如承大祭;居处恭,执事敬,与人忠:都只是如何做人的道理。故都可说是仁。《中庸》说:“仁者,人也。”《孟子》说:“仁也者,人也。”(七下)孔子的名学注重名的本义,要把理想中标准的本义来改正现在失了原意的事物。例如“政者正也”之类。“仁者人也”,只是说仁是理想的人道,做一个人,须要能尽人道。能尽人道,即是仁。后人如朱熹之流,说“仁者无私心而合天理之谓”,乃是宋儒的臆说,不是孔子的本意。蔡孑民《中国伦理学史》说孔子所说的“仁”,乃是“统摄诸德,完成人格之名”。这话甚是。《论语》记子路问成人,孔子答道:

若臧武仲之知,公绰之不欲,卞庄子之勇,冉求之艺,文之以礼乐,亦可以为成人矣。(十四)

成人即是尽人道,即是“完成人格”,即是仁。

孔子又提出“君子”一个名词,作为人生的模范。“君子”,本义为“君之子”,乃是阶级社会中贵族一部分的通称。古代“君子”与“小人”对称,君子指士以上的上等社会,小人指士以下的小百姓。试看《国风》、《小雅》所用“君子”,与后世小说书中所称“公子”、“相公”有何分别?后来封建制度渐渐破坏,“君子”、“小人”的区别,也渐渐由社会阶级的区别,变为个人品格的区别。孔子所说君子,乃是人格高尚的人,乃是有道德,至少能尽一部分人道的人。故说:

君子而不仁者有矣夫,未有小人而仁者也。(十四)

这是说君子虽未必能完全尽人道,但是小人决不是尽人道的人。又说:

君子道者三,我无能焉:仁者不忧,知者不惑,勇者不惧。(十四)

司马牛问君子。子曰:君子不忧不惧。……内省不疚,夫何忧何惧?(十二)

子路问君子,子曰:修己以敬,……修己以安人,……修己以安百姓。(十四)

凡此皆可见君子是一种模范的人格。孔子的根本方法，上章已说过，在于指出一种理想的模范，作为个人及社会的标准。使人“拟之而后言，仪之而后动”。他平日所说“君子”便是人生品行的标准。

上文所说人须尽人道。由此理推去，可说做父须要尽父道，做儿子须要尽子道，做君须要尽君道，做臣须要尽臣道。故《论语》说：

> 齐景公问政于孔子。孔子对曰：“君君臣臣，父父子子。”公曰：“善哉！信如君不君，臣不臣，父不父，子不子，虽有粟，吾得而食诸？”（十二）

又《易经·家人卦》说：

> 家人有严君焉，父母之谓也。父父子子，兄兄弟弟，夫夫妇妇，而家道正。正家而天下定矣。

这是孔子正名主义的应用。君君臣臣，父父子子，便是使家庭社会国家的种种阶级、种种关系，都能“顾名思义”，做到理想的标准地步。这个标准地步，就是《大学》上说的“止于至善”。《大学》说：

> 为人君，止于仁；为人臣，止于敬；为人子，止于孝；为人父，止于慈；与国人交，止于信。

这是伦常的人生哲学。“伦”字《说文》云：“辈也，一曰道也。”《曲礼》注："伦犹类也。"《论语》"言中伦"，包注："道也，理也。"孟子注："伦，序也。"人与人之间，有种种天然的，或人为的交互关系。如父子，如兄弟，是天然的关系。如夫妻，如朋友，是人造的关系。每种关系便是一"伦"。第一伦有一种标准的情谊行为。如父子之恩，如朋友之信，这便是那一伦的"伦理"。儒家的人生哲学，认定个人不能单独存在，一切行为都是人与人交互关系的行为，都是伦理的行为。故《中庸》说：

> 天下之达道五，曰，君臣也，父子也，夫妇也，昆弟也，朋友之交也。五者，天下之达道也。

"达道"是人所共由的路（参看《论语》十八，子路从而后一章）。因为儒家认定人生总离不了这五条达道，总逃不出这五个大伦，故儒家的人生哲学，只要讲明如何处置这些伦常的道理，只要提出种种伦常的标准伦理。如《左传》所举的六顺：君义、臣行、父慈、子孝、兄爱、弟敬；如《礼运》所举的十义：父慈、子孝、兄良、弟悌、夫义、妇听、长惠、幼顺、君仁、臣忠；如《孟子》所举的五伦：父子有亲、君臣有义、夫妇有别、长幼有序、朋友有信。故儒家的人生哲学，是伦理的人生哲学。后来孟子说墨子兼爱，是无父；杨子为我，是无君。无父无君，即是禽兽。孟子的意思，其实只是说墨家和杨氏（老庄各家近于杨氏）的人生哲学，或是极端大同主义，或是极端个人主义，都是非伦理的人生哲学。我讲哲学，不用"伦理学"三个字，却称"人生哲学"，也只是因为"伦理学"只可用于儒家的人生哲学，而不可用于别家。

孔子的人生哲学，不但注重模范的伦理，又还注重行为的动机。《论语》说：

视其所以，观其所由，察其所安，人焉廋哉？人焉廋哉？（二）

这一章乃是孔子人生哲学很重要的学说，可惜旧注家多不曾懂得这一章的真义。“以”字何晏解作“用”，说“言视其所行用”，极无道理。朱熹解作“为”，说“为善者为君子，为恶者为小人”，也无道理，“以”字当作“因”字解。《邶风》：“何其久也，必有以也。”《左传》昭十三年：“我之不共，鲁故之以。”又《老子》“众人皆有以。”此诸“以”字，皆作因为解。凡“所以”二字连用，“以”字总作因为解。孔子说观察人的行为，须从三方面下手：第一，看他因为什么要如此做；第二，看他怎么样做，用的什么方法；第三，看这种行为，在做的人身心上发生何种习惯、何种品行（朱熹说第二步为“意之所从来”是把第二步看作第一步了。说第三步道：“安，所乐也。所由虽善，而心之所乐者，不在于是。则亦伪耳，岂能久而不变哉”，却很不错）。第一步是行为的动机，第二步是行为的方法，第三步是行为所发生的品行。这种三面都到的行为论，是极妥善无弊的。只可惜孔子有时把第一步的动机看得很重，所以后来的儒家，便偏向动机一方面，把第二步、第三步都抛弃不顾了。孔子论动机的话，如下举诸例：

今之孝者，是谓能养。至于犬马，皆能有养。不敬何以别乎？（二）

人而不仁，如礼何？人而不仁，如乐何？（二）

苟志于仁矣，无恶也。（四）

动机不善，一切孝悌礼乐都只是虚文，没有道德的价值。这话本来不错（即墨子也不能不认"意"的重要。看《耕柱》篇第四节），但孔子生平，痛恨那班聚敛之臣、斗筲之人的谋利政策，故把义利两桩分得太分明了。他说：

放于利而行，多怨。（四）

君子喻于义，小人喻于利。（四）

但也却并不是主张"正其谊不谋其利"的人。《论语》说：

子适卫冉有仆。子曰："庶矣哉！"冉有曰："既庶矣，又何加焉？"子曰："富之。"曰："既富矣，又何加焉？"曰："教之。"（十四）

这岂不是"仓廪实而后知礼节，衣食足而后知荣辱"的政策吗？可见他所反对的利，乃是个人自营的私利。不过他不曾把利字说得明白，《论语》又有"子罕言利"的话，又把义利分作两个绝对相反的物事，故容易被后人误解了。

但我以为与其说孔子的人生哲学注重动机，不如说他注重养成道德的品行。后来的儒家只为不能明白这个区别，所以有极端动机的道德论。孔子论行为，分动机、方法、品行三层，已如上文所说。动机与品行都是行为的"内容"。我们论道德，大概分内容和外表两部。譬如我做了一件好事，若单是为了这事结果的利益，或是为了名誉，或是怕惧刑罚笑骂，方才做去，那都是“外表”的道德。若是因为我觉得理该去做，不得不去做，那便是属于“内容”的道德。内容的道德论，又可分两种：一种偏重动机，认定“天理”（如宋儒中之主张天理人欲论者），或认定“道德的律令”（如康德），有绝对无限的尊严，善的理该去做，恶的理该不去做。一种注重道德的习惯品行，习惯已成，即是品行（习惯，Habit，品行，Character）。有了道德习惯的人，见了善自然去做，见了恶自然不去做。例如良善人家的子弟，受了良善的家庭教育，养成了道德的习惯，自然会得善去恶，不用勉强。

孔子的人生哲学，依我看来，可算得是注重道德习惯一方面的。他论人性道：

> 性相近也，习相远也，惟上智与下愚不移。（十七）

“习”即是上文所说的习惯。孔子说：

> 吾未见好德如好色者也。（九）
> 已矣乎！吾未见好德如好色者也！（十五）

这两章意同而辞小异，可见这是孔子常说的话。他说不曾见好德如好色的人，可见他不信好德之心是天然有的。好德之心虽不是天然生就的，却可以培养得成。培养得纯熟了，自然流露。便如好色之心一般，毫无勉强。《大学》上说的“如恶恶臭，如好好色”，便是道德习惯已成时的状态。孔子说：

> 知之者,不如好之者。好之者,不如乐之者。(六)

人能好德恶不善,如好好色,如恶恶臭,便是到了"好之"的地位。道德习惯变成了个人的品行,动容周旋,无不合理,如孔子自己说的"从心所欲,不逾矩",那便是已到"乐之"的地位了。

这种道德的习惯,不是用强迫手段可以造成的。须是用种种教育涵养的工夫方能造得成。孔子的正名主义,只是要寓褒贬,别善恶,使人见了善名,自然生爱;见了恶名,自然生恶。人生无论何时何地,都离不了名。故正名是极大的德育利器(参看《荀子·正名》篇及《尹文子·大道》篇)。此外孔子又极注重礼乐。他说:

> 兴于诗,立于礼,成于乐。(八)
>
> 不学诗,无以言,……不学礼,无以立。(十六)
>
> 诗,可以兴,可以观,可以群,可以怨,……人而不为《周南》、《召南》,其犹正墙面而立也欤。(十七)
>
> 恭而无礼则劳(有子曰,恭近于礼,远耻辱也),慎而无礼则葸。勇而无礼则乱。直而无礼则绞。(八)

诗与礼乐都是陶融身心,养成道德习惯的利器。故孔子论政治,也主张用"礼让为国"。又主张使弦歌之声,遍于国中。此外孔子又极注重模范人格的感化。《论语》说:

> 季康子问政于孔子曰:"如杀无道,以就有道,何如?"孔子对曰:"子为政,焉用杀;子欲善,而民善矣。君子之德风,小人之德草,草上之风必偃。"(十三)

为政以德，譬如北辰，居其所而众星共之。（二）

因此他最反对用刑治国。他说：

道之以政，齐之以刑，民免而无耻。道之以德，齐之以礼，有耻且格。（二）

第五篇　孔门弟子

《史记》有《仲尼弟子列传》一卷，记孔子弟子七十七人的姓名年岁甚详。我以为这一篇多不可靠。篇中说："弟子籍出孔氏古文近是"，这话含混可疑。且篇中把澹台灭明、公伯僚都算作孔子的弟子，更可见是后人杂凑成的。况且篇中但详于各人的姓字年岁，却不记各人所传的学说，即使这七十七人都是真的，也毫无价值，算不得哲学史的材料。《孔子家语》所记七十六人，不消说得，是更不可靠了（参看马骕《绎史》卷九十五）。所有我们今日若想作一篇"孔门弟子学说考"，是极困难的事。我这一章所记，并不求完备，不过略示孔子死后他一门学派的趋势罢了。

韩非《显学》篇说：

> 自孔子之死也，有子张之儒，有子思之儒，有颜氏之儒，有孟氏之儒，有漆雕氏之儒，有仲良氏（**道藏本良作梁**）之儒，有孙氏（**即荀卿**）之儒，有乐正氏之儒。

自从孔子之死到韩非，中间二百多年，先后共有过这八大派的儒家。这八大派并不是同时发生的，如乐正氏，如子思，都是第三代的；孟氏、孙氏都是第四或第五代的。颜氏、仲良氏今不可考。只有子张和漆雕氏两家是孔子真传的弟子。今试作一表如下：

孔子
- 子张
- 漆雕氏
- （曾子）—
  - 子思————孟子
  - 乐正子春
- （?）————荀卿
- （?）————颜氏
- （?）————仲良氏

最可怪的是曾子、子夏、子游诸人都不在这八家之内。或者当初曾子、子夏、子游、有子诸人都是孔门的正传，“言必称师”（《论语》十九曾子两言“吾闻诸夫子”，《礼记·祭义》乐正子春曰：“吾闻诸曾子，曾子闻诸夫子”），故不别立宗派。只有子张和漆雕开与曾子一班人不合，故别成学派。子张与同门不合，《论语》中证据甚多，如：

子游曰：“吾友张也，为难能也，然而未仁。”（十九）

曾子曰：“堂堂乎张也，难与并为仁矣。”（十九）

子张是陈同甫、陆象山一流的人，瞧不上曾子一般人“战战兢兢”的萎缩气象，故他说：

执德不弘，信道不笃，焉能为有？焉能为无？（十九）

士见危致命，见得思义。祭思敬，丧思哀，其可已矣。（同）

又子夏论交道：“可者与之，其不可者拒之。”子张驳他道：

君子尊贤而容众，嘉善而矜不能，我之大贤欤，于人何所不容？我之不贤欤，人将拒我，如之何其拒人也？（同）

看他这种阔大的气象，可见他不能不和子夏、曾子等人分手，别立宗派。漆雕开一派，“不色挠，不目逃；行曲则违于臧获，行直则怒于诸侯。”（《韩非子·显学》篇）乃是儒家的武侠派，也不配做儒家的正宗（王充《论衡》说漆雕开论性有善有恶，是非性善论）。只可惜子张和漆雕两派的学说如今都不传了，我们如今只能略述孔门正传一派的学说罢。

孔门正传的一派，大概可用子夏、子游、曾子一班人做代表。我不能细说各人的学说，且提出两个大观念：一个是“孝”，一个是“礼”。这两个问题孔子生时都不曾说得周密，到了曾子一般人手里，方才说得面面都到。从此以后，这两个字便渐渐成了中国社会的两大势力。

孝 孔子何尝不说孝道，但总不如曾子说得透切圆满。曾子说：

孝有三：大孝尊亲，其次弗辱，其次能养（《礼记·祭义》）。

什么叫做尊亲呢？第一，是增高自己的人格，如《孝经》说的“立身行道，扬名于后世，以显父母。”第二，是增高父母的人格，所谓“先意承志，谕父母于道。”尊亲即是《孝经》的“严父”。《孝经》说：

人之行莫大于孝，孝莫大于严父（严父谓尊严其父），严父莫大于配天。

什么叫做弗辱呢？第一即是《孝经》所说“身体发肤，受之父母，不敢毁伤”的意思。《祭义》所说“父母全而生子，子全而归之”，也是此意。第二，是不敢玷辱父母传与我的人格。这一层曾子说得最好。他说：

身也者，父母之遗体也。行父母之遗体，敢不敬乎？居处不庄，非孝也。事君不忠，非孝也。莅官不敬，非孝也。朋友不信，非孝也。战陈无勇，非孝也。五者不遂，烖及其亲，敢不敬乎？（《祭义》）

什么叫做能养呢？孔子说的：

今之孝者，是谓能养。至于犬马，皆能有养。不敬，何以别乎？（《论语》二）

事父母几谏。见志不从，又敬不违，劳而不怨。（《论语》四）

这都是精神的养亲之道。不料后来的人只从这个养字上用力，因此造出许多繁文缛礼来，例如《礼记》上说的：

子事父母，鸡初鸣，咸盥漱，栉纵，笄总，拂髦，冠緌缨，端韠绅，搢笏。左右佩用：左佩纷帨，刀，砺，小觿，金燧；右佩玦，捍，管，遰，大觿，木燧。偪屦著綦。……以适父母之所。及

> 所，下气怡声，问衣燠寒，疾痛疴痒，而敬抑搔之。出入，则或先或后而敬扶持之。进盥，少者捧盘，长者捧水，请沃盥。盥卒，授巾。问所欲而敬进之。（《内则》）

这竟是现今戏台上的台步、脸谱、武场套数，成了刻板文字，便失了孝的真意了。曾子说的三种孝，后人只记得那最下等的一项，只在一个“养”字上做工夫。甚至于一个母亲发了痴心冬天要吃鲜鱼，他儿子便去睡在冰上，冰里面便跳出活鲤鱼来了（《晋书·王祥传》）。这种鬼话，竟有人信以为真，以为孝子应该如此！可见孝的真义久已埋没了。

孔子的人生哲学，虽是伦理的，虽注重“君君、臣臣、父父、子子、夫夫、妇妇”，却并不曾用“孝”字去包括一切伦理。到了他的门弟子，以为人伦之中独有父子一伦最为亲切，所以便把这一伦提出来格外注意，格外用功。如《孝经》所说：

> 父子之道，天性也。……故不爱其亲而爱他人者，谓之悖德。不敬其亲而敬他人者，谓之悖礼。

又如有子说的：

> 君子务本，本立而道生。孝弟也者，其为仁之本欤？（《论语》）

孔门论仁，最重“亲亲之杀”，最重“推恩”，故说孝悌是为仁之本。后来更进一步，便把一切伦理都包括在“孝”字之内。不说你要做人，便该怎样，便不该怎样；却说你要做孝子，便该怎样，便不该怎样。例如上文所引曾子说的“战陈无勇”、“朋友不信”，他不说你要做人，要尽人道，故战陈不可无勇，故交友不可不信；只说你要做一个孝子，故不可如此如此。这个区别，在人生哲学史上，非常重要。孔子虽注重个人的伦理关系，但他同时又提出一个“仁”字，要人尽人道，做一个“成人”。故“居处恭，执事敬，与人忠”，只是仁，只是尽做人的道理。这是“仁”的人生哲学。那“孝”的人生哲学便不同了。细看《祭义》和《孝经》的学说，简直可算得不承认个人的存在。我并不是我，不过是我的父母的儿子。故说：“身也者，父母之遗体也。”又说：“身体发肤，受之父母。”我的身并不是我，只是父母的遗体，故居处不庄、事君不忠、战陈无勇，都只是对不住父母，都只是不孝。《孝经》说天子应该如何，诸侯应该如何，卿大夫应该如何，士庶人应该如何。他并不说你做了天子诸侯或是做了卿大夫士庶人，若不如此做，便不能尽你做人之道。他只说你若要做孝子，非得如此做去，不能尽孝道，不能对得住你的父母。总而言之。你无论在什么地位，无论做什么事，你须要记得这并不是“你”做了天子诸侯等等，乃是“你父母的儿子”做了天子诸侯等等。

这是孔门人生哲学的一大变化。孔子的“仁的人生哲学”，要人尽“仁”道，要人做一个“人”。孔子以后的“孝的人生哲学”，要人尽“孝”道，要人做一个“儿子”（参观第十篇第一章）。这种人生哲学，固然也有道理，但未免太把个人埋没在家庭伦理里面了。如《孝经》说：

> 事亲者，居上不骄，为下不乱，在丑不争。

难道不事亲的便不能如此吗？又如：

> 爱亲者不敢恶于人，敬亲者不敢慢于人。

为什么不说为人之道不当恶人、慢人呢？

以上说孝的哲学。现在且说“孝的宗教”。宗教家要人行善，又怕人不肯行善，故造出一种人生行为的监督，或是上帝，或是鬼神，多可用来做人生道德的裁制力。孔子是不很信鬼神的，他的门弟子也多不深信鬼神（墨子常说儒家不信鬼神）。所以孔门不用鬼神来做人生的裁制力。但是这种道德的监督似乎总不可少，于是想到父子天性上去。他们以为五伦之中父子的亲谊最厚，人人若能时时刻刻想着父母，时时刻刻惟恐对不住父母，便决不致做出玷辱父母的行为了。所以儒家的父母便和别种宗教的上帝鬼神一般，也有裁制鼓励人生行为的效能。如曾子的弟子乐正子春说：

> 吾闻诸曾子，曾子闻诸夫子曰：“天之所生，地之所养，无人为大。父母全而生之，子全而归之，可谓孝矣。不亏其体，不辱其亲，可谓全矣。”故君子顷步而不敢忘孝也。……一举足而不敢忘父母，一出言而不敢忘父母。一举足而不敢忘父母，是故道而不径，舟而不游，不敢以先父母之遗体行殆。一出言而不敢忘父母，是故恶言不出于口，忿言不反于身，不辱其身，不羞其亲，可谓孝矣。（《祭义》）

人若能一举足，一出言，都不敢忘父母，他的父母便是他的上帝鬼神，他的孝道便成了他的宗教。曾子便真有这个样子。看他临死时对他的弟子说：

> 启予足，启予手。《诗》云："战战兢兢，如临深渊，如履薄冰。"而今而后，吾知免夫，小子！（《论语》八）

这是完全一个宗教家的口气。这种"全受全归"的宗教的大弊病，在于养成一种畏缩的气象，使人消磨一切勇往冒险的胆气。《汉书·王尊传》说：

> 王阳为益州刺史，行部到邛郲九折阪，叹曰："奉先人遗体，奈何数乘此险！"后以病去。

这就是"不敢以先父母之遗体行殆"的宗教的流毒了。

儒家又恐怕人死了父母，便把父母忘了，所以想出种种丧葬祭祀的仪节出来，使人永久纪念着父母。曾子说：

> 吾闻诸夫子：人未有自致者也，必也亲丧乎！（《论语》十九。孟子也说："亲丧固所自尽也。"）

因为儒家把亲丧的时节看得如此重要，故要利用这个时节的心理，使人永久纪念着父母。儒家的丧礼，孝子死了父母，"居于倚庐，寝苫枕块，哭泣无数，服勤三年，身病体羸，扶而后能起，杖而后能行"。还有种种怪现状，种种极琐细的仪文，试读《礼记》中《丧大记》、《丧服大记》、《奔丧》、《问丧》诸篇，便可略知大概，今不详说。三年之丧，也是儒家所创，并非古礼，其证有三。《墨子·非儒》

篇说：

> 儒者曰：亲亲有术，尊贤有等。……其礼曰：丧父母三年，……

此明说三年之丧是儒者之礼，是一证。《论语》十七记宰我说三年之丧太久了，一年已够了。孔子弟子中尚有人不认此制合礼，可见此非当时通行之俗，是二证。《孟子·滕文公》篇记孟子劝滕世子行三年之丧，滕国的父兄百官皆不愿意，说道："吾宗国鲁先君莫之行，吾先君亦莫之行也。"鲁为周公之国，尚不曾行过三年之丧，是三证。至于儒家说尧死时三载如丧考妣，商高宗三年不言，和孟子所说"三年之丧，三代共之"，都是儒家托古改制的惯技，不足凭信。

祭祀乃是补助丧礼的方法。三年之丧虽久，究竟有完了的时候。于是又创为以时祭祀之法，使人时时纪念着父母祖宗。祭祀的精义，《祭义》说得最妙：

> 斋之日，思其居处，思其笑语，思其志意，思其所乐，思其所嗜。斋三日乃见其所为斋者。祭之日，入室，僾然必有见乎其位。周还出户，肃然必有闻乎其容声。出户而听，忾然必有闻乎其叹息之声。(《祭义》)

这一段文字，写祭祀的心理，可谓妙绝。近来有人说儒教不是宗教，我且请他细读《祭义》篇。

但我不说儒家是不深信鬼神的吗？何以又如此深信祭祀呢？原来儒家虽不深信鬼神，却情愿自己造出鬼神来崇拜。例如孔子明说:“未知生,焉知死”,他却又说:“祭如在,祭神如神在。”一个“如”字,写尽宗教的心理学。上文所引《祭义》一段,写那祭神的人,斋了三日,每日凝神思念所祭的人,后来自然会“见其所为斋者”。后文写祭之日一段,真是见神见鬼,其实只是《中庸》所说“洋洋乎如在其上,如在其左右。”依旧是一个“如”字。

有人问,儒家为什么情愿自己造出鬼神来崇拜呢?我想这里面定有一层苦心。曾子说:

> 慎终追远,民德归厚矣。(《论语》一)

孔子说:

> 君子笃于亲,则民兴于仁。(《论语》八)

一切丧葬祭祀的礼节,千头万绪,只是“慎终追远”四个字,只是要“民德归厚”,只是要“民兴于仁”。

这是“孝的宗教”。

礼 我讲孔门弟子的学说,单提出“孝”和“礼”两个观念。孝字很容易讲,礼字却极难讲。今试问人“什么叫做礼?”几乎没有一人能下一个完全满意的界说。有许多西洋的“中国学家”也都承认中文的礼字在西洋文字竟没有相当的译名。我现在且先从字义下手。《说文》:“礼,履也,所以事神致福也。从示从豊,豊亦声。”又:“豊,行礼之器也,从豆,象形。”按礼字从示从豊,最初本义完全是宗教的仪节,正译当为“宗教”。《说文》所谓“所以事神致福”,即是此意。《虞书》:“有能典朕三礼”,马注:“天神地祇人鬼之礼也。”这是礼的本义。后来礼字范围渐大，有“五礼”（吉、凶、军、宾、嘉）、“六礼”（冠、昏、丧、祭、乡、相见）、“九礼”（冠、昏、朝、聘、丧、祭、宾主、乡饮酒、军旅）的名目。这都是处世接人慎终追远的仪文，范围已广，不限于宗教一部分，竟包括一切社会习惯风俗所承认的行为的规矩。如今所传《仪礼》十七篇及《礼记》中专记礼文仪节的一部分，都是这一类。礼字的广义，还不止于此。《礼运》篇说：

> 礼者，君之大柄也，所以别嫌、明微、傧鬼神、考制度、别仁义，所以治政安君也。

《坊记》篇说：

> 礼者，因人之情而为之节文，以为民坊者也。

这种“礼”的范围更大了。礼是“君之大柄”，“所以治政安君”，“所以为民坊”，这都含有政治法律的性质。大概古代社会把习惯风俗看作有神圣不可侵犯的尊严，故“礼”字广义颇含有法律的性质。儒家的“礼”和后来法家的“法”同是社会国家的一种裁制力，其中却有一些分别。第一，礼偏重积极的规矩，法偏重消极的禁制：礼教人应该做什么，应该不做什么；法教人什么事是不许做的，做了是要受罚的。第二，违法的有刑罚的处分，违礼的至多不过受“君子”的讥评，社会的笑骂，却不受刑罚的处分。第三，礼与法施行的区域不同。《礼记》说：“礼不下庶人，刑不上大夫。”礼是为上级社会设的，法是为下等社会设的。礼与法虽有这三种区别，但根本上同为个人社会一切行为的裁制力。因此我们可说礼是人民的一种“坊”(亦作防)。《大戴礼记·礼察》篇说(《小戴礼记·经解》篇与此几全同):

> 孔子曰(凡大小戴记所称“孔子曰”、“子曰”都不大可靠):君子之道,譬犹防欤。夫礼之塞乱之所从生也。犹防之塞水之所从来也。……故昏姻之礼废,则夫妇之道苦,而淫僻之罪多矣。乡饮酒之礼废,则长幼之序失,而争斗之狱繁矣。聘射之礼废,则诸侯之行恶,而盈溢之败起矣。丧祭之礼废,则臣子之恩薄,而倍死忘生之礼众矣。凡人之知,能见已然,不见将然。礼者禁于将然之前,而法者禁于已然之后。……礼云,礼云,贵绝恶于未萌,而起敬于微眇,使民日徙善远罪而不自知也。

这一段说礼字最好。礼只教人依礼而行,养成道德的习惯,使人不知不觉的“徙善远罪”。故礼只是防恶于未然的裁制力。譬如人天天讲究运动卫生,使疾病不生,是防病于未然的方法。等到病已上身,再对症吃药,便是医病于已然之后了。礼是卫生书,法是医药书。儒家深信这个意思,故把一切合于道理,可以做行为标准,可以养成道德习惯,可以增进社会治安的规矩,都称为礼。这是最广义的“礼”,不但不限于宗教一部分,并且不限于习惯风俗。《乐记》说:

> 礼也者,理之不可易者也。

《礼运》说：

> 礼也者，义之实也。协诸义而协，则礼虽先王未之有，可以义起也。

这是把礼和理和义看作一事，凡合于道理之正，事理之宜的，都可建立为礼的一部分。这是"礼"字进化的最后一级。"礼"的观念凡经过三个时期：第一，最初的本义是宗教的仪节。第二，礼是一切习惯风俗所承认的规矩。第三，礼是合于义理可以做行为模范的规矩，可以随时改良变换，不限于旧俗古礼。

以上说礼字的意义。以下说礼的作用，也分三层说：

第一，礼是规定伦理名分的 上篇说过孔门的人生哲学是伦理的人生哲学，他的根本观念只是要"君君、臣臣、父父、子子、夫夫、妇妇"。这种种伦常关系的名分区别，都规定在"礼"里面。礼的第一个作用，只是家庭社会国家的组织法（组织法旧译宪法）。《坊记》说：

> 夫礼者，所以章疑别微，以为民坊者也。故贵贱有等，衣服有别，朝廷有位，则民有所让。

《哀公问》说：

> 民之所由生，礼为大。非礼无以节事天地之神也。非礼无以辨君臣上下长幼之位也。非礼无以别男女父子兄弟之亲，昏姻疏数之交也。

这是礼的重要作用。朝聘的拜跪上下，乡饮酒和士相见的揖让进退，丧服制度的等差，祭礼的昭穆祧迁，都只是要分辨家庭社会一切伦理的等差次第。

第二，礼是节制人情的　《礼运》说此意最好：

> 圣人耐（通能字）以天下为一家，以中国为一人者，非意之也。必知其情，辟于其义（辟，晓喻也），明于其利，达于其患，然后能为之。何谓人情？喜、怒、哀、惧、爱、恶、欲，七者弗学而能。何谓人义？父慈，子孝，兄良，弟悌，夫义，妇听，长惠，幼顺，君仁，臣忠：十者谓之人义。讲信修睦，谓之人利。争夺相杀，谓之人患。故圣人之所以治人七情，修十义，讲信修睦，尚慈让，去争夺，舍礼何以治之？
>
> 饮食男女，人之大欲存焉。死亡贫苦，人之大恶存焉。故欲恶者，心之大端也。人藏其心，不可测度也。美恶皆在其心，不见其色也。欲一以穷之，舍礼何以哉？

人的情欲本是可善可恶的，但情欲须要有个节制；若没有节制，便要生出许多流弊。七情之中，欲恶更为重要，欲恶无节，一切争夺相杀都起于此。儒家向来不主张无欲（宋儒始有去人欲之说），但主"因人之情而为之节文以为民坊"。子游说：

> 有直道而径行者，戎狄之道也。礼道则不然。人喜则斯陶，陶斯咏，咏斯犹（郑注，犹当为摇，声之误也），犹斯舞（今本此下有"舞斯愠"三字，今依陆德明《释文》删去）。愠斯戚，戚斯叹，叹斯辟（郑注，辟，拊心也），辟斯踊矣。品节斯，斯之谓

礼（《檀弓》）。

《乐记》也说：

> 夫豢豕为酒，非以为祸也，而狱讼益繁，则酒之流生祸也。是故先生因为酒礼：一献之礼宾主百拜，终日饮酒，而不得醉焉。此先王之所以备酒祸也。

这两节说"因人之情而为之节文"，说得最透切。《檀弓》又说：

> 弁人有其母死而孺子泣者。孔子曰："哀则哀矣，而难为继也。夫礼为可传也，为可继也，故哭踊有节。"

这话虽然不错，但儒家把这种思想推于极端，把许多性情上的事都要依刻板的礼节去做。《檀弓》有一条绝好的例：

> 曾子袭裘而吊，子游裼裘而吊。曾子指子游而示人曰："夫夫也，为习于礼者。如之何其裼裘而吊也。"主人既小敛，袒，括发，子游趋而出，袭裘带绖而入。曾子曰："我过矣！我过矣！夫夫是也。"

这两个"习于礼"的圣门弟子，争论这一点小节，好像是什么极大关系的事，圣门书上居然记下来，以为美谈！怪不得那"堂堂乎"的子张要说"祭思敬，丧思哀，其可已矣！"（子路是子张一流人，故也说："丧礼与其哀不足而礼有余也，不若礼不足而哀有余也。祭礼与其敬不足而礼有余也,不若礼不足而敬有余也。")

第三,礼是涵养性情,养成道德习惯的 以上所说两种作用——规定伦理名分,节制情欲——只是要造成一种礼义的空气,使人生日用,从孩童到老大,无一事不受礼义的裁制,使人"绝恶于未萌,而起敬于微眇,使民日徙善远罪而不自知"。这便是养成的道德习惯。平常的人,非有特别意外的原因,不至于杀人放火,奸淫偷盗,都只为社会中已有了这种平常道德的空气,所以不知不觉的也会不犯这种罪恶。这便是道德习惯的好处。儒家知道要增进人类道德的习惯,必须先造成一种更浓厚的礼义空气,故他们极推重礼乐的节文。《檀弓》中有个周丰说道:

> 墟墓之间,未施哀于民而民哀。社稷宗庙之中,未施敬于民而民敬。

墟墓之间,有哀的空气;宗庙之中,有敬的空气。儒家重礼乐,本是极合于宗教心理学与教育心理学的。只可惜儒家把这一种观念也推行到极端,故后来竟至注意服饰拜跪,种种小节,便把礼的真义反失掉了。《孔子家语》说:

> 哀公问曰:"绅委章甫有益于仁乎?"
>
> 孔子作色而对曰:"君胡然焉!衰麻苴杖者,志不存乎乐,非耳弗闻,服使然也。黼黻衮冕者,容不袭慢,非性矜庄,服使然也。介胄执戈者,无退懦之气,非体纯猛,服使然也。"

这话未尝无理,但他可不知道后世那些披麻带孝,拿着哭丧杖的人何尝一定有哀痛之心？他又哪里知道如今那些听着枪声就跑的将军兵大爷何尝不穿着军衣带着文虎章？还是《论语》里面的孔子说得好：

> 礼云礼云，玉帛云乎哉？乐云乐云，钟鼓云乎哉？
>
> 林放问礼之本。子曰："大哉问？礼，与其奢也，宁俭。丧，与其易也，宁戚。"
>
> 人而不仁，如礼何？人而不仁，如乐何？

结论 以上说孔门弟子的学说完了。我这一章所用的材料，颇不用我平日的严格主义，故于大小戴《礼记》及《孝经》里采取最多（所用《孔子家语》一段，不过借作陪衬，并非信此书有史料价值）。这也有两种不得已的理由：第一，孔门弟子的著作已荡然无存，故不得不从《戴记》及《孝经》等书里面采取一些勉强可用的材料。第二，这几种书虽然不很可靠，但里面所记的材料，大概可以代表"孔门正传"一派学说的大旨。这是我对于本章材料问题的声明。

总观我们现在所有的材料，不能不有一种感慨。孔子那样的精神魄力，富于历史的观念，又富于文学美术的观念，删《诗》、《书》，订《礼》、《乐》，真是一个气象阔大的人物。不料他的及门弟子那么多人里面，竟不曾有什么人真正能发挥光大他的哲学，极其所成就，不过在一个"孝"字一个"礼"字上，做了一些补绽的工夫。这也可算得孔子的大不幸了。孔子死后两三代里竟不曾出一个出类拔萃的人物，直到孟轲、荀卿，儒家方才有两派有价值的新哲学出现。这是后话，另有专篇。

第六篇　墨子

第一章　墨子略传

墨子名翟姓墨。有人说他是宋人,有人说他是鲁人。今依孙诒让说,定他为鲁国人。

欲知一家学说传授沿革的次序,不可不先考定这一家学说产生和发达的时代。如今讲墨子的学说,当先知墨子生于何时。这个问题,古今人多未能确定。有人说墨子"并孔子时"(《史记·孟荀列传》),有人说他是"六国时人,至周末犹存"(毕沅《墨子序》),这两说相差二百多年,若不详细考定,易于使人误会。毕沅的话已被孙诒让驳倒了(《墨子间诂·非攻中》),不用再辨。孙诒让又说:

> 窃以今五十三篇之书推校之,墨子前及与公输般、鲁阳文子相问答,而后及见齐太公和(见《鲁问》篇,田和为诸侯,在周安王十六年),与齐康公兴乐(见《非乐上》。康公卒于安王二十年),与楚吴起之死(见《亲士》篇。在安王二十一年)。上距孔子之卒(敬王四十一年),几及百年。则墨子之后孔子益信。审核前后,约略计之墨子当与子思同时,而生年,尚在其

> 后(子思生于鲁哀公二年,周敬王二十七年也)。盖生于周定王之初年,而卒于安王之季,盖八九十岁(《墨子年表序》)。

我以为孙诒让所考不如汪中考的精确。汪中说:

> 墨子实与楚惠王同时(《耕柱》篇、《鲁问》篇、《贵义》篇)……其年于孔子差后,或犹及见孔子矣。……《非攻中》篇言知伯以好战亡。事在"春秋"后二十七年。又言蔡亡,则为楚惠王四十二年。墨子并当时,及见其事。《非攻下》篇言:"今天下好战之国,齐、晋、楚、越。"又言:"唐叔、吕尚邦齐晋今与楚越四分天下。"《节葬下》篇言:"诸侯力征,南有楚越之王,北有齐晋之君。"明在勾践称霸之后(《鲁问》篇越王请裂故吴地方五百里以封墨子,亦一证),秦献公未得志之前,全晋之时,三家未分,齐未为陈氏也。
>
> 《檀弓》下:"季康子之母死,公输般请以机封。"此事不得其年。季康子之卒在哀公二十七年。楚惠王以哀公七年即位。般固逮事惠王。《公输》篇:"楚人与越人舟战于江。公输子自鲁南游楚作钩强以备越。"亦吴亡后楚与越为邻国事。惠王在位五十七年,本书既载其以老辞墨子,则墨子亦寿考人欤?(《墨子序》)

汪中所考都很可靠。如今且先说孙诒让所考的错处。

第一,孙氏所据的三篇书,《亲士》、《鲁问》、《非乐上》,都是靠不住的书。《鲁问》篇乃是后人所辑。其中说的"齐大王",未必便是田和。即使是田和,也未必可信。例如《庄子》中说庄周见鲁哀公，难道我们便说庄周和孔丘同时么？《非乐》篇乃是后人补做的。其中屡用“是故子墨子曰，为乐非也”一句，可见其中引的历史事实，未必都是墨子亲见的。《亲士》篇和《修身》篇同是假书。内中说的全是儒家的常谈，哪有一句墨家的话。

第二，墨子决不会见吴起之死。（《吕氏春秋·上德》篇）说吴起死时，阳城君得罪逃走了，楚国派兵来收他的国。那时“墨者钜子孟胜”替阳城君守城，遂和他的弟子一百八十三人都死在城内。孟胜将死之前，还先派两个弟子把“钜子”的职位传给宋国的田襄子，免得把墨家的学派断绝了。

照这条看来，吴起死时，墨学久已成了一种宗教。那时“墨者钜子”传授的法子，也已经成为定制了。那时的“墨者”已有了新立的领袖。孟胜的弟子劝他不要死，说：“绝墨者于世，不可。”要是墨子还没有死，谁能说这话呢？可见吴起死时，墨子已死了许多年了。

依以上所举各种证据，我们可定墨子大概生在周敬王二十年与三十年之间（西历纪元前五〇〇至前四九〇年），死在周威烈王元年与十年之间（西历纪元前四二五至前四一六年）。墨子生时约当孔子五十岁六十岁之间（孔子生西历纪元前五五一年）。到吴起死时，墨子已死了差不多四十年了。

以上所说墨子的生地和生时，很可注意。他生当鲁国，又当孔门正盛之时。所以他的学说，处处和儒家有关系。《淮南·要略》说：

> 墨子学儒者之业，受孔子之术，以为其礼烦扰而不悦，厚葬靡财而贫民，〔久〕服伤生而害事。

墨子究竟曾否"学儒者之业,受孔子之术",我们虽不能决定,但是墨子所受的儒家的影响,一定不少(《吕氏春秋·当染》篇说史角之后在于鲁,墨子学焉。可见墨子在鲁国受过教育)。我想儒家自孔子死后,那一班孔门弟子不能传孔子学说的大端,都去讲究那丧葬小节。请看《礼记·檀弓》篇所记孔门大弟子子游、曾子的种种故事,那一桩不是争一个极小极琐碎的礼节?("如曾子吊于负夏"及"曾子袭裘而吊","子游裼裘而吊"诸条。)再看一部《仪礼》,那种繁琐的礼仪,真可令今人骇怪。墨子生在鲁国,眼见这种种怪现状,怪不得他要反对儒家,自创一种新学派。墨子攻击儒家的坏处,约有四端:

> 儒之道足以丧天下者四政焉:儒以天为不明,以鬼为不神,天鬼不说。此足以丧天下。又厚葬久丧,重为棺椁,多为衣衾,送死若徙,三年哭泣,扶然后起,杖然后行,耳无闻,目无见。此足以丧天下。又弦歌鼓舞,习为声乐。此足以丧天下。又以命为有,贫富,寿夭,治乱,安危,有极矣,不可损益也。为上者行之,必不听治矣,为下者行之,必不从事矣。此足以丧天下(《墨子·公孟》篇)。

这个儒墨的关系是极重要不可忽略的。因为儒家不信鬼(孔子言:"未知生,焉知死","未能事神,焉能事鬼"。又说:"敬鬼神而远之"。《说苑》十八记子贡问死人有知无知。孔子曰:"吾欲言死者有知耶,恐孝子顺孙妨生以送死也。欲言死者无知,恐不孝子孙弃亲不葬也。赐欲知死人有知无知也,死徐自知之,犹未晚也。"此犹是怀疑主义〔Agnosticism〕。后来的儒家直说无鬼神。故《墨子·

公孟》篇的公孟子曰:“无鬼神。”此直是无神主义〔Atheism〕),所以墨子倡“明鬼”论。因为儒家厚葬久丧,所以墨子倡“节葬”论。因为儒家重礼乐,所以墨子倡“非乐”论。因为儒家信天命(《论语》子夏说:“死生有命,富贵在天。”孔子自己也说:“不知命,无以为君子也。”又说:“道之将行也欤,命也。道之将废也欤,命也。”),所以墨子倡“非命”论。

墨子是一个极热心救世的人,他看见当时各国征战的惨祸,心中不忍,所以倡为“非攻”论。他以为从前那种“弭兵”政策(如向戌的弭兵会),都不是根本之计。根本的“弭兵”,要使人人“视人之国,若视其国;视人之家,若视其家;视人之身,若视其身”。这就是墨子的“兼爱”论。

但是墨子并不是一个空谈弭兵的人,他是一个实行非攻主义的救世家。那时公输般替楚国造了一种云梯,将要攻宋。墨子听见这消息,从鲁国起程,走了十日十夜,赶到郢都去见公输般。公输般被他一说说服了,便送他去见楚王,楚王也被他说服了,就不攻宋了(参看《墨子·公输》篇)。公输般对墨子说:“我不曾见你的时候,我想得宋国。自从我见了你之后,就是有人把宋国送给我,要是有一毫不义,我都不要了。”墨子说:“……那样说来,仿佛是我已经把宋国给了你了。你若能努力行义,我还要把天下送给你咧。”(《鲁问》篇)

看他这一件事,可以想见他一生的慷慨好义,有一个朋友劝他道:“如今天下的人都不肯做义气的事,你何苦这样尽力去做呢?我劝你不如罢了。”墨子说:“譬如一个人有十个儿子,九个儿子好吃懒做,只有一个儿子尽力耕田。吃饭的人那么多,耕田的人那么少,那一个耕田的儿子便该格外努力耕田才好。如今天下的人都不肯做义气的事,你正该劝我多做些才好。为什么反来劝我莫做呢?"(《贵义》篇)这是何等精神!何等人格!那反对墨家最利害的孟轲道:"墨子兼爱,摩顶放踵利天下,为之。"这话本有责备墨子之意,其实是极恭维他的话。试问中国历史上,可曾有第二个"摩顶放踵利天下为之"的人么?

墨子是一个宗教家。他最恨那些儒家一面不信鬼神,一面却讲究祭礼丧礼。他说:"不信鬼神,却要学祭礼,这不是没有客却行客礼么?这不是没有鱼却下网么?"(《公孟》篇)所以墨子虽不重丧葬祭祀,却极信鬼神,还更信天。他的"天"却不是老子的"自然",也不是孔子的"天何言哉?四时行焉,百物生焉"的天。墨子的天,是有意志的。天的"志"就是要人兼爱。凡事都应该以"天志"为标准。

墨子是一个实行的宗教家。他主张节用,又主张废乐,所以他教人要吃苦修行。要使后世的墨者,都要"以裘褐为衣,以跂蹻为服,日夜不休,以自苦为极"。这是"墨教"的特色。《庄子·天下》篇批评墨家的行为,说:

> 墨翟、禽滑厘之意则是,其行则非也。将使后世之墨者,必自苦,以腓无胈胫无毛相进而已矣。乱之上也,治之下也。

又却不得不称赞墨子道:

> 虽然,墨子真天下之好也。将求之不可得也,虽枯槁不舍也。才士也夫!

认得这个墨子,才可讲墨子的哲学。

《墨子》书今本有五十三篇,依我看来,可分作五组:

第一组　自《亲士》到《三辩》,凡七篇,皆后人假造的(黄震、宋濂所见别本,此七篇题曰经)。前三篇全无墨家口气,后四篇乃根据墨家的余论所作的。

第二组　《尚贤》三篇,《尚同》三篇,《兼爱》三篇,《非攻》三篇,《节用》两篇,《节葬》一篇,《天志》三篇,《明鬼》一篇,《非乐》一篇,《非命》三篇,《非儒》一篇,凡二十四篇。大抵皆墨者演墨子的学说所作的。其中也有许多后人加入的材料。《非乐》、《非儒》两篇更可疑。

第三组　《经》上下,《经说》上下,《大取》、《小取》,六篇。不是墨子的书,也不是墨者记墨子学说的书。我以为这六篇就是《庄子·天下》篇所说的"别墨"做的。这六篇中的学问,决不是墨子时代所能发生的。况且其中所说和惠施、公孙龙的话最为接近。惠施、公孙龙的学说差不多全在这六篇里面。所以我以为这六篇是惠施、公孙龙时代的"别墨"做的。我从来讲墨学,把这六篇提出,等到后来讲"别墨"的时候才讲他们。

第四组　《耕柱》、《贵义》、《公孟》、《鲁问》、《公输》,这五篇,乃是墨家后人把墨子一生的言行辑聚来做的,就同儒家的《论语》一般。其中有许多材料比第二组还更为重要。

第五组　自《备城门》以下到《杂守》凡十一篇。所记都是墨家守城备敌的方法,于哲学没甚么关系。

研究墨学的,可先读第二组和第四组,后读第三组,其余二组,可以不必细读。

第二章 墨子的哲学方法

儒墨两家根本上不同之处，在于两家哲学的方法不同，在于两家的“逻辑”不同。《墨子·耕柱》篇有一条最形容得出这种不同之处。

> 叶公子高问政于仲尼，曰：“善为政者若之何？”仲尼对曰：“善为政者，远者近之，而旧者新之。”（《论语》作“近者悦，远者来。”）
>
> 子墨子闻之曰：“叶公子高未得其问也，仲尼亦未得其所以对也。叶公子高岂不知善为政者之远者近之而旧者新之哉？问所以为之若之何也。……”

这就是儒墨的大区别，孔子所说是一种理想的目的，墨子所要的是一个“所以为之若之何”的进行方法。孔子说的是一个“什么”，墨子说的是一个“怎样”，这是一个大分别。《公孟》篇又说：

> 子墨子问于儒者，曰：“何故为乐？”曰：“乐以为乐也。”子墨子曰：“子未我应也。今我问曰：‘何故为室？’曰：‘冬避寒焉，夏避暑焉，室以为男女之别也。’则子告我为室之故矣。今我问曰：‘何故为乐’曰：‘乐以为乐也。’是犹曰：‘何故为室？’曰：‘室以为室也。’”

儒者说的还是一个"什么",墨子说的是一个"为什么"。这又是一个大分别。

这两种区别,皆极重要。儒家最爱提出一个极高的理想的标准,作为人生的目的,如论政治,定说"君君、臣臣、父父、子子";或说"近者悦,远者来";这都是理想的目的,却不是进行的方法。如人生哲学则高悬一个"止于至善"的目的,却不讲怎样能使人止于至善。所说细目,如"为人君,止于仁;为人臣,止于敬;为人父,止于慈;为人子,止于孝;与国人交,止于信。"全不问为什么为人子的要孝,为什么为人臣的要敬;只说理想中的父子君臣朋友是该如此如此的。所以儒家的议论,总要偏向"动机"一方面。"动机"如俗话的"居心"。

孟子说的"君子之所以异于人者,以其存心也,君子以仁存心,以礼存心"。存心是行为的动机。《大学》说的诚意,也是动机。儒家只注意行为的动机,不注意行为的效果。推到了极端,便成董仲舒说的"正其谊不谋其利,明其道不计其功"。只说这事应该如此做,不问为什么应该如此做。

墨子的方法,恰与此相反。墨子处处要问一个"为什么"。例如造一所房子,先要问为什么要造房子。知道了"为什么",方才可知道"怎样做"。知道房子的用处是"冬避寒焉,夏避暑焉,室以为男女之别",方才可以知道怎样布置构造始能避风雨寒暑,始能分别男女内外。人生的一切行为,都是如此。如今人讲教育,上官下属都说应该兴教育,于是大家都去开学堂,招学生。大家都以为兴教育就是办学堂,办学堂就是兴教育,从不去问为什么该兴教育。因为不研究教育是为什么的,所以办学和视学的人也无从考究教育的优劣,更无从考究改良教育的方法。我去年回到内地,有人来说，我们村里，该开一个学堂。我问他为什么我们村里该办学堂呢？他说：某村某村都有学堂了，所以我们这里也该开一个。这就是墨子说的“是犹曰：何故为室？曰：室以为室也”的理论。

墨子以为无论何种事物、制度、学说、观念，都有一个“为什么”。换言之，事事物物都有一个用处。知道那事物的用处，方才可以知道他的是非善恶。为什么呢？因为事事物物既是为应用的，若不能应用，便失了那事那物的原意了，便应该改良了。例如墨子讲“兼爱”，便说：

> 用而不可，虽我亦将非之。且焉有善而不可用者？（《兼爱下》）

这是说能应“用”的便是“善”的；“善”的便是能应“用”的。譬如我说这笔“好”，为什么“好”呢？因为能中写，所以“好”。又如我说这会场“好”，为什么“好”呢？因为他能最合开会讲演的用，所以“好”。这便是墨子的“应用主义”。

应用主义又可叫做“实利主义”。儒家说：“义也者，宜也。”宜即是“应该”。凡是应该如此做的，便是“义”。墨家说：“义，利也。”（《经上》篇。参看《非攻》下首段）便进一层说，说凡事如此做去便可有利的即是“义的”。因为如此做才有利，所以“应该”如此做。义所以为“宜”，正因其为“利”。

墨子的应用主义，所以容易被人误会，都因为人把这“利”字“用”字解错了。这“利”字并不是“财利”的利，这“用”也不是“财用”的用。墨子的“用”和“利”都只指人生行为而言。如今且让他自己下应用主义的界说：

子墨子曰："言足以迁行者常之，不足以迁行者勿常。不足以迁行而常之，是荡口也。"（《贵义》篇）

子墨子曰："言足以复行者常之，不足以举行者勿常。不足以举行而常之，是荡口也。"（《耕柱》篇）

这两条同一意思，迁字和举字同意。《说文》说："迁，登也。"《诗经》有"迁于乔木"，《易》有"君子以见善则迁"，皆是"升高"、"进步"之意，和"举"字"抬高"的意思正相同（后人不解"举"字之义，故把"举行"两字连读，作一个动词解。于是又误改上一"举"字为"复"字）。六个"行"字，都该读去声，是名词，不是动词。六个"常"字，都与"尚"字通用（俞樾解《老子》"道可道非常道"一章说如此）。"常"是"尊尚"的意思。这两章的意思，是说无论什么理论，什么学说，须要能改良人生的行为，始可推尚。若不能增进人生的行为，便不值得推尚了。

墨子又说：

今瞽者曰："钜者，白也（俞云，钜当作岂。岂者皑之假字）。黔者，黑也。"虽明目者无以易之。兼白黑，使瞽取焉，不能知也。故我曰"瞽不知白黑"者，非以其名也，以其取也。

今天下之君子之名仁也，虽禹汤无以易之。兼仁与不仁，而使天下之君子取焉，不能知也。故我曰"天下之君子不知仁"者，非以其名也，亦以其取也。（《贵义》篇）

这话说得何等痛快？大凡天下人没有不会说几句仁义道德的话的，正如瞎子虽不曾见过白黑，也会说白黑的界说。须是到了实际上应用的时候,才知道口头的界说是没有用的。高谈仁义道德的人,也是如此。甚至有许多道学先生一味高谈王霸义利之辨,却实在不能认得韭菜和麦的分别。有时分别义利,辨入毫芒,及事到临头,不是随波逐流,便是手足无措。所以墨子说单知道几个好听的名词,或几句虚空的界说,算不得真"知识"。真"知识"在于能把这些观念来应用。

这就是墨子哲学的根本方法。后来王阳明的"知行合一"说,与此说多相似之点。阳明说:"未有知而不行者。知而不行,只是未知。"很像上文所说"故我曰天下之君子不知仁者,非以其名也,亦以其取也"之意。但阳明与墨子有绝不同之处。阳明偏向"良知"一方面,故说:"尔那一点良知,是尔自家的准则。尔意念著处,他是便知是,非便知非。"墨子却不然,他的是非的"准则",不是心内的良知,乃是心外的实用。简单说来,墨子是主张"义外"说的,阳明是主张"义内"说的(义外义内说,见《孟子·告子》篇)。阳明的"知行合一"说,只是要人实行良知所命令。墨子的"知行合一"说,只是要把所知的能否实行,来定所知的真假,把所知的能否应用来定所知的价值。这是两人的根本区别。

墨子的根本方法,应用之处甚多,说得最畅快的,莫如《非攻》上篇。我且把这一篇妙文,抄来做我的"墨子哲学方法论"的结论罢。

今有一人,入人园圃,窃其桃李,众闻则非之,上为政者得则罚之。此何也?以亏人自利也。至攘人犬豕鸡豚者,其不义又甚入人园圃窃桃李。是何故也?以亏人愈多,其不仁兹甚,罪益厚。至入人栏厩,取人牛马者,其不仁义又甚攘人犬家鸡豚。此何故也？以其亏人愈多。苟亏人愈多，其不仁兹甚，罪益厚。至杀不辜人也，拕其衣裘，取戈剑者，其不义又甚入人栏厩取人马牛。此何故也？以其亏人愈多，苟亏人愈多，其不仁兹甚矣，罪益厚。当此天下之君子皆知而非之，谓之"不义"。今至大为"不义"攻国，则弗知非从而誉之，谓之"义"。此可谓知义与不义之别乎？杀一人，谓之不义，必有一死罪矣；若以此说往，杀十人，十重不义，必有十死罪矣；杀百人，百重不义，必有百死罪矣。当此，天下之君子皆知而非之，谓之"不义"。今至大为不义攻国，则弗知非，从而誉之，谓之"义"。情不知其不义也，故书其言以遗后世。若知其不义也，夫奚说书其不义以遗后世哉？今有人于此，少见黑曰黑，多见黑曰白，则以此人不知白黑之辩矣。少尝苦曰苦，多尝苦曰甘，则必以此人为不知甘苦之辩矣。今小为非则知而非之，大为非攻国，则不知非，从而誉之，谓之义。此可谓知义与不义之辩乎？是以知天下之君子辨义与不义之乱也。

第三章　三表法

上章讲的，是墨子的哲学方法。本章讲的，是墨子的论证法。上章是广义的"逻辑"，本章是那"逻辑"的应用。

墨子说：

言必立仪。言而毋仪，譬犹运钧之上而言朝夕者也，是非利害之辨不可得而明知也。故言必有三表。何谓三表？……

有本之者,有原之者,有用之者。

于何本之?上本之于古者圣王之事。

于何原之?下原察百姓耳目之实。

于何用之?发以为刑政,观其中国家百姓人民之利。

此所谓言有三表也。(《非命上》。参观《非命》中、下。《非命中》述三表有误。此盖后人所妄加)

这三表之中,第一和第二有时倒置。但是第三表(实地应用)总是最后一表。于此可见墨子的注重"实际应用"了。

这个论证法的用法,可举《非命》篇作例:

第一表　本之于古者圣王之事　墨子说:

然而今天下之士君子,或以命为有。蓋(同盍)尝尚观于圣王之事?古者桀之所乱,汤受而治之。纣之所乱,武王受而治之。此世未易,民未渝,在于桀纣则天下乱,在于汤武则天下治,岂可谓有命哉?……先王之宪,亦尝有曰"福不可请而祸不可讳、敬无益、暴无伤"者乎?……先王之刑,亦尝有曰"福不可请而祸不可讳,敬无益,暴无伤"者乎?……先王之誓,亦尝有曰"福不可请而祸不可讳,敬无益,暴无伤"者乎?……(《非命上》)

第二表　原察百姓耳目之实　墨子说:

我所以知命之有兴亡者,以众人耳目之情知有兴亡。有闻之,有见之,谓之有。莫之闻,莫之见,谓之亡。……自古以

及今……亦尝有见命之物闻命之声者乎？则未尝有也。……(《非命中》)

第三表 发以为刑政观其中国家百姓人民之利 最重要的还是这第三表。

墨子说：

> 执有命者之言曰："上之所赏，命固且赏，非贤故赏也。上之所罚，命固且罚，非暴故罚也。"……是故治官府则盗窃，守城则崩叛；君有难则不死，出亡则不送。……昔上世之穷民，贪于饮食，惰于从事，是以衣食之财不足，而饥寒冻馁之忧至。不知曰："我罢不肖，从事不疾"；必曰："吾命固且贫。"昔上世暴王……亡失国家，倾覆社稷，不知曰："我罢不肖，为政不善"；必曰"吾命固失之。"……今用执有命者之言，则上不听治，下不从事。上不听治，则政乱；下不从事，则财用不足。……此特凶言之所自生而暴人之道也。(《非命上》)

学者可参看《明鬼》下篇这三表的用法。

如今且仔细讨论这三表的价值。我们且先论第三表。第三表是"实际上的应用"，这一条的好处，上章已讲过了。如今且说他的流弊。这一条的最大的流弊在于把"用"字"利"字解得太狭了，往往有许多事的用处或在几百年后始可看出；或者虽用在现在，他的真用处不在表面上，却在骨子里。譬如《墨子·非乐》，说音乐无用。为什么呢？因为(一)费钱财，(二)不能救百姓的贫苦，(三)不能保护国家，(四)使人变成奢侈的习惯。后来有一个程繁驳墨子道：

> 昔者诸侯倦于听治，息于钟鼓之乐；……农夫春耕夏耘秋收冬藏，息于瓴缶之乐。今夫子曰："圣王不为乐"，此譬之犹马驾而不税，弓张而不弛，无乃非有血气者之所不能至邪？（《三辩》）

这一问也从实用上作根据。墨子生来是一个苦行救世的宗教家，性有所偏，想不到音乐的功用上去，这便是他的非乐论的流弊了。

次论第二表。这一表（百姓耳目之实）也有流弊：（一）耳目所见所闻，是有限的。有许多东西，例如《非命》篇的"命"是看不见听不到的。（二）平常人的耳目最易错误迷乱。例如鬼神一事，古人小说上说得何等凿凿有据。我自己的朋友也往往说曾亲眼看见鬼，难道我们就可断定有鬼么？（看《明鬼》篇）但是这一表虽然有弊，却极有大功用。因为中国古来哲学不讲耳目的经验，单讲心中的理想。例如老子说的：

> 不出户，知天下。不窥牖，知天道。其出弥远，其知弥少。

孔子虽说"学而不思则罔，思而不学则殆"，但是他所说的"学"，大都是读书一类，并不是"百姓耳目之实"。直到墨子始大书特书的说道：

> 天下之所以察知有兴无之道者，必以众之耳目之实知有与亡为仪者也。诚或闻之见之，则必以为有。莫闻莫见，则必

以为无(《明鬼》)。

这种注重耳目的经验,便是科学的根本。

次说第一表。第一表是“本之于古者圣王之事”。墨子最恨儒者“复古”的议论,所以《非儒》篇说:

儒者曰:“君子必古言服,然后仁。”

应之曰:“所谓古之言服者,皆尝新矣。而古人言之服之,则非君子也。”

墨子既然反对“复古”,为什么还要用“古者圣王之事”来作论证的标准呢?

原来墨子的第一表和第三表是同样的意思,第三表说的是现在和将来的实际应用,第一表说的是过去的实际应用。过去的经验阅历,都可为我们做一面镜子。古人行了有效,今人也未尝不可仿效;古人行了有害,我们又何必再去上当呢?所以说:

凡言凡动,合于三代圣王尧舜禹汤文武者,为之。

凡言凡动,合于三代暴王桀纣幽厉者,舍之。(《贵义》)

这并不是复古守旧,这是“温故而知新”,“彰往而察来”。《鲁问》篇说:

彭轻生子曰:“往者可知,来者不可知。”子墨子曰:“藉设而亲在百里之外,则遇难焉。期以一日也,及之则生,不及则死。今有固车良马于此,又有驽马四隅之轮于此,使子择焉,子将何乘?”对曰:“乘良马固车,可以速至。”子墨子曰:“焉在不知来?”(从卢校本)

这一条写过去的经验的效用。例如“良马固车可以日行百里”,“驽马四隅之轮不能行路”,都是过去的经验。有了这种经验,便可知道我如今驾了“良马固车”,今天定可趋一百里路。这是“彰往以察来”的方法。一切科学的律令,都与此同理。

第四章 墨子的宗教

上两章所讲,乃是墨子学说的根本观念。其余的兼爱、非攻、尚贤、尚同、非乐、非命、节用、节葬,都是这根本观念的应用。墨子的根本观念,在于人生行为上的应用。既讲应用,须知道人生的应用千头万绪,决不能预先定下一条“施诸四海而皆准,行诸百世而不悖”的公式。所以墨子说:

凡入国,必择务而从事焉。国家乱,则语之尚贤尚同。国家贫,则语之节用节葬。国家憙音湛湎,则语之非乐非命。国家淫僻无礼,则语之尊天事鬼。国家务夺侵凌,则语之兼爱非攻。故曰择务而从事焉(《鲁问》)。

墨子是一个创教的教主。上文所举的几项,都可称为“墨教”的信条。如今且把这几条分别陈说如下:

第一,天志　墨子的宗教,以"天志"为本。他说:

> 我有天志,譬若轮人之有规,匠人之有矩。轮匠执其规矩以度天下之方圆,曰:中者是也,不中者非也。今天下之士君子之书不可胜载,言语不可胜计;上说诸侯,下说列士。其于仁义,则大相远也。何以知之?曰:我得天下之明法度以度之。(《天志上》。参考《天志》中、下及《法仪》篇)

这个"天下之明法度"便是天志。但是天的志是什么呢?墨子答道:

> 天欲人之相爱相利而不欲人之相恶相贼也(《法仪》篇。《天志下》说:"顺天之意何若。曰:兼爱天下之人。"与此同意)。

何以知天志便是兼爱呢?墨子答道:

> 以其兼而爱之兼而利之也。奚以知天之兼而爱之兼而利之也?以其兼而有之兼而食之也(《法仪》篇。《天志下》意与此同而语繁,故不引)。

第二,兼爱　天的志要人兼爱,这是宗教家的墨子的话。其实兼爱是件实际上的要务。墨子说:

> 圣人以治天下为事者也,不可不察乱之所自起。当(通

> 尝)察乱何自起?起不相爱。……盗爱其室,不爱其异室,故窃异室以利其室。贼爱其身,不爱人,故贼人以利其身。……大夫各爱其家,不爱异家,故乱异家以利其家。诸侯各爱其国,不爱异国,故攻异国以利其国。……察此何自起,皆起不相爱。若使天下……视人之室若其室,谁窃?视人身若其身,谁贼?……视人家若其家,谁乱?视人之国若其国,谁攻?……故天下兼相爱则治,交相恶则乱。(《兼爱上》)

《兼爱》中、下两篇都说因为要"兴天下之利,除天下之害",所以要兼爱。

第三,非攻 不兼爱是天下一切罪恶的根本,而天下罪恶最大的,莫如"攻国"。天下人无论怎样高谈仁义道德,若不肯"非攻",便是"明小物而不明大物"(读《非攻上》)。墨子说:

> 今天下之所〔以〕誉义(旧作善,今据下文改)者,……为其上中天之利,而中中鬼之利,而下中人之利,故誉之欤?……虽使下愚之人必曰:将为其上中天之利,而中中鬼之利,而下中人之利,故誉之。……今天下之诸侯将,犹多皆〔不〕免攻伐并兼,则是(有)(此字衍文)誉义之名而不察其实也。此譬犹盲者之与人同命黑白之名而不能分其物也。则岂谓有别哉?(《非攻下》)

墨子说:"义便是利"(《墨经》上也说:"义,利也。"此乃墨家遗说)。义是名,利是实。义是利的美名,利是义的实用。兼爱是"义的",攻国是"不义的",因为兼爱是有利于天鬼国家百姓的,攻国是有害

于天鬼国家百姓的。所以《非攻上》只说得攻国的“不义”,《非攻》中下只说得攻国的“不利”。因为不利,所以不义。你看他说:

> 计其所自胜,无所可用也。计其所得,反不如所丧者之多。

又说:

> 虽四五国则得利焉,犹谓之非行道也。譬之医之药人之有病者然。今有医于此,和合其祝药之于天下之有病者而药之。万人食此,若医四五人得利焉,犹谓之非行药也。(《非攻》中、下)

可见墨子说的“利”不是自私自利的“利”,是“最大多数的最大幸福”。这是“兼爱”的真义,也便是“非攻”的本意。

第四,明鬼 儒家讲丧礼祭礼,并非深信鬼神,不过是要用“慎终追远”的手段来做到“民德归厚”的目的。所以儒家说:“有义不义,无祥不祥。”(《公孟》篇)这竟和“作善,降之百祥;作不善,降之百殃”的话相反对了(《易·文言》:“积善之家必有余庆,积不善之家必有余殃。”乃是指人事的常理,未必指着一个主宰祸福的鬼神天帝)。墨子是一个教主,深恐怕人类若没有一种行为上的裁制力,便要为非作恶。所以他极力要说明鬼神不但是有的,并且还能作威作福,“能赏贤而罚暴”。他的目的要人知道:

> 吏治官府之不洁廉,男女之为无别者,有鬼神见之;民之

为淫暴寇乱盗贼，以兵刃毒药水火退（孙诒让云：退是迓之讹，迓通御），无罪人乎道路，夺人车马衣裘以自利者，有鬼神见之。（《明鬼》）

墨子明鬼的宗旨，也是为实际上的应用，也是要“民德归厚”。但是他却不肯学儒家“无鱼而下网”的手段，他是真信有鬼神的。

第五，非命　墨子既信天，又信鬼，何以不信命呢？原来墨子不信命定之说，正因为他深信天志，正因为他深信鬼神能赏善而罚暴。老子和孔子都把“天”看作自然而然的“天行”，所以以为凡事都由命定，不可挽回。所以老子说“天地不仁”，孔子说“获罪于天，无所祷也”。墨子以为天志欲人兼爱，不欲人相害，又以为鬼神能赏善罚暴，所以他说能顺天之志，能中鬼之利，便可得福；不能如此，便可得祸。祸福全靠个人自己的行为，全是各人的自由意志招来的，并不由命定。若祸福都由命定，那便不做好事也可得福；不作恶事，也可得祸了。若人人都信命定之说，便没有人努力去做好事了（非命说之论证，已见上章）。

第六，节葬短丧　墨子深恨儒家一面不信鬼神，一面却又在死人身上做出许多虚文仪节。所以他对于鬼神，只注重精神上的信仰，不注重形式上的虚文。他说儒家厚葬久丧有三大害：（一）国家必贫；（二）人民必寡；（三）刑政必乱（看《节葬》篇）。所以他定为丧葬之法如下：

桐棺三寸，足以朽体。衣衾三领，足以覆恶（《节葬》）。及其葬也，下毋及泉，上毋通臭（《节葬》）。无椁（《庄子·天下》篇）。死无服（《庄子·天下》篇），为三日之丧（《公孟》篇。

《韩非子·显学》篇作"冬日冬服、夏日夏服,服丧三月"。疑墨家各派不同,或为三日,或为三月)。而疾而服事,人为其所能以交相利也。(《节葬》)

第七,非乐 墨子的非乐论,上文已约略说过。墨子所谓"乐",是广义的"乐"。如《非乐上》所说,"乐"字包括"钟鼓琴瑟竽笙之声","刻镂文章之色","刍豢煎炙之味","高台厚榭邃野之居"。可见墨子对于一切"美术",如音乐、雕刻、建筑、烹调等等,都说是"奢侈品",都是该废除的。这种观念固是一种狭义功用主义的流弊,但我们须要知道墨子的宗教"以自苦为极",因要"自苦",故不得不反对一切美术。

第八,尚贤 那时的贵族政治还不曾完全消灭,虽然有些奇才杰士,从下等社会中跳上政治舞台,但是大多数的权势终在一般贵族世卿手里,就是儒家论政,也脱不了"贵贵"、"亲亲"的话头。墨子主张兼爱,所以反对种种家族制度和贵族政治。他说:

> 今王公大人有一裳不能制也,必藉良工;有一牛羊,不能杀也,必藉良宰。……逮至其国家之乱,社稷之危,则不知使能以治之。亲戚,则使之。无故富贵,面目姣好,则使之。(《尚贤中》)

所以他讲政治,要"尊尚贤而任使能。不党父兄,不偏贵富,不嬖颜色。贤者举而上之,富而贵之,以为官长。不肖者抑而废之,贫而贱之,以为徒役。"(《尚贤中》)

第九,尚同 墨子的宗教,以"天志"为起点,以"尚同"为终局。

天志就是尚同，尚同就是天志。

尚同的“尚”字，不是“尚贤”的尚字。尚同的尚字和“上下”的上字相通，是一个状词，不是动词。“尚同”并不是推尚大同，乃是“取法乎上”的意思。墨子生在春秋时代之后，眼看诸国相征伐，不能统一。那王朝的周天子，是没有统一天下的希望的了。那时“齐晋楚越四分中国”，墨子是主张非攻的人，更不愿四国之中哪一国用兵力统一中国。所以他想要用“天”来统一天下。他说：

> 古者民始生未有刑政之时，盖其语，人异义。是以一人则一义，二人则二义，十人则十义。其人兹众，其所谓“义”者亦兹众。是以人是其义，以非人之义，故交相非也，是以……天下之乱，若禽兽然。
>
> 夫明虖天下之所以乱者，生于无政长，是故选天下之贤可者，立以为天子。……又选择天下之贤可者，置立之，以为三公。天子三公既已立，以天下为博大，远国异土之民，是非利害之辨，不可一二而明知，故画分万国，立诸侯国君。……又选择其国之贤可者，立之以为正长。
>
> 正长既已具，天子发政于天下之百姓，言曰：闻善而不善，皆以靠其上。上之所是，必皆是之；所非，必皆非之。上有过，则规谏之；下有善，则傍荐之（孙说傍与访通，是也。古音访与傍同声）。上同而不下比者，此上之所赏而下之所誉也。……（《尚同上》）

“上之所是，必皆是之；所非，必皆非之；上同而不下比”，这叫做“尚同”。要使乡长“壹同乡之义”，国君“壹同国之义”，天子“壹同天下之义”。但是这还不够。为什么呢？因为天子若成了至高无上的标准，又没有限制，岂不成了专制政体。所以墨子说：

> 夫既上同乎天子而未上同乎天者，则天菑将犹未止也。……故古者圣王明天鬼之所欲，而避天鬼之所憎；以求兴天下之利，除天下之害。(《尚同中》)

所以我说“天志就是尚同，尚同就是天志。”天志尚同的宗旨，要使各种政治的组织之上，还有一个统一天下的“天”。所以我常说，墨教如果曾经做到欧洲中古的教会的地位，一定也会变成一种教会政体；墨家的“钜子”也会变成欧洲中古的“教王”(Pope)。

以上所说九项，乃是“墨教”的教条，在哲学史上，本来没有什么重要。依哲学史的眼光看来，这九项都是墨学的枝叶。墨学的哲学的根本观念，只是前两章所讲的方法。墨子在哲学史上的重要，只在于他的“应用主义”。他处处把人生行为上的应用，作为一切是非善恶的标准。兼爱、非攻、节用、非乐、节葬、非命，都不过是几种特别的应用。他又知道天下能真知道“最大多数的最大幸福”的，不过是少数人，其余的人，都只顾眼前的小利，都只“明小物而不明大物”。所以他主张一种“贤人政治”，要使人“上同而不下比”。他又恐怕这还不够，他又是一个很有宗教根性的人，所以主张把“天意的志”作为“天下之明法”，要使天下的人都“上同于天”。因此哲学家的墨子便变成墨教的教主了。

第七篇　杨朱

一、《杨朱》篇　《列子》的第七篇名为《杨朱》篇，所记的都是杨朱的言语行事。《列子》这部书是最不可信的。但是我看这一篇似乎还可信。其中虽有一些不可靠的话，大概是后人加入的（如杨朱见梁王谈天下事一段，年代未免太迟了。杨朱大概不及见梁称王），但这一篇的大体似乎可靠。第一，杨朱的"为我主义"是有旁证的（如《孟子》所说），此书说他的为我主义颇好。第二，书中论"名实"的几处，不是后世所讨论的问题，确是战国时的问题。第三，《列子》八篇之中只有这一篇专记一个人的言行。或者当时本有这样一种记杨朱言行的书，后来被编造《列子》的人糊涂拉入《列子》里面，凑成八篇之数。此如张仪说秦王的书（见《战国策》），如今竟成了《韩非子》的第一篇。——以上三种理由，虽不甚充足，但当时实有这一种极端的为我主义，这是我们所公认的；当时实有杨朱这个人，这也是我们所公认的。所以我们不妨暂且把《杨朱》篇来代表这一派学说。

二、杨朱　杨朱的年代颇多异说。有的说他上可以见老聃，有的说他下可以见梁王。据《孟子》所说，那时杨朱一派的学说已能和儒家墨家三分中国，大概那时杨朱已死了。《杨朱》篇记墨子弟子禽子与杨朱问答，此节以哲学史的先后次序看来，似乎不甚错。大概杨朱的年代当在西历纪元前四四〇年与三六〇年之间。

杨朱的哲学,也是那个时势的产儿。当时的社会政治都是很纷乱的,战事连年不休,人民痛苦不堪。这种时代发生一种极端消极的哲学,是很自然的事。况且自老子以后,"自然主义"逐渐发达。老子一方面主张打破一切文物制度,归于无知无欲的自然状态;但老子一方面又说要"虚其心,实其腹","为腹不为目","甘其食,美其服"。可见老子所攻击的是高等的欲望,他并不反对初等的嗜欲。后来杨朱的学说便是这一种自然主义的天然趋势了。

三、无名主义 杨朱哲学的根本方法在于他的无名主义。他说:

> 实无名,名无实。名者,伪而已矣。

又说:

> 实者,固非名之所与也。

中国古代哲学史上,"名实"两字乃是一个极重要的问题。如今先解释这两个字的意义,再略说这个问题的历史。按《说文》"实,富也。从宀贯,贯为货物"。又:"寔,止也(段玉裁改作"正也",非也),从宀,是声。"止字古通"此"字。《说文》:"此,止也。"《诗经·召南》毛传与《韩奕》郑笺皆说:"寔,是也。"又《春秋》桓六年,"寔来"。《公羊传》曰:"寔来者何?犹云是人来也。"《谷梁传》曰:"寔来者,是来也。"寔字训止,训此,训是,训是人,即是白话的"这个"。古文实寔两字通用。《公孙龙子》说:"天地与其所产焉,物也。物以物其所物而不过焉,实也。"名学上的"实"字,含有

"寔"字"这个"的意思和"实"字"充实"的意思。两义合起来说，"实"即是"这个物事"。天地万物每个都是一个"实"。每一个"实"的称谓便是那实的"名"。公孙龙子说："夫名，实谓也。"同类的实，可有同样的名。你是一个实，他是一个实，却同有"人"的名。如此看来，可以说实是个体的，特别的；名是代表实的、共相的（虽私名〔本名〕也是代表共相的。例如"梅兰芳"代表今日的梅兰芳和今年、去年、前年的梅兰芳。类名更不用说了）。有了代表共相的名，可以包举一切同名的事物。所以在人的知识上，名的用处极大。老子最先讨论名的用处（看本书第三篇），但老子主张"无知无欲"，故要人复归于"无名之朴"。孔子深知名的用处，故主张正名，以为若能正名，便可用全称的名，来整治个体的事物。儒家所注重的名器、礼仪、名分等等，都是正名的手续。墨子注重实用，故提出一个"实"字，攻击当时的君子"誉义之名而不察其实"。杨朱更趋于极端，他只承认个体的事物（实），不认全称的名。所以说："实无名，名无实。名者，伪而已矣。"伪是"人为的"。一切名都是人造的，没有实际的存在。故说"实无名，名无实"。这种学说，最近西洋的"唯名主义"（Nominalism）。唯名主义以为"名"不过是人造的空名，没有实体，故唯名论其实即是无名论。无名论的应用有两种趋势：一是把一切名器礼文都看作人造的虚文。一是只认个人的重要，轻视人伦的关系，故趋于个人主义。

四、为我　杨朱的人生哲学只是一种极端的"为我主义"。杨朱在哲学史上占一个重要的位置，正因为他敢提出这个"为我"的观念，又能使这个观念有哲学的根据。他说：

> 有生之最灵者，人也。人者，爪牙不足以供守卫，肌肤不

> 足以自捍御，趋走不足以逃利害，无毛羽以御寒暑，必将资物以为养，性任智而不恃力。故智之所贵，存我为贵；力之所贱，侵物为贱。

这是为我主义的根本观念。一切有生命之物，都有一个“存我的天性”。植物动物都同具此性，不单是人所独有。一切生物的进化，形体的变化，机能的发达，都由于生物要自己保存自己，故不得不变化，以求适合于所居的境地。人类智识发达，群众的观念也更发达，故能于“存我”观念之外，另有“存群”的观念；不但要保存自己，还要保存家族、社会、国家；能保存得家族、社会、国家，方才可使自己的生存格外稳固。后来成了习惯，社会往往极力提倡爱群主义，使个人崇拜团体的尊严，终身替团体尽力，从此遂把“存我”的观念看作不道德的观念。试看社会提倡“殉夫”、“殉君”、“殉社稷”等等风俗，推尊为道德的行为，便可见存我主义所以不见容的原因了。其实存我观念本是生物天然的趋向，本身并无什么不道德。杨朱即用这个观念作为他的“为我主义”的根据。他又恐怕人把存我观念看作损人利己的意思，故刚说：“智之所贵，存我为贵。”忙接着说：“力之所贱，侵物为贱。”他又说：

> 古之人损一毫利天下不与也。悉天下奉一身不取也。人人不损一毫，人人不利天下，天下治矣。

杨朱的为我主义，并不是损人利己。他一面贵“存我”，一面又贱“侵物”；一面说“损一毫利天下不与也”，一面又说“悉天下奉一身不取也”。他只要“人人不损一毫，人人不利天下”。这是杨朱的根本学说。

五、悲观 杨朱主张为我。凡是极端为我的人，没有一个不抱悲观的。你看杨朱说：

> 百年寿之大齐。得百年者，千无一焉。设有一者，孩提以逮昏老，几居其半矣。夜眠之所弭，昼觉之所遗，又几居其半矣。痛疾、哀苦、亡失、忧惧，又几居其半矣。量十数年之中，逌然而自得，亡介焉之虑者，亦亡一时之中尔。则人之生也奚为哉？奚乐哉？为美厚尔，为声色尔。而美厚复不可常厌足，声色不可常玩闻，乃复为刑赏之所禁劝，名法之所进退。遑遑尔，竟一时虚誉，规死后之余荣；偊偊尔，慎耳目之观听，惜身意之是非；徒失当年之至乐，不能自肆于一时，重囚累梏，何以异哉？
>
> 太古之人，知生之暂来，知死之暂往。故从心而动，不违自然所好；当身之娱，非所去也，故不为名所劝。从性而游，不逆万物所好；死后之名，非所取也，故不为刑所及。名誉先后，年命多少，非所量也。

又说：

> 万物所异者，生也。所同者，死也。生则贤愚贵贱，是所异也。死则臭腐消灭，是所同也。……十年亦死，百年亦死；仁圣亦死，凶愚亦死。生则尧舜，死则腐骨；生则桀纣，死则腐骨。腐骨一也，孰知其异？且趣当生，奚遑死后？

大概这种厌世的悲观,也都是时势的反动。痛苦的时势,生命财产朝不保夕,自然会生出两种反动:一种是极端苦心孤行的救世家,像墨子、耶稣一流人;一种就是极端悲观的厌世家,像杨朱一流人了。

六、养生　上文所引"从心而动,不违自然所好;……从性而游,不逆万物所好",已是杨朱养生论的大要。杨朱论养生,不要太贫,也不要太富。太贫了"损生",太富了"累身"。

> 然则……其可焉?在曰:可在乐生,可在逸身。善乐生者不窭,善逸身者不殖。

又托为管夷吾说养生之道:

> 肆之而已,勿壅勿阏……恣耳之所欲听,恣目之所欲视,恣鼻之所欲向,恣口之所欲言,恣体之所欲安,恣意之所欲行。

又托为晏平仲说送死之道:

> 既死岂在我哉?焚之亦可,沉之亦可,瘗之亦可,露之亦可,衣薪而弃诸沟壑亦可,衮衣绣裳而纳诸石椁亦可:唯所遇焉。

杨朱所主张的只是"乐生"、"逸身"两件。他并不求长寿,也不求不死。

> 孟孙阳问杨子曰："有人于此，贵生爱身以蕲不死，可乎？"曰："理无不死。"
>
> "以蕲久生，可乎？"曰："理无久生。……且久生奚为？五情所好恶，古犹今也；四体安危，古犹今也；世事苦乐，古犹今也；变易治乱，古犹今也。既见之矣，既闻之矣，百年犹厌其多，况久生之苦也乎？"
>
> 孟孙阳曰："若然，速亡愈于久生，则践锋刃，入汤火，得所志矣。"杨子曰："不然。既生则废而任之，究其所欲以俟于死。将死则发而任之，究其所之以放于尽。无不废，无不任，何遽迟速于其间乎？"

不求久生不死，也不求速死，只是"从心而动，任性而游"。这是杨朱的"自然主义"。

第八篇　别墨

第一章　墨辩与别墨

墨学的传授，如今已不能详细考究（参看孙诒让《墨子间诂》附录《墨学传授考》）。《韩非子·显学》篇说：

> 自墨子之死也，有相里氏之墨，有相夫氏之墨，有邓陵氏之墨。

《庄子·天下》篇说：

> 相里勤之弟子，五侯之徒；南方之墨者，苦获、已齿、邓陵子之属，俱诵《墨经》而倍谲不同，相谓"别墨"；以坚白同异之辩相訾，以觭偶不仵之辞相应（谲，崔云决也。訾，通呰。《说文》："呰，苛也"。苛与诃同。觭即奇。《说文》："奇，不耦也。"《释文》："仵，同也。"应，《说文》云，"当也"。又"譍，应也"。相应即相争辩）。以"巨子"为圣人，皆愿为之尸，冀得为其后世，至今不决。

古书说墨家传授派别的，只有这两段。两处所说，互相印证。今列表如下：

据《韩非子》

墨学
- 相里氏
- 相夫氏
- 邓陵氏

据《天下》篇

墨学
- 相里勤——五侯之徒
- 南方之墨者
  - 苦获
  - 已齿
  - 邓陵子

最重要的是《天下》篇所说，墨家的两派“俱诵《墨经》而倍谲不同，相谓别墨，以坚白同异之辩相訾，以觭偶不仵之辞相应”。细看这几句话，可见今本《墨子》里的《经》上下、《经说》上下、《大取》、《小取》六篇是这些“别墨”作的。有人说这六篇即是《天下》篇所说的“墨经”；别墨既俱诵《墨经》，可见墨经作于别墨之前，大概是墨子自著的了。我以为这一段文字不当如此解说。“**墨经”不是上文所举的六篇，乃是墨教的经典如《兼爱》、《非攻》之类**。后来有些墨者虽都诵《墨经》,虽都奉墨教,却大有“倍谲不同”之处。这些“倍谲不同”之处,都由于墨家的后人,于“宗教的墨学”之外,另分出一派“科学的墨学”。这一派科学的墨家所研究讨论的,有“坚白同异”、“觭偶不仵”等等问题。这一派的墨学与宗教的墨学自然“倍谲不同了”,于是他们自己相称为“别墨”(别墨犹言“新墨”。柏拉图之后有“新柏拉图学派”。近世有“新康德派”,有“新海智尔派”)。“别墨”即是那一派科学的墨学。他们所讨论的“坚白之辩”(坚属于形,白属于色。两种同为物德,但一属视官,一属触官,当时辩这种分别甚明),“同异之辩”(名学一切推论,全靠同异两事,故当时讨论这问题甚详),和“觭偶不仵之辞”(《释文》说:“仵,同也。”《集韵》:“仵偶也。”《玉篇》:“仵,偶敌也。”《汉书·律历志》注:“伍,耦也。”是伍仵两字古相通用。中国文字没有单数和众数的区别,故说话推论,都有不便之处。墨家很注意这个问题,《小取》篇说:“一马,马也,二马,马也。马四足者,一马而四足也,非两马而四足也。马或白者,二马而或白也,非一马而或白也。此乃一是而一非也。”这是说“觭偶不仵”最明白的例),如今的《经》上下、《经说》上下、《大取》、《小取》六篇,很有许多关于这些问题的学说。所以我以为这六篇是这些“别墨”的书(《天下》篇仅举两派,不及相夫氏,或者相夫氏之墨仍是宗教的墨学。“别墨”之名,只限于相里氏及南方的墨者如邓陵氏之流)。晋人有个鲁胜,曾替《经》上下、《经说》上下四篇作注,名为《墨辩注》。我如今用他的名词,统称这六篇为《墨辩》,以别于墨教的“墨经”(我对于“别墨”、“墨经”、“墨辩”三个问题的主张,一年以来,已变了几次。此为最近研究所得,颇可更正此书油印本及墨家哲学讲演录所说的错误)。

至于这六篇决非墨子所作的理由，约有四端：

（一）文体不同。这六篇的文体、句法、字法，没有一项和《墨子》书的《兼爱》、《非攻》、《天志》……诸篇相像的。

（二）理想不同。墨子的议论，往往有极鄙浅可笑的。例如《明鬼》一篇，虽用"三表"法，其实全无论理。这六篇便大不同了。六篇之中，全没有一句浅陋迷信的话，全是科学家和名学家的议论。这可见这六篇书，决不是墨子时代所能做得出的。

（三）"墨者"之称。《小取》篇两称"墨者"。

（四）此六篇与惠施、公孙龙的关系。这六篇中讨论的问题，全是惠施、公孙龙时代的哲学家争论最烈的问题，如坚白之辩，同异之论之类。还有《庄子·天下》篇所举惠施和公孙龙等人的议论，几乎没有一条不在这六篇之中讨论过的（例如"南方无穷而有穷"，"火不热"，"目不见"，"飞鸟之影，未尝动也"，"一尺之棰，日取其半，万世不竭"之类，皆是也）。又如今世所传《公孙龙子》一书的《坚白》、《通变》、《名实》三篇，不但材料都在《经》上下、《经说》上下四篇之中，并且有许多字句文章都和这四篇相同。于此可见《墨辩》诸篇若不是惠施、公孙龙作的，一定是他们同时的人作的。所以孙诒让说这几篇的"坚白同异之辩，则与公孙龙书及《庄子·天下》篇所述惠施之言相出入"。又说："据《庄子》所言，则似战国时墨家别传之学，不尽墨子之本指。"

这六篇《墨辩》乃是中国古代名学最重要的书。古代本没有什么"名家"，无论那一家的哲学，都有一种为学的方法。这个方法，便是这一家的名学（逻辑）。所以老子要无名，孔子要正名，墨子说"言有三表"，杨子说"实无名，名无实"，公孙龙有《名实论》，荀子有《正名》篇，庄子有《齐物论》，伊文子有《刑名》之论：这都是各家的"名学"。因为家家都有"名学",所以没有什么"名家"。不过墨家的后进如公孙龙之流,在这一方面,研究的比别家稍为高深一些罢了。不料到了汉代,学者如司马谈、刘向、刘歆、班固之流,只晓得周秦诸子的一点皮毛糟粕,却不明诸了的哲学方法。于是凡有他们不能懂的学说,都称为"名家"。却不知道他们叫作"名家"的人,在当日都是墨家的别派。正如亚里士多德是希腊时代最注重名学的人,但是我们难道可以叫他做"名家"吗?(《汉书·艺文志》九流之别是极不通的。说详吾所作《诸子不出于王官论》,《太平洋》第一卷七号)。

如今且说这六篇《墨辩》的性质。

第一,《经上》、《经说上》　《经上》篇全是界说,文体和近世几何学书里的界说相像。原文排作两行,都要"旁行"读去。例如"故,所得而后成也。止,以久也。体,分于兼也。必,不已也"。须如下读法:

(1)故,所得而后成也。(50)止,以久也。

(2)体,分于兼也。(51)必,不已也。

《经说上》篇乃是《经上》的详细解释。《经上》全是很短的界说,不容易明白,所以必须有详细的说明,或举例设譬使人易晓,《经说上》却不是两行的,也不是旁行的。自篇首到篇中"户枢免瑟"一句(《间诂》十,页十七至二十二下),都是《经上》篇上行的解释。自"止,无久之不止"(页二十二下)到篇末,是《经上》篇下行的解说。所以上文举例"故,所得而后成也"的解说在十七页,"止,以久也"的解说却在二十二页上。若以两行写之,可得下式。

《经》文上行故,所得而后成也。	《经说》故。小故有之不必然,无之必不然,体也,若有端。大故,有之必无然,若见之成见也。	《经》文下行止,以久也。	《经说》止。无久之不止,当牛非马,若矢过楹。有久之不止,当马非马,若人过梁。

第二,《经下》、《经说下》 《经下》篇全是许多"定理",文体极像几何学书里的"定理"。也分作两行,旁行读。《经说下》是《经下》的详细说明,读法如《经说上》。自篇首(页三十一下)到"应有深浅大常中"(适校当作"大小不中"页四十六止),说明《经下》上行的各条。此以下,说明下行各条。

第三,《大取》 《大取》篇最难读,里面有许多错简,又有许多脱误。但是其中却也有许多极重要的学说。学者可选读那些可读的,其余的不可读的,只好暂阙疑了。

第四,《小取》 《小取》篇最为完全可读。这一篇和前五篇不同,并不是一句一条的界说,乃是一篇有条理有格局的文章。全篇分九节。

一、至"不求诸人",总论"辩"。

二、至"吾岂谓也者异也",论"辩"之七法。

三、至第一个"则不可偏观也",论辟、侔、援、推四法之谬误。

四、至"非也"共四十八字,衍二十二字。总论立辞之难,总起下文。

五、论"物或是而然"。

六、论"或是而不然"。

七、论“或不是而然”。原文作“此乃是而然”,似有误。

八、论“一周而一不周”。

九、论“一是而一非”。

第二章 墨辩论知识

知识论起于老子、孔子,到“别墨”始有精密的知识论。

《墨辩》论“知”,分为三层:

(一)“知,材也。”(《经上》) 《说》曰:“知材。知也者,所以知也。而〔不〕必知(旧脱不字,今据下文“而不必得”语法增)若明”。这个“知”是人“所以知”的才能(材才通)。有了这官能,却不必便有知识。譬如眼睛能看物,这是眼睛的“明”,但是有了这“明”,却不必有所见。为什么呢?因为眼须见物,才是见;知有所知,才是知(此所谓知,如佛家所谓“根”)。

(二)“知,接也。”(《经上》) 《说》曰:“知,知也者,以其知过物而能貌之若见。”这个“知”是“感觉”(Sensation)。人本有“所以知”的官能,遇着外面的物事,便可以知道这物事的态貌,才可发生一种“感觉”。譬如有了眼睛,见着物事,才有“见”的感觉(此所谓知,如佛家所谓“尘”。此所谓接,如佛家所谓“受”)。

(三)“恕,明也。”(《经上》。旧作恕。今依顾千里校改)。《说》曰:“恕,恕(旧皆作恕)也者,以其知论物而其知之也著,若明。”这个“恕”是“心知”,是“识”。有了“感觉”,还不算知识。譬如眼前有一物瞥然飞过,虽有一种“感觉”,究竟不是知识。须要能理会得这飞过的是什么东西(论译“理会”最切。王念孙校《荀子·正名》

篇:"辞也者,兼异寔之名以论一意也。"谓论当作谕。谕,明也。其说亦可通,但不改亦可通),须要明白这是何物(著,明也),才可说有了知觉(此所谓恕,如佛家所谓"识")。如《经上》说:

> 闻,耳之聪也。循所闻而得其意,心之察也。言,口之利也。执所言而意得见,心之辩也。

所以"知觉"含有三个分子:一是"所以知"的官能,二是由外物发生的感觉,三是"心"的作用。要这三物同力合作,才有"知觉"。

但是这三物如何能同力合作呢?这中间须靠两种作用:一个是"久",一个是"宇"。《墨辩》说:

> 久,弥异时也。(《经上》)《说》曰:久,合古今旦莫。(校改)
>
> 宇,弥异所也。(《经上》)《说》曰:宇,冡东西南北。(校改冡即蒙字)

久即是"宙",即是"时间。"宇即是"空间"(Time and Space)。须有这两种的作用,方才可有知觉。《经下》说:

> 不坚白,说在无久与宇。坚白,说在因(原文有误读处,今正。因疑作盈)。《说》曰:无坚得白,必相盈也。

《经上》说:

> 坚白不相外也。《说》曰:坚〔白〕异处不相盈,相非(通排),

是相外也。

我们看见一个白的物事，用手去摸，才知道他又是坚硬的。但是眼可以见白，而不可得坚；手可以得坚，而不可见白。何以我们能知道这是一块“坚白石”呢？这都是心知的作用。知道刚才的坚物，就是此刻的白物，是时间的组合。知道坚白两性相盈，成为一物，是空间的组合。这都是心知的作用，有这贯串组合的心知，方才有知识。

有了久与宇的作用，才有“记忆”。《墨辩》叫做“止”，止即是“志”。古代没有去声，所以止志通用（《论语》“多见而识之”，“贤者识其大者”，古本皆作志）。久的作用，于“记忆”更为重要。所以《经下》说：

> 知而不以五路，说在久。《说》曰：智以目见，而目以火见，而火不见。惟以五路知。久，不当以火见，若以火（参看章炳麟《原名》篇说此条）。

“五路”即是“五官”。先由五路知物，后来长久了，虽不由五路，也可见物。譬如昨天看梅兰芳的戏，今天虽不在吉祥园，还可以想起昨天的戏来。这就是记忆的作用了。

知识又须靠“名”的帮助。《小取》篇说：“名以举实。”《经上》说：

> 举，拟实也。《说》曰：举，告。以文名举彼实也。

"拟"是《易·系辞传》"圣人有以见天下之赜而拟诸形容,象其物宜"的拟。例如我们用一个"人"字代表人的一切表德,所以见了一个人,便有"人"的概念,便知道他是一个"人"。记得一个"人"的概念,便可认得一切人,正不须记人人的形貌状态等等。又如"梅兰芳"一个概念,也代表梅兰芳的一切表德。所以我对你说"梅兰芳",你便知道了,正不用细细描摹他的一切形容状态。如《经下》说:

〔火〕必热,说在顿。《说》曰:见火谓火热也,非以火之热。

一个"火"字便包含火的热性。所以远远见火,便可说那火是热的,正不必等到亲自去感觉那火的热焰。"火必热,说在顿。"顿字也是记忆的意思。这是名字的大用处。

《墨辩》分"名"为三种:

名:达、类、私(《经上》)。《说》曰:名。"物",达也。有寔必待文名(旧误作多)也。命之"马",类也。若寔也者,必以是名也。命之"臧",私也。是名也,止于是寔也。

"达名"是最普及的名字,例如"物"字。"类名"是一类物事的名称,例如"牛"、"马"、"人",凡是属这一类的,都可用这一类的"类名。"所以说:"若实也者,必以是名也。""私名"是"本名"。例如"臧"、"梅兰芳"皆是这一个个人的名字,不可移用于别人(臧获皆当日的人名,本是私名,后人误以为仆役之类名,非也。此如"梅香"本是私名,后以名此者多,遂成女婢之类名矣。又如"丫头"亦是私名，今亦成类名矣）。所以说："是名也，止于是寔也。"

知识的种类　《墨辩》论"知道"的分别，凡有三种：

> 知：闻、说、亲（《经上》）。《说》曰：知，传受之闻也。方不庫，说也。身观焉，亲也。

第一种是别人传授给我的，故叫做"闻"。第二种是由推论得来的，故叫做"说"（《经上》："说，所以明也"）。第三种是自己亲身经历来的，故叫做"亲"。如今且分别解说如下：

闻　这个"闻"字，有两种意思。《经上》说：

> 闻：传、亲。《说》曰：或告之，传也。身观焉，亲也。

一种是"传闻"，例如人说有鬼，我也说有鬼，这是"把耳朵当眼睛"的知识。一种是"亲闻"，例如听见一种声音，知道他是钟声，或是锣声，这是亲自经历来的知识，属于上文的第三种，不属于第一种。

说亲　科学家最重经验（墨子说的"百姓耳目之寔"），但是耳目五官所能亲自经历的，实在不多。若全靠"亲知"，知识便有限了。所以须有"推论"的知识。《经下》说：

> 闻所不知若所知，则两知之。《说》曰：闻，在外者，所不知也。或曰："在室者之色，若是其色。"是所不知若所知也。犹白若黑也，谁胜是？若其色也若白者，必白。今也知其色之若白也，故知其白也。夫名，以所明正所不知，不以所不知疑（同拟。拟，举寔也。说见上文）。所明，若以尺度所不知长。

> 外亲知也。室中,说知也。

此说一个人立屋子外,不知屋子里人是什么颜色。有人说:"屋里的人的颜色,同这个人一样。"若这个人是白的,我便知道屋里人也是白的了。屋外的白色,是亲自看见的;屋里的白色,是由"推论"得知的。有了推论,便可坐在屋里,推知屋外的事;坐在北京,推知世界的事;坐在天文台上,推知太阳系种种星球的事。所以说:"方不障,说也。"这是《墨辩》的一大发明(亲即佛家所谓"现量",说即"比量"传近似"圣教量"而略有不同也)。

实验主义(应用主义)　墨子的"应用主义",要人把知识来应用。所以知与不知的分别,"非以其名也,以其取也。"这是墨子学说的精采。到了"别墨",也还保存这个根本观念。《经下》说:

> 知其所以不知说在以名取。《说》曰:我有若视,曰知。杂所知与所不知而问之,则必曰,是所知也,是所不知也。取去俱能之是两知之也。

这和第六篇所引《墨子·贵义》篇瞽者论黑白一段相同。怎样能知道一个人究竟有知无知呢?这须要请他去实地试验,须请他用他已知的"名"去选择。若他真能选择得当,"取去俱能之",那才是真知识。

但是《墨辩》的人生哲学,虽也主张"知行合一",却有两层特别的见解。这些"别墨"知道人生的行为,不是完全受"知识"的节制的。"知识"之外,还有"欲望",不可轻视。所以《经上》说:

为穷知而縣于欲也。

"为"便是行为。他说行为是知识的止境，却又是倚赖着"欲"的。《经说》上说这一条道：

为，欲雗其指（孙说，雗，是斲之讹），智不知其害，是智之罪也。若智之慎之也，无遗于害也，而犹欲雗之，则离之（孙说，离即罹）。……是不以所疑止所欲也。

懂得这个道理，然后可懂得"别墨"的新"乐利主义"。墨子已有"义即是利"的意思，但是他却没有明白细说。到了"别墨"，才有完满的"乐利主义"。《经上》说：

义利也。利，所得而喜也。害，所得而恶也。

这比说"义即是利"又进一层，直指利害的来源，在于人情的喜恶。就是说善恶的来源，在于人情的欲恶。所以一切教育的宗旨，在于要使人有正当的欲恶。欲恶一正，是非善恶都正了。所以《经上》说：

欲正，权利；恶正，权害。（《大取》篇云："于所体之中而权轻重之谓权"）

乐利主义之公式　　但是如何才是正当的欲恶呢？《大取》篇有一条公式道：

利之中取大，害之中取小。……利之中取大，非不得已也。害之中取小，不得已也。

所未有而取焉，是利之中取大也。于所既有而弃焉，是害之中取小也。……害之中取小也，非取害也，取利也。其所取者，人之所执也。遇盗人而断指以免身，利也。其遇盗人，害也。断指与断腕，利于天下相若，无择也。死生利若一，无择也。……于事为之中而权轻重之谓求。求，为之(之通是)。非也。害之中取小，求为义为非义也。……

细看这个公式的解说，便知"别墨"的乐利主义并不是自私自利，乃是一种为天下的乐利主义。所以说："断指与断腕，利于天下相若，无择也。"可以见"利之中取大，害之中取小"，原只是把天下"最大多数的最大幸福"作一个前提。

第三章　论辩

辩的界说　墨家的"辩"，是分别是非真伪的方法。《经上》说：

辩，争彼也。辩胜，当也。《说》曰：辩，或谓之牛，或谓之非牛，是争彼也。是不俱当。不俱当，必或不当。不当若犬。

《经说下》说：

辩也者或谓之是，或谓之非，当者胜也。

"争彼"的"彼"字,当是"佊"字之误(其上有"攸,不可两不可也",攸字亦佊字之误。㣥㣥形近而误)。佊字《广雅·释诂》二云:"衺也。"王念孙疏证云:"《广韵》引《埤苍》云:'佊,邪也';又引《论语》'子西佊哉'。今《论语》作彼。"据此可见佊误为彼的例。佊字与"诐"通。《说文》:"诐,辩论也。古文以为颇字。从言,皮声。"诐、颇、佊,皆同声相假借。后人不知佊字,故又写作"驳"字。现在的"辩驳",就是古文的"争佊"。先有一个是非意见不同,一个说是,一个说非,便"争佊"起来了。怎样分别是非的方法,便叫作"辩"。

辩的用处及辩的根本方法 《小取》篇说:

> 夫辩者——将以明是非之分,审治乱之纪,明同异之处,察名实之理,处利害,决嫌疑——焉(焉,乃也)摹略万物之然,论求群言之比;以名举实,以辞抒意,以说出故;以类取,以类予;有诸己,不非诸人;无诸己,不求诸人。

这一段先说辩的目的,共有六项:(一)明是非,(二)审治乱,(三)明同异,(四)察名实,(五)处利害,(六)决嫌疑。"摹略万物之然,论求群言之比"两句,总论"辩"的方法,"摹略"有探讨搜求的意义(《太玄》注:"摹者,索而得之。"又"摹,索取也。"《广雅·释诂》三:"略,求也。"又《方言》二:"略,求也。就室曰搜,于道曰略。"孙引俞正燮语未当)。论辩的人须要搜求观察万物的现象,比较各种现象交互的关系,然后把这些现象和这种种关系,都用语言文字表示出来。所以说:"以名举实,以辞抒意,以说出故。"种种事物,都叫做"实"。实的称谓,便是"名"(说见第七篇)。所以《经说下》

说:"所以谓,名也。所谓,实也。"例如说"这是一匹马","这"便是实,"一匹马"便是名在文法上和法式的论理上,实便是主词(Subject),名便是表词(Predicate),合名与实,乃称为"辞"(Proposition or Judgment)(辞或译"命题",殊无道理)。单有名,或单有实,都不能达意。有了"辞",才可达意。但是在辩论上,单有了辞,还不够用。例如我说"《管子》一部书不是管仲做的。"人必问我:"何以见得呢?"我必须说明我所以发这议论的理由。这个理由,便叫做"故"(说详下)。明"故"的辞,便叫做"说"(今人译为"前提"Premise)。《经上》说:"说,所以明也。"例如:

"《管子》"(实)是"假的"(名)。……(所立之辞)

因为《管子》书里有许多管仲死后的故事。……(说)

怎么叫做"以类取,以类予"呢?这六个字又是"以名举实,以辞抒意,以说出故"的根本方法。取是"举例",予是"断定"。凡一切推论的举例和断语,都把一个"类"字作根本。"类"便是"相似"(《孟子》:"故凡同类者,举相似也")例如我认得你是一个"人",他和你相似,故也是"人",那株树不和你相似,便不是"人"了。即如名学书中最普通的例:

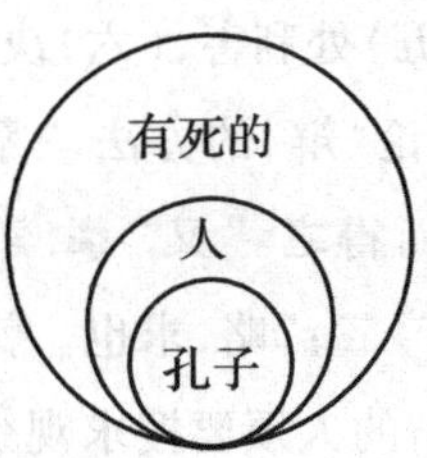

孔子亦有死。为甚么呢?

因为孔子是一个"人"。

因为凡是"人"都有死。

这三个“辞”和三个“辞”的交互关系，全靠一个“类”字（参看附图）。印度因明学的例，更为明显：

声是无常的（无常谓不能永远存在），……………………（宗）

因为声是做成的，……………………………………………（因）

凡是做成的都是无常的，例如瓶 ……………………（喻 喻体 喻依）

如下图：“声”与“瓶”同属于“做成的”一类，“做成的”又属于“无常的”一类，这叫做“以类予”。在万物之中，单举“瓶”和“声”相比，这是“以类取”。一切推论无论是归纳，是演绎，都把一个“类”字做根本。所以《大取》篇说：

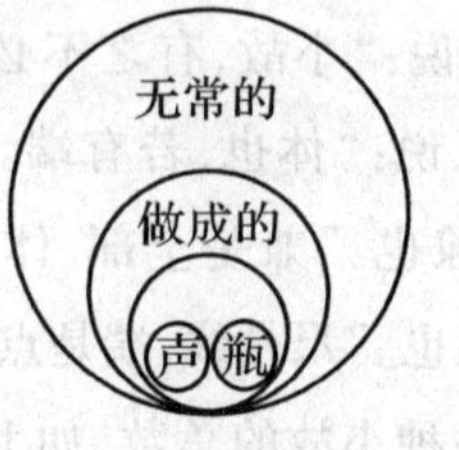

夫辞以类行者也。立辞而不明于其类，则必困矣。

一切论证的谬误，都只是一个“立辞而不明于其类”。

故　上文说的“以说出故”的“故”乃是《墨辩》中一个极重要的观念，不可不提出细说一番。《经上》说：

故所得而后成也。《说》曰：故，小故，有之不必然，无之必不然。体也，若有端。大故，有之必〔然〕，无〔之必不〕然。若见之成见也（孙诒让补然字及之必不三字，是也。今从之。惟孙移体也五字，则非）。

《说文》："故，使为之也。"用棍敲桌，可使桌响；用棍打头，可使头破。故的本义是"物之所以然"，是成事之因。无此因，必无此果，所以说："故，所得而后成也。"如《庄子·天下》篇："黄缭问天地所以不坠不陷，风雨雷霆之故。"引申出来，凡立论的根据，也叫做"故"。如上文引的"以说出故"的故，是立论所根据的理由。《墨辩》的"故"，总括这两种意义。《经说》解此条，说"故"有大小的分别。小故是一部分的因。例如人病死的原因很复杂，有甲、乙、丙、丁等，单举其一，便是小故。有这小故，未必便死；但是若缺这一个小故，也决不致死。故说："小故，有之不必然，无之必不然。"因为他是一部分的因，故又说："体也，若有端。"（体字古义为一部分。《经上》说："体，分于兼也。"兼是全部，体是一部分。《经说》曰："体，若二之一，尺之端也。"尺是线，端是点。二分之一，线上之点，皆一部分）。大故乃各种小故的总数，如上文所举甲、乙、丙、丁之和，便是大故。各种原因都完全了，自然发生结果。所以说："大故，有之必然，无之必不然。"譬如人见物须有种种原因，如眼光所见的物，那物的距离，光线、传达光线的媒介物，能领会的心知等等（印度哲学所谓"九缘"是也）。此诸"小故"，合成"大故"，乃可见物。故说"若见之成见也"。

以上说"故"字的意义。《墨辩》的名学，只是要人研究"物之所以然"（《小取》篇所谓"摹略万物之然"），然后用来做立说的根据。凡立论的根据，所以不能正确，都只是因为立论的人见理不明，把不相干的事物，牵合在一处，强说他们有因果的关系；或是因为见理不完全，把一部分的小故，看作了全部的大故。科学的推论，只是要求这种大故；谨严的辩论，只是能用这种大故作根据。再看《经下》说：

> 物之所以然，与所以知之，与所以使人知之，不必同。说在病。《说》曰：物或伤之，然也。见之，智也。告之，使知也。

“物之所以然”，是“故”。能见得这个故的全部，便是“智”。用所知的“故”，作立说的“故”，方是“使人知之”。但是那“物之所以然”是一件事，人所寻出的“故”又是一件事。两件事可以相同，但不见得一定相同。如“物之所以然”是甲、乙、丙三因，见者以为是丁、戊，便错了，以为单是甲，也错了。故立说之故，未必真是“有之必然，无之必不然”的故。不能如此，所举的故便不正确，所辩论的也就没有价值了。

法 《墨辩》还有一个“法”的观念很重要。《经上》说：

> 法，所若而然也。《说》曰：意、规、员，三也，俱可以为法。

法字古文作佱从亼（即集合之集）从正，本是一种模子。《说文》：“法，刑也。模者，法也。范者，法也。型者，铸器之法也。”法如同铸钱的模子，把铜汁倒进去，铸成的钱，个个都是一样的。这是法的本义（参看下文第十二篇）。所以此处说：“法，所若而然也。”若，如也。同法的物事，如一个模子里铸出的钱，都和这模子一样。“所若而然”便是“仿照这样去做，就能这样。”譬如画圆形，可有三种模范。第一是圆的概念，如“一中同长为圆”，可叫做圆的“意”。第二是作圆的“规”。第三是已成的圆形，依着摹仿，也可成圆形。

这三种都可叫做“法”。法即是模范，即是法象（参看上文第四篇第三章论象）。依“法”做去，自生同样效果。故《经下》说：

> 一法者之相与也尽类，若方之相合也。说在方。《说》曰：一方尽类，俱有法而异，或木或石，不害其方之相合也。尽类，犹方也，物俱然。

这是说同法的必定同类。这是墨家名学的一个重要观念。上文说“故”是“物之所以然”，是“有之必然”。今说“法”是“所若而然”。把两条界说合起来看，可见故与法的关系。一类的法即是一类所以然的故。例如用规写圆，即是成圆之故，即是作圆之法。依此法做，可作无数同类的圆。故凡正确的故，都可作为法；依他做去，都可发生同样的效果。若不能发生同类的效果，即不是正确之故。科学的目的只是要寻出种种正确之故，要把这些“故”列为“法则”（如科学的律令及许多根据于经验的常识），使人依了做去可得期望的效果。名学的归纳法是根据于“有之必然”的道理，去求“所以然”之故的方法。名学的演绎法是根据于“同法的必定同类”的道理，去把已知之故作立论之故（前提）。看他是否能生出同类的效果。懂得这两个大观念——故与法——方才可讲《墨辩》的名学。

辩的七法 以上说一切论辩的根本观念。如今且说辩的各种方法。《小取》篇说：

> 或也者，不尽也。
>
> 假也者，今不然也。
>
> 效也者，为之法也。所效者，所以为之法也。故中效，则

是也；不中效，则非也。此效也。

辟也者，举也物而以明之也。

侔也者，比辞而俱行也。

援也者，曰，子然，我奚独不可以然也。

推也者，以其所不取之同于其所取者予之也。是犹谓"也者同也"，吾岂谓"也者异也"。

这七种今分说于下：

（一）或也者，不尽也。《经上》说："尽，莫不然也。"或字即古域字，有限于一部分之意。例如说"马或黄或白"，黄白都不能包举一切马的颜色，故说"不尽"。《易·文言》说："或之者，疑之也。"不能包举一切，故有疑而不决之意。如说"明天或雨或晴"，"他或来或不来"，都属此类。

（二）假也者，今不然也。假是假设，如说"今夜若起风，明天定无雨"。这是假设的话，现在还没有实现，故说"今不然也"。

这两条是两种立辞的方法，都是"有待之辞"。因为不能斩截断定，故未必即引起辩论。

（三）效也者，为之法也。所效者，所以为之法也。故（故即"以说出故"之故，即前提）中效，则是也，不中效则非也。效是"效法"的效，法即是上文"法，所若而然也"的法。此处所谓"效"，乃是"演绎法"的论证（又译外籀）。这种论证，每立一辞，须设这辞的"法"，作为立辞的"故"。凡依了做去，自然生出与辞同样的效果的，便是这辞的"法"。这法便是辞所仿效。所设立辞之"故"，须是"中效"（"中效"即是可作模范可以被仿效。中字如"中看不中吃"之中）的"法"；若不可效法，效法了不能生出与所立的辞同类的效果，那个"故"便不是正确的故了。例如说：

> 这是圆形。何以故？因这是"规写交"的(用《经说上》语)。

"这是圆形"，是所立的辞(因明学所谓宗)。"规写交的"，是辞所根据的"故"。依这"故"做，皆成圆形，故是"中效"的法，即是正确的故。因明学论"因"须有"遍是宗法性"也是这个道理。窥基作《因明论疏》，说此处所谓"宗法"，乃是宗的"前陈"之法，不是"后陈"之法(前陈即实，后陈即名)，这话虽不错，但仔细说来，须说因是宗的前陈之法，宗的后陈又是这因的法。如上例，"规写交的"是这个圆之法；"圆形"又是"规写交的"之法(因规写交的皆是圆形，但圆形未必全是用规写交的)。

上文说过，凡同法的必定同类。依此理看来，可以说求立辞的法即是求辞的类。三支式的"因"，三段论法的"中词"(Middle Term)，其实只是辞的"实"(因明学所谓宗之前陈)所属的类，如说"声是无常，所作性故"。所作性是声所属的类。如说"孔子必有死，因他是人"。人是孔子的类名。但这样指出的类，不是胡乱信手拈来的，须恰恰介于辞的"名"与"实"之间，包含着"实"，又正包含在"名"里。故西洋逻辑称他为"中词"。

因为同法必定同类，故演绎法的论证，不必一定用三支式(三支式，又名三段论法)。因明学有三支，西洋逻辑自亚里士多德以来，也有三段论法。其式如下：

印度三支	孔子必有死， 因孔子是一个人。 凡“人”皆有死，例如舜。	西洋三段	凡“人”皆有死， 孔子是一个“人”， 故孔子必有死。

这种论式固是极明显完密，但《墨辩》所说的“效”，实在没有规定“三支”的式子。章太炎的《原名》篇说墨家也有三支。其说如下：

> 《墨经》以因为故。其立量次第：初因，次喻体，次宗，悉异印度大秦。《经》曰：“故，所得而后成也。”《说》曰：“故，小故，有之不必然，无之必不然。体也，若有端。大故，有之必无然。（〔原注〕案无是羡文）若见之成见也。”夫分于兼之谓体；无序而最前之谓端。特举为体，分二为节，之谓见（〔原注〕皆见《经上》及《经说上》。本云，“见：体、尽。”《说》曰：“见。时者，体也。二者，尽也。”按时读为特，尽读为节。《管子·弟子职》曰：“圣之高下，乃承厥火。”以圣为烬，与此以尽为节同例。特举之则为一体，分二之则为数节）。今设为量曰：“声是所作（因），凡所作者皆无常（喻体），故声无常（宗）。”初以因，因局，故谓之小故（〔原注〕犹今人译为小前提者）。无序而最前，故拟之以端。次之喻体，喻体通，故谓之大故（〔原注〕犹今人译为大前提者）。此“凡所作”，体也；彼“声所作”，节也。故拟以见之成见（〔原注〕上见谓体，下见谓节）。

太炎这一段话，未免太牵强了。《经说上》论大故小故的一节，不过是说“故”有完全与不完全的分别（说详上文），并不是说大前提与小前提。太炎错解了“体也若有端”一句，故以为是说小前提在先之意。其实“端”即是一点,并无先后之意(看《墨子间诂》解“无序而最前”一句)。太炎解“见”字更错了(看上文解“若见之成见也”一句)。《经上》说:

见:体尽。《说》曰:时者,体也。二者,尽也。

此说见有两种:一是体见,一是尽见。孙诒让说时字当读为特,极是。《墨辩》说:“体,分于兼也。”又“尽,莫不然也。”(皆见《经上》)体见是一部分的见,尽见是统举的见。凡人的知识,若单知一物,但有个体的知识,没有全称的知识。如莎士比亚(Shakespeare)的“暴风”一本戏里的女子,生长在荒岛上,所见的男子只有他父亲一个人,他决不能有“凡人皆是……”的统举的观念。至少须见了两个以上同类的物事,方才可有统举的观念,方才可有全称的辞。因明学的“喻依”(如说:“凡所作者,皆是无常,犹如瓶等。”瓶等即是喻依。以瓶喻声也),与古因明学的“喻”,都是此理。今举古因明的例如下(此例名五分作法):

宗　声是无常。

因　所作性故。

喻　犹如瓶等。

合　瓶所作性,瓶是无常;声所作性,声亦无常。

结　是故得知,声是无常。

单说一个“所作”之物,如“声”,只可有一部分的知识,即是上文所谓“特者,体也”。若有了“瓶”等“所作”之物为推论的根据,说“瓶是所作,瓶是无常;声是所作,声亦无常”。这虽是“类推”(Analogy)的式子,已含有“归纳”(Induction)的性质,故可作全称的辞道:

"凡所作者,皆是无常。"这才是统举的知识,即是上文所说的"二者,尽也"。太炎强把"尽"字读为节字(此类推法之谬误),以为墨家有三支式的证据,其实是大错的。《墨辩》的"效",只要能举出"中效的故",——因明所谓因,西洋逻辑所谓小前提,——已够了,正不必有三支式。何以不必说出"大前提"呢?因为大前提的意思,已包含在小前提之中。如说"孔子必有死,因孔子是人"。我所以能提出"人"字作小前提,只为我心中已含有"凡人皆有死"的大前提。换言之,大前提的作用,不过是要说明小前提所提出的"人",乃是介于"孔子"与"有死的"两个名词之间的"中词"。但是我若不先承认"人"是"孔子"与"有死的"两者之间的"中词",我决不说"因孔子是人"的小前提了。故大前提尽可省去(古因明之五分作法也没有大前提)。

以上说"效"为演绎法的论证。

(四)辟也者,举也物而以明之也。也物即他物。把他物来说明此物,叫做譬。《说苑》有一段惠施的故事,可引来说明这一节:

> 梁王谓惠子曰:"愿先生言事则直言耳,无譬也。"惠子曰:"今有人于此,而不知弹者,曰:弹之状何若?应曰:弹之状如弹,则谕乎?"王曰:"未谕也。""于是更应曰:弹之状如弓,而以竹为弦,则知乎?"王曰:"可知矣。"惠子曰:"夫说者固以其所知谕其所不知而使人知之,今王曰无譬,则不可矣。"

(五)侔也者,比辞而俱行也。侔与辟都是"以其所知谕其所不知而使人知之"的方法,其间却有个区别。辟是用那物说明这物;

侔是用那一种辞比较这一种辞。例如公孙龙对孔穿说：

> 龙闻楚王……丧其弓，左右请求之。王曰："止。楚王遗弓，楚人得之，又何求乎？"仲尼闻之曰："……亦曰'人亡之，人得之'而已。何必楚？"若此仲尼异"楚人"于所谓"人"。夫是仲尼异"楚人"于所谓"人"，而非龙异"白马"于所谓"马"，悖(《公孙龙子》一)。

这便是"比辞而俱行"。

辟与侔皆是"使人知之"的方法。说话的人，已知道那相比的两件，那听的人却知道一件。所以那说话的人须要用那已知的来比喻那不知道的。因此这两种法子，但可说是教人的方法，或是谈说的方法，却不能作为科学上发明新知识的方法。

(六)援也者，曰子然，我奚独不可以然也。《说文》："援，引也。"现今人说"援例"，正是此意。近人译为类推(Analogy)。其实"类推"不如"援例"的明白切当。援例乃是由这一件推知那一件，由这一个推知那一个。例如说：

《广韵》引《论语》"子西□哉"。今《论语》作"彼哉"。因此可见《墨辩》"辩争彼也"的"彼"字或者也是"□"字之误。

又如说：

《庄子》、《列子》"人又反入于机。万物皆出于机，皆入于机。"这三个"机"字皆当作"几"。《易·系辞传》："圣人之所以极深而研几也。"《释文》云："几本或作机。"这是几误为机的例。

"援例"的推论的结果，大都是一个"个体"事物的是非，不能常得一条"通则"。但是"援例"的推论，有时也会有与"归纳"法同等的效能，也会由个体推知通则。例如见张三吃砒霜死了，便可知李大若吃砒霜也会死。这种推论，含有一个“凡吃砒霜的必死”的通则。这种由一个个体推知通则的“援例”，在《墨辩》另有一个名目，叫做“擢”。《经下》说：

> 擢虑不疑，说在有无。《说》曰：擢，疑无谓也。臧也今死，而春也得之又死也，可（之又两字旧作“文文”今以意改）。

《说文》：“擢，引也。”与“援”同义。此类的推论，有无易见，故不用疑。例如由臧之死可推知春的死。与上文吃砒霜的例相同（孙诒让读擢为榷非也）。

（七）推也者，以其所不取之同于其所取者予之也。是犹谓“也者同也”，吾岂谓“也者，异也”。“也者，同也”，“也者，异也”，上两也字，都是“他”字。这个“推”便是“归纳法”，亦名“内籀法”。上文说过，“取”是举例，“予”是断定。归纳法的通则，是“观察了一些个体的事物，知道他们是如此，遂以为凡和这些已观察了的例同样的事物，也必是如此”。那些已观察了的例，便是“其所取者”。那些没有观察了的物事，便是“其所未取”。说那些“所未取”和这些“所取者”相同。因此便下一个断语，这便是“推”。我们且把钱大昕发明“古无轻唇音只有重唇音”一条通则的方法引来作例（轻唇音如 f、v 等音，重唇音如 b、p 等音）。

（甲）举例（以类取）——“其所取者”：

（1）《诗》“凡民有丧，匍匐救之”，《檀弓》引作“扶服”，《家语》引作“扶伏”。又“诞实匍匐”，《释文》本亦作“扶服”。《左传》昭十二年“奉壶觞以蒲伏焉”，《释文》：“本又作匍匐。蒲本又作扶。"昭二十一年"扶伏而击之",《释文》:"本或作匍匐。"……

(2)古读扶如酺,转为蟠(证略,下同)。

(3)服又转为犕……

(4)服又转为謈(音暴)。……

(5)伏抱互相训,而声亦相转,此伏羲所以为庖牺……

(6)伏又与逼通。……

(7)古音负如背,亦如倍。……《书·禹贡》"至于陪尾",《史记》作"负尾",《汉书》作"倍尾"。……

(8)古读附如部。……

(9)苻即蒲字。……

(10)古读佛如弼。……

(11)古读文如门。……

(12)古读弗如不。……

(13)古读拂如弼。……

(14)古读繁如鞶。……

(15)古读蕃如卞。……藩如播。……

(16)古读偾如奔。……读纷如豳。……

(17)古读甫如圃。……

(18)古读方如旁。……

(19)古读逢如蓬。……

(20)古读封如邦。……

(21)古读勿如没。……

(22)古读非如颁。……

(23)古读匪如彼。……

(24)古文妃与配同。……

(25)腓与膑同。……

(26)古音微如眉。……

(27)古读无如模,……又转如毛,……又转为末。……

(28)古读反如变。……

(29)古读馥如苾。……(以下诸例略)

(乙)断语(以类予)——"以其所未取之同于其所取者,予之":

凡轻唇之音(非敷奉微),古读皆为重唇音(帮滂并明)。我把这一条长例,几乎全抄下来,因为我要读者知道中国"汉学家"的方法,很有科学的精神,很合归纳的论理。

"推"的界说的下半段"是犹谓他者同也,吾岂谓他者异也",又是什么意思呢?人说"那些不曾观察的,都和这些已观察了的相同"(他者同也),我若没有正确的"例外",便不能驳倒这通则,便不能说"那些并不和这些相同"(他者异也)。例如上文"古无轻唇音"一条,我若不能证明古有轻唇音,便不能说"这二三十个例之外的轻唇音字古时并不读重唇"。

以上为七种"辩"的方法。"或"与"假"系"有待的"辞,不很重要。"效"是演绎法,由通则推到个体,由"类"推到"私"。"辟"与"侔"都用个体说明别的个体,"援"由个体推知别的个体,"推"由个体推知通则。这四种——辟、侔、援、推——都把个体的事物作推论的起点,所以都可以叫做"归纳的论辩"。

这七种之中,"推"最为重要。所以现在且把"推"的细则详说于下。

"推"(归纳)的细则　自密尔(Mill)以来,归纳的研究法,大概分为五种：

（一）求同　（二）求异　（三）同异交得　（四）求余　（五）共变

这五术，其实只有同异两件。“求余”便是“求异”，“共变”也就是“同异交得”的一种。《墨辩》论归纳法，只有（一）同、（二）异、（三）同异交得三法。

（甲）同　《经上》说：“同，异而俱于之一也”（之同“是”）。此言观察的诸例，虽是异体，却都有相同的一点。寻得这一点，便是求同。

（乙）异　《墨辩》没有异的界说。我们可依上文“同”的界说，替他补上一条道：“异，同而俱于是二也。”

所观察的诸例，虽属相同，但有一点或几点却不相同。求得这些不同之点，便是求异法。

（丙）同异交得　《经上》云：“同异交得知有无。”这是参用同异两术以求知有无的方法。物的“同异有无”很不易知道，须要参用同异两种才可不致走入迷途。《经上》说：

> 法同则观其同，法异则观其宜止，因以别道。《说》曰：法取同，观巧转。法取彼择此，问故观宜。以人之有黑者有不黑者也，止黑人；与以人之有爱于人，有不爱于人，止爱〔于〕人：是孰宜止？彼举然者，以为此其然也，则举不然者而问之。

《经说下》云：

彼以此其然也,说"是其然也"。我以此其不然也,疑"是其然也"。

这两段都说该用"否定的例"(不然者)来纠正推论的错误。例如人说"共和政体但适用于小国,不适用于大国",又举瑞士法兰西……为证。我们该问"你老先生为什么不举美国呢?"这里面便含有"同异交得"的法子。《经下》又说:

狂举不可以知异,说在有不可。《说》曰:狂举。牛马虽异(旧作"牛狂与马惟异",此盖由举字初误作与牛两字。后之写者,误删一牛字,以其不成文,又误移牛字于句首耳。惟通虽字),以"牛有齿,马有尾",说牛之非马也,不可。是俱有不偏有偏无有。曰牛之与马不类,用"牛有角,马无角",是类不同也。

"偏有偏无有"的偏字,当作遍字(吾友张君崧年说)。《易经·益卦·上九象》曰:"莫益之,偏辞也。"孟喜本作"遍辞也",可见遍偏两字古相通用。这一段说的"遍有遍无有",即是因明学说的"同品定有性,异品遍无性"。如齿,如尾,是牛马所同有,故不能用作牛马的"差德"。今说"牛有角,马无角",是举出"牛遍有,马遍无有"的差德了。这种美德,在界说和科学的分类上,都极重要。其实只是一个"同异交得"的法子。

以上说《墨辩》论"辩"的方法。《小取》篇还有论各种论辩的许多谬误,现今不能细讲了。

《墨辩》概论 《墨辩》六篇乃是中国古代第一奇书,里面除了论“知”论“辩”的许多材料之外，还有无数有价值的材料。今把这些材料分类约举如下：

（一）论算学。如“一少于二而多于五”诸条。

（二）论形学（几何）。如“平，同高也”；“中，同长也”；“圜，一中同长也”；“方，柱隅四讙也”诸条。

（三）论光学。如“二，临鉴而立，景到，多而若少，说在寡区”；“景之大小，说在地缶远近”诸条。

（四）论力学，如“力，形之所以奋也”；“力，重之谓，下与重奋也”诸条（以上四项，吾友张君准现著《墨经诠损》专论之）。

（五）论心理学。如“生，形与知处也”；“卧，知无知也”；“梦，卧而以为然也”诸条。

（六）论人生哲学。如“仁，体爱也”；“义，利也”；“礼，敬也”；“孝，利亲也”；“利，所得而喜也；害，所得而恶也”诸条。

（七）论政治学。如“君，臣萌（同氓）通约也”；“功，利民也”；“罪，犯禁也”诸条。

（八）论经济学。如“买无贵，说在仮其贾”。《说》曰：“买，刀粜相为贾。刀轻则粜不贵，刀重则粜不易。王刀无变，粜有变。岁变粜则岁变刀。”又说“贾宜则讎，说在尽”。《说》曰：“贾，尽也者，尽去其（所）以不讎也。其所以不讎去，则讎，正贾也。”这都是中国古经济学最精采的学说。

以上八类，不过略举大概，以表示《墨辩》内容的丰富。我这部哲学史，因限于篇幅，只好从略了（吾另有《墨辩新诂》一书）。

如今且说墨家名学的价值。依我看来，墨家的名学在世界的名学史上，应该占一个重要的位置。法式的（Formal）一方面，自然远不如印度的因明和欧洲的逻辑，但这是因为印度和欧洲的“法式的逻辑”都经过千余年的补绽工夫，故有完密繁复的法式。墨家的名学前后的历史大概至多不出二百年，二千年来久成绝学，怪不得他不会有发达的法式了。平心而论，墨家名学所有法式上的缺陷，未必就是他的弱点，未必不是他的长处。印度的因明学，自陈那以后，改古代的五分作法为三支，法式上似更完密了；其实古代的五分作法还带有归纳的方法，三支便差不多全是演绎法，把归纳的精神都失了。古代的“九句因”，很有道理；后来法式更繁，于是宗有九千二百余过，因有百十七过，喻有八十四过，名为精密，其实是大退步了。欧洲中古的学者，没有创造的本领，只能把古希腊的法式的论理演为种种详式。法式越繁，离亚里士多德的本意越远了。墨家的名学虽然不重法式，却能把推论的一切根本观念，如“故”的观念，“法”的观念，“类”的观念，“辩”的方法，都说得很明白透切。有学理的基本，却没有法式的累赘。这是第一长处。印度希腊的名学多偏重演绎，墨家的名学却能把演绎归纳一样看重。《小取》篇说“推”一段及论归纳的四种谬误一段，近世名学书也不过如此说法。墨家因深知归纳法的用处，故有“同异之辩”，故能成一科学的学派。这是第二长处。

再说墨家名学在中国古代哲学史上的重要。儒家极重名，以为正名便可以正百物了。当时的个人主义一派，如杨朱之流，以为只有个体的事物，没有公共的名称：“名无实，实无名，名者伪而已矣。”这两派绝对相反：儒家的正名论，老子、杨朱的无名论，都是极端派。“别墨”于两种极端派之间，别寻出一种执中的名学。他们不问名是否有实，实是否有名。他们单提出名与实在名学上的作用。故说：“所谓，实也；所以谓，名也。”实只是“主词”（Subject），名只是“表词”（Predicable），都只有名学上的作用，不成为“本体学”（本体学原名 Ontology，论万物本体的性质与存在诸问题）的问题了（别墨以前的实，乃是西洋哲学所谓 Substance，名即所谓 Universals，皆有本体学的问题，故有“有名”、“无名”之争）。这是墨家名学的第一种贡献。中国的学派只有“别墨”这一派研究物的所以然之故。根据同异有无的道理，设为效、辟、侔、援、推各种方法。墨家名学的方法，不但可为论辩之用，实有科学的精神，可算得“科学的方法”。试看《墨辩》所记各种科学的议论，可以想见这种科学的方法应用。这是墨家名学的第二种贡献。墨家论知识，注重经验，注重推论。看《墨辩》中论光学和力学的诸条，可见墨家学者真能作许多实地试验。这是真正科学的精神，是墨学的第三种贡献。墨家名学论“法”的观念，上承儒家“象”的观念，下开法家“法”的观念（看下文第十二篇）。这是墨家名学的第四种贡献。——总而言之，古代哲学的方法论，莫如墨家的完密。墨子的实用主义和三表法，已是极重要的方法论（详见第六篇）。后来的墨者论“辩”的各法，比墨子更为精密，更为完全。从此以后，无论哪一派的哲学，都受这种方法论的影响。荀子的《正名》篇虽攻击当时的辩者，其实全是墨学的影响。孟子虽诋骂墨家，但他书中论方法的各条（如《离娄》篇首章及“博学而详说之”，“天下之言性也，则故而已矣”诸章），无一不显出墨学的影响。庄子的名学，也是墨家辩者的反动（详见第九篇）。至于惠施公孙龙一般人，都是直接的墨者，更不用说了（详见下章）。

参考书举要：

张惠言：《墨子经说解》（上海神州国光社本）。

孙诒让：《墨子间诂》卷十及十一。

章炳麟:《国故论衡》下,《原名篇》。

此外,读者须先读一两种名学书。

第四章　惠施

一、惠施传略　惠施曾相梁惠王。梁惠王死时,惠施还在(《战国策》),惠王死在西历纪元前三一九年。又据《吕氏春秋》(二十一)齐梁会于徐州,相推为王,乃是惠施的政策。徐州之会在纪元前三三四年。据此看来,惠施的时代大约在前三八〇年与前三〇〇年之间。《庄子·天下》篇说:"惠施多方,其书五车。"又说有一个人叫作黄缭的,问天地所以不坠不陷和风雨雷霆之故,惠施"不辞而应,不虑而对,遍为万物说"。只可惜那五车的书和那"万物说",都失掉了,我们所知道的,不过是他的几条残缺不完的学说。

二、惠施"厤物之意"　惠施的学说,如今所传,尽在《庄子·天下》篇中。原文是:

惠施……厤物之意(《释文》曰,厤古历字,……分别历说之)。曰:

(一)至大无外,谓之大一;至小无内,谓之小一。

(二)无厚不可积也,其大千里。

(三)天与地卑,山与泽平(孙诒让曰:卑与比通,《广雅·释诂》曰:比,近也)。

(四)日方中方睨,物方生方死。

(五)"大同"而与"小同"异,此之谓"小同异"。万物毕同毕异,此之谓"大同异"。

(六)南方无穷而有穷。

(七)今日适越而昔来。

(八)连环可解也。

(九)我知天下之中央:燕之北,越之南,是也。

(十)泛爱万物,天地一体也。

三、十事的解说 这十事的解说,自古以来,也不知共有多少种。依我个人的意思看来,这十事只是"泛爱万物,天地一体也"。一个大主义前九条是九种辨证,后一条是全篇的断案。前九条可略依章太炎《明见》篇,分为三组:

第一组,论一切"空间"的分割区别,都非实有。(一)(二)(三)(六)(七)(八)(九)

第二组,论一切"时间"的分割区别,都非实有。(一)(四)(七)

第三组,论一切同异都非绝对的。(五)

三组的断案:"泛爱万物,天地一体也。"

第一,论"空间"一切分割区别都非实有。"空间"(Space)古人都叫做"宇",《尸子》及《淮南子》注都说"上下四方"是宇。《经上》说:

宇,弥异所也。《经说》曰:宇冡东西南北。(旧作"宇东西家南北。"王引之校删家字,非也。家是冡字之误。冡即蒙字。写者不识,误改写家,又以其不可通,乃移下两字,以成三字句耳)

"宇"与"所"有别。"东方"、"西南角"、"这里"、"那里"都是"所"。"所"只是"宇"的一部分。弥满上下四方,总名为"宇"。故说"宇蒙东西南北"。宇是无穷无极,没有间断,不可分析的。所以惠施说:"其大无外,谓之大一。"此是"宇"的总体。但是平常人都把"宇"分成种种单位,如东方、西方、一分、一厘、一毫、一忽之类,故惠施又说:"其小无内,谓之小一。"这是"所",都是"宇"的一部分。其实分到极小的单位(小一),还只是这个"宇"。所以惠施又说:"无厚不可积也,其大千里。"分割"空间"到了一线,线又割成点,是"无厚不可积"了,却还是这"其大无外"的"宇"的一部分。所以那"无厚不可积"的和那"其大千里"的,只是一物,只是那无穷无极,不可割断的"空间"。

《墨辩》又说:

> 宇或徙(或即域字)。《经说》曰:宇,南北在旦,有(同又)在莫。宇徙久。
>
> 或,过名也。说在实。《经说》曰:或,知是之非此也,有(同又)知是之不在此也,然而谓此"南北"。过而以已为然。始也谓此"南方",故今也谓此"南方"。

这两段说"宇"是动移不歇的。《经上》说:"动,或徙也。"域徙为动,故"宇或徙"是说地动。我们依着指南针定南北东西,却不知道"空间"是时刻移动的。早晨的南北,已不是晚间的南北了。我们却只叫他做"南北",这实是"过而以已为然",不过是为实际上的便利,其实都不是客观的实在区别。

当时的学者，不但知道地是动的，并且知道地是圆的。如《周髀算经》(此是晚周的书，不是周初的书)说："日运行处极北，北方日中，南方夜半。日在极东，东方日中，西方夜半。日在极南，南方日中，北方夜半。日在极西，西方日中，东方夜半。"这虽说日动而地不动，但似含有地圆的道理。又如《大戴礼记·天员》篇(此篇不是曾子的书，当是秦汉人造出来的)，辩"天圆地方"之说，说："如诚天圆而地方，则是四角之不揜也。"这分明是说地圆的。

惠施论空间，似乎含有地圆和地动的道理，如说："天下之中央，燕之北，越之南，是也。"燕在北，越在南。因为地是圆的，所以无论哪一点，无论是北国之北，南国之南，都可说是中央。又说："南方无穷而有穷。"因为地圆，所以南方可以说有穷，可以说无穷。南方无穷，是地的真形；南方有穷，是实际上的假定。又如"天与地卑，山与泽平"，更明显了。地圆旋转，故上面有天，下面还有天；上面有泽，下面还有山。又如"今日适越而昔来"，即是《周髀算经》所说"东方日中，西方夜半；西方日中，东方夜半"的道理。我今天晚上到越，在四川西部的人便要说我"昨天"到越了。

如此看来，可见一切空间的区别，都不过是我们为实际上的便利起的种种区别，其实都不是实有的区别，认真说来，只有一个无穷无极不可分断的"宇"。那"连环可解也"一条，也是此理。《战国策》记秦王把一套玉连环送与齐国的君王后请他解开，君王后用铁锤一敲，连环都碎了，叫人答复秦王说连环已解了。这种解连环的方法，很有哲学的意义。所以连环解与不解，与"南方无穷而有穷"同一意思。

以上说"空间"一切区别完了。

第二，论"时间"　一切分割区别都非实有。"时间"(Time)古人或叫做“宙”，或叫做“久”。《尸子》与《淮南子》注都说“古往今来”是“宙”。《经上》说：

> 久，弥异时也。《经说》曰：久，合古今旦莫（旧作“今久古今且莫”，王引之改且为旦，又删上今字。适按今字是合字或亼字之误。写者误以为今字，又移于上，成三字句耳。今校正）。

“久”是“时”的总名。一时、一刻、千年、一刹那，是时。弥满“古今旦莫”，“古往今来”，总名为“久”。久也是无穷无极不可割断的，故也可说“其大无外，谓之大一；其小无内，谓之小一。”大一是古往今来的“久”，小一是极小单位的“时”。无论把时间分割成怎样小的“小一”，还只是那无穷无极不可分割的时间。所以一切时间的分割，只是实际上应用的区别，并非实有。惠施说：“日方中方睨，物方生方死。”才见日中，已是日斜；刚是现在，已成过去。即有上寿的人，千年的树，比起那无穷的“久”，与“方中方睨”的日光有何分别？竟可说“方生方死”了。“今日适越而昔来”，虽关于“空间”，也关于“时间”。东方夜半，西方日中；今日适越，在西方人说来，便成昨日。凡此都可见一切时分，都由人定，并非实有。

第三，论一切同异都非绝对的。 科学方法最重有无同异。一切科学的分类（如植物学与动物学的分类），都以同异为标准。例如植物的分类：

- 植物
  - 显花的
    - 被子的
      - 双子叶的
      - 单子叶的
    - 裸子的
  - 隐花的

但是这种区别,都不过是为实际上的便利起见,其实都不是绝对的区别。惠施说:“大同而与小同异,此之谓小同异。”例如松与柏是“大同”,松与蔷薇花是“小同”,这都是“小同异”。一切科学的分类,只是这种“小同异”。从哲学一方面看来,便是惠施所说“万物毕同毕异”。怎么说“万物毕异”呢?原来万物各有一个“自相”,例如一个胎里生不出两个完全同样的弟兄;一根树上生不出两朵完全一样的花;一朵花上找不出两个完全同样的花瓣;一个模子里铸不出两个完全同样的铜钱。这便是万物的“自相”。《墨辩》说:“二必异,二也。”这个“二性”便是“自相”。有自相所以“万物毕异”。但是万物虽各有“自相”,却又都有一些“共相”。例如男女虽有别,却同是人;人与禽兽虽有别,却同是动物;动物与植物虽有别,却同是生物……这便是万物的“共相”。有共相,故万物可说“毕同”。毕同毕异,“此之谓大同异”。可见一切同异都不是绝对的区别。

结论 惠施说一切空间时间的分割区别,都非实有;一切同异,都非绝对。故下一断语道:“**天地一体也**。”天地一体即是后来庄子所说:

> 天下莫大于秋毫之末,而太山为小;莫寿于殇子,而彭祖为夭。**天地与我并生,而万物与我为一**。(《齐物论》)

因为"天地一体",故"泛爱万物"。

"泛爱万物",即是极端的兼爱主义。墨子的兼爱主义,我已说过,是根据于"天志"的。墨家的"宗教的兼爱主义",到了后代,思想发达了,宗教的迷信便衰弱了,所以兼爱主义的根据也不能不随着改变。惠施是一个科学的哲学家,他曾做"万物说",说明"天地所以不坠不陷,风雨雷霆之故",所以他的兼爱主义别有科学——哲学的根据。

第五章　公孙龙及其他辩者

一、公孙龙传略　《吕氏春秋》说公孙龙劝燕昭王偃兵(《审应览》七),又与《赵惠王》论偃兵(《审应览》一),说燕昭王在破齐之前。燕昭王破齐在西历纪元前二八四至二七九年。《战国策》又说信陵君破秦救赵时(前二五七年),公孙龙还在,曾劝平原君勿受封。公孙龙在平原君门下,这是诸书所共纪,万无可疑的。所以《战国策》所说,似乎可靠。依此看来,公孙龙大概生于西历前三二五年和三一五年之间。那时惠施已老了。公孙龙死时,当在前二五〇年左右。

此说和古来说公孙龙年岁的,大不相同。我以为公孙龙决不能和惠施辩论,又不在庄子之前,《庄子》书中所记公孙龙的话都是后人乱造的。《庄子·天下》篇定是战国末年人造的。《天下》篇并不曾明说公孙龙和惠施辩论,原文但说:

> 惠施以此为大观于天下而晓辩者。天下之辩者,相与乐

之(此下纪辩者二十一事),……辩者以此与惠施相应,终身无穷。桓团公孙龙,辩者之徒,饰人之心,易人之意,能胜人之口,不能服人之心。……

此段明说"与惠施相应"的乃是一班"辩者",又明说"桓团公孙龙"乃是"辩者之徒",可见公孙龙不曾和惠施辩论。此文的"辩者",乃是公孙龙的前辈,大概也是别墨一派。公孙龙最出名的学说是"白马非马"、"臧三耳"两条。如今这两条都不在这二十一事之中。可见与惠施相应的"辩者",不是公孙龙自己,是他的前辈。后来公孙龙便从这些学说上生出他自己的学说来。后来这些"辩者"一派,公孙龙最享盛名,后人把这些学说笼统都算是他的学说了(如《列子·仲尼》篇)。我们既不知那些"辩者"的姓名(桓团即《列子·仲尼》篇之韩檀,一音之转也),如今只好把《天下》篇的二十一事和《列子·仲尼》篇的七事,一齐都归作"公孙龙及其他辩者"的学说。

二、公孙龙子 今所传《公孙龙子》有六篇,其中第一篇乃是后人所加的《传略》,第三篇也有许多的脱误,第二篇最易读,第四篇错误更多,须与《墨子·经下》、《经说下》参看,第五篇、第六篇亦须与《经下》、《经说下》参看,才可懂得。

三、《庄子·天下》篇的二十一事(《列子·仲尼》篇的七事附见)。

(1)卵有毛。

(2)鸡三足(《孔丛子》有"臧三耳")。

(3)郢有天下。

(4)犬可以为羊。

(5)马有卵。

(6)丁子有尾。

(7)火不热。

(8)山出口。

(9)轮不碾地。

(10)目不见。

(11)指不至,至不绝(《列子》亦有“指不至”一条)。

(12)龟长于蛇。

(13)矩不方,规不可以为圆。

(14)凿不围枘。

(15)飞鸟之影,未尝动也(《列子》亦有“影不移”一条)。

(16)镞矢之疾,而有不行不止之时。

(17)狗非犬(《列子》有“白马非马”。与此同意。说详下)。

(18)黄马,骊牛,三。

(19)白狗黑。

(20)孤驹未尝有母(《列子》作“孤犊未尝有母”)。

(21)一尺之棰,日取其半,万世不竭(《列子》作“物不尽”)。

此外《列子》尚有“意不心”,“发引千钧”两条。

四、总论 这些学说,前人往往用“诡辩”两字一笔抹煞。近人如章太炎极推崇惠施,却不重这二十一事,太炎说:

> 辩者之言独有“飞鸟”、“镞矢”、“尺棰”之辩,察明当人意。“目不见”、“指不至”、“轮不蹍地”亦几矣。其他多失伦。夫辩说者,务以求真,不以乱俗也。故曰“狗无色”可,云“白狗

黑”则不可。名者所以召实,非以名为实也。故曰“析狗至于极微则无狗”可,云“狗非犬”则不可。(《明见》篇)

太炎此说似乎有点冤枉这些辩者了。我且把这二十一事分为四组((8)条未详,故不列入),每组论一个大问题。

第一,论空间时间一切区别都非实有　(3)(9)(15)(16)(21)

第二,论一切同异都非绝对的　这一组又分两层:

(甲)从“自相”上看来,万物毕异　(13)(14)(17)

(乙)从“共相”上看来,万物毕同　(1)(5)(6)(12)

第三,论知识　(2)(7)(10)(11)(18)

第四,论名　(4)(19)(20)

五、第一,论空间时间一切区别都非实有　惠施也曾有此说,但公孙龙一般人的说法更为奥妙。(21)条说“一尺之棰,日取其半,万世不竭”。这一条可引《墨子·经下》来参证。《经下》说:

> 非半弗新则不动,说在端。《经说》曰:新半,进前取也。前则中无为半,犹端也。前后取,则端中也。新必半,毋与非半,不可新也。

这都是说中分一线,又中分剩下的一半,又中分一半的一半,……如此做去,终不能分完。分到“中无为半”的时候,还有一“点”在,故说“前则中无为半,犹端也”。若前后可取,则是“点”在中间,还可分析。故说“前后取,则端中也”。司马彪注《天下》篇云:“若其可析,则常有两;若其不可析,其一常在。”与《经说下》所说正合。

《列子·仲尼》篇直说是“物不尽”。魏牟解说道：“尽物者常有。”这是说，若要割断一物（例如一线），先须经过这线的一半，又须过一半的一半，以此递进，虽到极小的一点，终有余剩，不到绝对的零点。因此可见一切空间的分割区别，都非实有，实有的空间是无穷无尽，不可分析的。

(16)条说：“镞矢之疾，而有不行不止之时。”说飞箭“不止”，是容易懂得的。如何可说他“不行”呢？今假定箭射过百步需时三秒钟。可见他每过一点，需时三秒之几分之几。既然每过一点必需时若干，可见他每过一点必停止若干时。司马彪说：“形分止，势分行。形分明者行迟，势分明者行速。”从箭的“势”看去，箭是“不止”的。从“形”看去，箭是“不行”的。譬如我们看电影戏，见人马飞动，其实只是一张一张不动的影片，看影戏时只见“势”不见“形”，故觉得人马飞动，男女跳舞。影戏完了，再看那取下的影片，只见“形”，不见“势”，始知全都是节节分断，不连络，不活动的片段。

(15)条说：“飞鸟之影未尝动也。”《列子·仲尼》篇作“影不移”。魏牟解说道：“影不移，说在改也。”《经下》也说：

> 景不从，说在改为。《经说》曰：景，光至景亡。若在，万古息。

这是说，影处处改换，后影已非前影。前影虽看不见，其实只在原处。若用照相快镜一步一步的照下来，便知前影与后影都不曾动。

(9)条“轮不蹍地”，与上两条同意，不过(9)条是从反面着想。从“势”一方面看来，车轮转时，并不蹍地；鸟飞时，只成一影；箭行时，并不停止。从“形”一方面看来，车轮转处，处处踞地；鸟飞时，鸟也处处停止，影也处处停止；箭行时，只不曾动。

（3）条“郢有天下”，即是庄子所说“天下莫大于秋毫之末，而太山为小”之意。郢虽小，天下虽大，比起那无穷无极的空间来，两者都无甚分别，故可说“郢有天下”。

这几条所说只要证明空间时间一切区别都是主观的区别，并非实有。

六、第二，论一切同异都非绝对的 （甲）**从自相上看来，万物毕异** 《经下》说：“一法者之相与也，尽类，若方之相合也。”这是从“共相”上着想，故可说同法的必定相类，方与方相类，圆与圆相类。但是若从“自相”上着想，一个模子铸不出两个完全相同的钱；一副规做不出两个完全相同的圆；一个矩做不出两个完全相同的方。故（13）条说：“矩不方，规不可以为圆。”（14）条“凿不围枘”，也是此理。我们平常说矩可为方，规可为圆，凿恰围枘：这都不过是为实际上的便利，姑且假定如此，其实是不如此的。（17）条“狗非犬”，也是这个道理。《尔雅》说：“犬未成豪曰狗。”《经下》说：

> 狗，犬也。而“杀狗非杀犬也”可。

《小取》篇说：

> 盗人，人也。多盗，非多人也，无盗，非无人也。……爱盗，非爱人也。杀盗，非杀人也。

这几条说的只是一个道理。从“共相”上着想，狗是犬的一部，盗是人的一部,故可说:"狗,犬也""盗人,人也。"但是若从"自相"的区别看来,"未成豪"的犬(邵晋涵云:"犬子生而长毛未成者为狗。"),始可叫做"狗"(《曲礼》疏云:通而言之,狗、犬通名。若分而言之,则大者为犬,小者为狗)。偷东西的人,始可叫做"盗"。故可说:"杀狗非杀犬也","杀盗非杀人也"。

公孙龙的"白马非马"说,也是这个道理。《公孙龙子·白马》篇说:

> "马"者,所以命形也。"白"者,所以命色也。……求"马",黄黑马皆可致。求"白马",黄黑马不可致。……黄黑马一也,而可以应"有马",不可以应"有白马"。是白马之非马,审矣。……"马"者,无取于色,故黄黑马皆可以应。"白马"者,有去取于色,黄黑马皆以所色去,故唯白马独可以应耳。

这一段说单从物体"自相"的区别上着想,便和泛指那物体的"类名"不同。这种议论,本极容易懂,今更用图表示上文所说:

七、(乙)从共相上看来,万物毕同 (1)条说:"卵有毛。"这条含有一个生物学的重要问题。当时很有人研究生物学,有一派生物进化论说:

> 万物皆种也,以不同形相禅。(《庄子·寓言》)。
>
> 种有几(几即是极微细的种子。几字从88,8字本像胚胎之形)。……万物皆出于几(今作机,误。下几字同),皆入于几。(《庄子·至乐》)

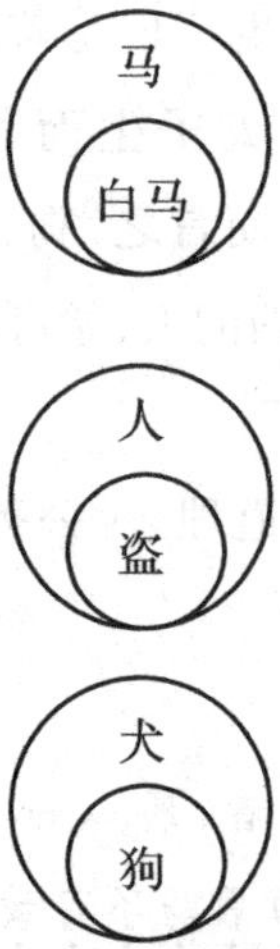

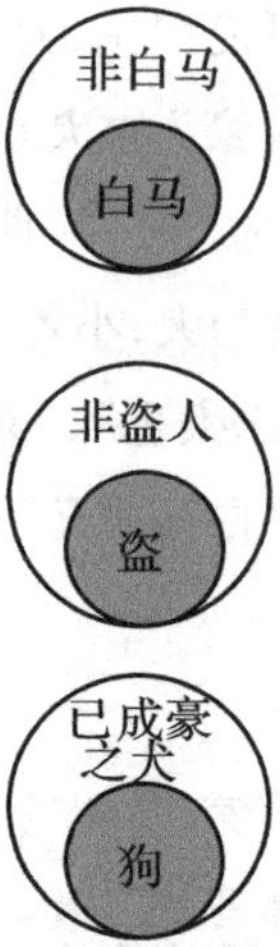

图甲　示共相同。　　图乙　示自相异。

这学说的大意是说生物进化都起于一种极微细的种子，后来渐渐进化，“以不同形相禅”，从极下等的微生物，一步一步的进到最高等的人（说详《庄子·至乐》篇及《列子·天瑞》篇）。因为生物如此进化，可见那些种子里面，都含有万物的“可能性”（亦名潜性），所以能渐渐的由这种“可能性”变为种种物类的“现形性”（亦名显性）。又可见生物进化的前一级，便含有后一级的“可能性”。故可说：“卵有毛。”例如鸡卵中已含有鸡形；若卵无毛，何以能变成有毛的鸡呢？反过来说，如(5)条的“马有卵”，马虽不是“卵生”的，却未必不曾经过“卵生”的一种阶级。又如(6)条的“丁子有尾”。成玄英说楚人叫虾蟆作丁子。虾蟆虽无尾，却曾经有尾的。第(12)条“龟长于蛇”，似乎也指龟有“长于蛇”的“可能性”。

以上（甲）（乙）两组，一说从自性上看去，万物毕异；一说从根本的共性上看去，从生物进化的阶级上看去，万物又可说毕同。观点注重自性，则"狗非犬"，"白马非马"，观点注重共性，则"卵有毛"，"马有卵"。于此可见，一切同异的区别都不是绝对的。

八、第三，论知识　以上所说，论空间时间一切区别都非实有，论万物毕同毕异，与惠施大旨相同。但公孙龙一班人从这些理论上，便造出一种很有价值的知识论。他们以为这种种区别同异，都由于心神的作用。所以（7）条说"火不热"，（10）条说"目不见"。若没有能知觉的心神，虽有火也不觉热，虽有眼也不能见物了。（2）条说"鸡三足"。司马彪说鸡的两脚需"神"方才可动，故说"三足"。公孙龙又说"臧三耳"，依司马彪说，臧的第三只耳朵也必是他的心神了。《经上》篇说："闻，耳之聪也。循所闻而意得见，心之察也。"正是此意。

《公孙龙子》的《坚白论》，也可与上文所说三条互相印证。《坚白论》的大旨是说，若没有心官做一个知觉的总机关，则一切感觉都是散漫不相统属的；但可有这种感觉和那种感觉，决不能有连络贯串的知识。所以说"坚白石二"。若没有心官的作用，我们但可有一种"坚"的感觉和一种"白"的感觉，决不能有"一个坚白石"的知识。所以说：

> 无坚得白，其举也二。无白得坚，其举也二。
>
> 视不得其所坚而得其所白者，无坚也。拊不得其所白而得其所坚者，无白也。……得其白，得其坚，见与不见离。〔见〕不见离，一二不相盈，故离。离也者，藏也。（见不见离一，二不相盈故离。旧本有脱误。今据《墨子·经说下》考正）

古来解这段的人都把"离"字说错了。本书明说："离也者，藏也。"

离字本有“连属”的意思,如《易·彖传》说:“离,丽也。日月丽乎天,百谷草木丽乎土。”又如《礼记》说:“离坐离立,毋往参焉。”眼但见白,而不见坚,手可得坚,而不见白。所见与所不见相藏相附丽,始成的“一”个坚白石。这都是心神的作用,始能使人同时“得其坚,得其白”。

(18)条“黄马骊牛三”,与“坚白石二”同意。若没有心神的作用,我们但有一种“黄”的感觉,一种“骊”的感觉和一种高大兽形的感觉,却不能有“一匹黄马”和“一只骊牛”的感觉,故可说“黄马骊牛三”。

最难解的是(11)条“指不至,至不绝”。我们先须考定“指”字的意义。《公孙龙子》的《指物》篇用了许多“指”字,仔细看来,似乎“指”字都是说物体的种种表德,如形色等等。《指物》篇说:

> 物莫非指,而指非指天下无指,物无可以谓物非指者,天下无物,可谓指乎?(无物之无,旧作而。今依俞樾校改)

我们所以能知物,全靠形色、大小等等“物指”。譬如白马,除了白色和马形,便无“白马”可知,故说“物莫非指”,“又说天下无指,物无可以谓物”,这几乎成了极端的唯心论了。故又转一句说“而指非指”,又说“天下无物,可谓指乎?”这些“指”究竟是物的指。没有指固不可谓物,但是若没有“物”,也就没有“指”了。有这一转,方才免了极端的唯心论。

(11)条的“指”字也作物的表德解。我们知物,只需知物的形色等等表德。并不到物的本体,也并不用到物的本体。即使要想知物的本体,也是枉然,至多不过从这一层物指进到那一层物指罢了。例如我们知水,只是知水的性质。化学家更进一层,说水是氢氧二气做的,其实还只是知道氢气氧气的重量作用等等物指。即使更进一层,到了氢气氧气的元子或电子,还只是知道元子电子的性质作用,终竟不知元子电子的本体。这就是(11)条的"指不至,至不绝"。正如算学上的无穷级数,再也不会完的。

以上所说,为公孙龙一班人的知识论。知识须有三个主要部分:一方面是物,一方面是感觉认识的心神,两方面的关系,发生物指与感觉,在物为"指",在心为"知"(此知是《经上》"知,接也"之知),其实是一事。这三部分之中,最重要的,还只是知物的心神。一切物指,一切区别同异,若没有心神,便都不能知道了。

九、第四,论名 有了"物指",然后有"名"。一物的名乃是代表这物一切物指的符号。如"火"代表火的一切性质,"梅兰芳"代表梅兰芳的一切状态性质,有了正确的"名",便可由名知物,不须时时处处直接见物了。如我说"平行线",听者便知是何物。故"正名"一件事,于知识思想上极为重要。古代哲学家,自孔子到荀子,都极注重"正名",都因此故。《公孙龙子》有《名实论》中说道:

> ……正其所实者,正其名也。其名正,则唯乎其彼此焉(唯,应也)。谓彼而不唯乎彼,则"彼"谓不行。谓此而不唯乎此,则"此"谓不行。……故彼彼止于彼,此此止于此,可彼此而彼且此,此彼而此且彼,不可夫名,实谓也。知此之非此也,知此之不在此也,则不谓也。

这段说"正名"极明白。《荀子·正名》篇说名未制定之时,有"异形离心交喻,异物名实互纽"的大害,上文(4)条说"犬可以为羊",

又(19)条说“白狗黑”,是说犬羊黑白,都系人定的名字。当名约未定之时,呼犬为羊,称白为黑,都无不可。这就是“异形离心交喻,异物名实互纽”;就是《公孙龙子》所说“彼此而彼且此,此彼而此且彼”了。

若有了公认正确的名,自然没有这种困难。(20)条说“孤驹未尝有母”,《列子》作“孤犊未尝有母”。魏牟解说道:“有母非孤犊也。”这是说“孤犊”一名,专指无母之犊,犊有母时,不得称孤;犊称孤时,决不会有母了。这便是“彼彼止于彼,此此止于此”。一切正确之名,都要如此,不可移易。

十、结论 以上说公孙龙及“辩者”二十一事完了。这班人的学说,以为一切区别同异,都起于主观的分别都非绝对的。但在知识思想上,这种区别同异却不可无有。若没有这些分别同异的“物指”,便不能有知识了。故这些区别同异,虽非实有,虽非绝对的,却不可不细为辨别,要使“彼彼止于彼,此此止于此”。有了正确之“名”,知识学术才可有进步。

公孙龙一班人的学说,大旨虽然与惠施相同,但惠施的学说归到一种“泛爱万物”的人生哲学,这班人的学说归到一种“正名”的名学。这是他们的区别。但公孙龙到处劝人“偃兵”,大概也是信兼爱非攻的人,可知他终是墨家一派(参看第十二篇第一章论宋轻、尹文)。

参考书举要:

参考《东方杂志》第十五卷第五、六期,胡适《惠施公孙龙之哲学》。

第六章　墨学结论

我们已讲了墨学的两派：一是宗教的墨学，一是科学——哲学的墨学。如今且讲墨学的灭亡和所以灭亡的原因。

当韩非之时，墨学还很盛。所以《韩非子·显学》篇说："世之显学，儒墨也。"韩非死于秦始皇十四年，当西历前二三三年。到司马迁做《史记》时，不过一百五十年，那时墨学早已消灭，所以《史记》中竟没有墨子的列传。《孟子·荀卿列传》中说到墨子的一生，只有二十四个字。那轰轰烈烈，与儒家中分天下的墨家，何以消灭得这样神速呢？这其中的原因，定然很复杂，但我们可以悬揣下列的几个原因：

第一，由于儒家的反对。墨家极力攻击儒家，儒家也极力攻击墨家。孟子竟骂墨子兼爱为"无父"，为"禽兽"。汉兴以后，儒家当道，到汉武帝初年竟罢黜百家，独尊孔氏。儒家这样盛行，墨家自然没有兴盛的希望了（参看《荀子》攻击墨家之语，及《孔丛子·诘墨》篇）。

第二，由于墨家学说之遭政客猜忌。其实墨学在战国末年，已有衰亡之象。那时战争最烈，各国政府多不很欢迎兼爱非攻的墨家。《管子》（是战国末年的伪书）《立政》篇说：

> 寝兵之说胜，则险阻不守。兼爱之说胜，则士卒不战。

又《立政九败解》说：

> 人君唯毋(唯毋二字合成一语辞,有唯字义。说详《读书杂志》。)听寝兵,则群臣宾客莫敢言兵。……人君唯毋听兼爱之说,则视天下之民如其民,视国如吾国(语略同《兼爱上》)。如是,则……射御勇力之士不厚禄,覆军杀将之臣不贵爵。……

又《韩非子·五蠹》篇说:

> 故不相容之事,不两立也。斩敌者受赏,而高慈惠之行;拔城者受爵禄,而信兼爱之说,……举行如此,治强不可得也。

这都是指墨家说的。可见那时墨学不但不见容于儒家,并且遭法家政客的疾忌。这也是墨学灭亡的一个大原因。

第三,由于墨家后进的“诡辩”太微妙了。别墨惠施、公孙龙一般人,有极妙的学说。不用明白晓畅的文字来讲解,却用许多极怪僻的“诡辞”,互相争胜,“终身无穷”。那时代是一个危急存亡的时代,各国所需要的乃是军人政客两种人才,不但不欢迎这种诡辩,并且有人极力反对。如《韩非子·五蠹》篇说:

> 且世之所谓智者,微妙之言也。微妙之言,上智之所难知也。……夫治世之事,急者不得,则缓者非所务也。今所治之政,民间夫妇所明知者不用,而慕上知之论,则其于治反矣。故微妙之言,非民务也。

又《吕氏春秋》说,公孙龙与孔穿论“臧三耳”(本作藏三牙。今据

《孔丛子》正)，明日，孔穿对平原君说：

> 谓臧三耳甚难而实非也。谓臧两耳甚易而实是也。不知君将从易而是者乎？将从难而非者乎？

又《韩非子·问辩》篇说：

> 夫言行者，以功用为之的彀者也。……乱世之听言也，以难知为察，以博文为辩。……是以……坚白无厚之辞章，而宪令之法息。

这都是说别墨与公孙龙一般人的论辩，太“微妙”了，不能应用。墨学的始祖墨翟立说的根本在于实际的应用，如今别家也用“功用”为标准，来攻击墨学的后辈，可谓“以其人之道，还治其人之身”了。这不但可见墨学灭亡的一大原因，又可见狭义的功用主义的流弊了。

第九篇　庄子

第一章　庄子时代的生物进化论

一、庄子略传　庄子一生的事迹，我们不甚知道。据《史记》，庄子名周，是蒙人。曾作蒙漆园吏。《史记》又说他和梁惠王、齐宣王同时。我们知道他曾和惠施往来，又知他死在惠施之后。大概他死时当在西历纪元前二七五年左右，正当惠施、公孙龙两人之间。

《庄子》书，《汉书·艺文志》说有五十二篇。如今所存，只有三十三篇。共分内篇七，外篇十五，杂篇十一。其中内篇七篇，大致都可信。但也有后人加入的话。外篇和杂篇便更靠不住了。即如《胠箧》篇说田成子十二世有齐国。自田成子到齐亡时，仅得十二世（此依《竹书纪年》。若依《史记》，则但有十世耳）。可见此篇决不是庄子自己做的。至于《让王》、《说剑》、《盗跖》、《渔父》诸篇，文笔极劣，全是假托。这二十六篇之中，至少有十分之九是假造的。大抵《秋水》、《庚桑楚》、《寓言》三篇最多可靠的材料。《天下》篇是一篇绝妙的后序，却决不是庄子自作的。其余的许多篇，大概都是后人杂凑和假造的了。

《庄子·天下》篇说：

> 寂漠无形，变化无常；死与生欤？天地并欤？神明往欤？芒乎何之？忽乎何适？万物毕罗，莫足以归：——古之道术有在于是者。庄周闻其风而悦之。以谬悠之说，荒唐之言，无端崖之辞，时恣纵而不傥，不以觭见之也。以天下为沉浊不可与庄语，以卮言为曼衍，以重言为真，以寓言为广。独与天地精神往来，而不敖倪于万物。不谴是非，以与世俗处。……上与造物者游，而下与外死生无终始者为友。其于本也，弘大而辟，深闳而肆。其于宗也，可谓稠适而上遂矣（《释文》云：稠音调，本亦作调）。虽然，其应于化而解于物也，其理不竭，其来不蜕，芒乎昧乎，未之尽者。

这一段评论庄子的哲学，最为简切精当。庄子的学说，只是一个“出世主义”。他虽与世俗处，却“独与天地精神往来，……上与造物者游，而下与外死生无终始者为友”。中国古代的出世派哲学至庄子始完全成立。我们研究他的哲学，且先看他的根据在什么地方。

二、万物变迁的问题　试看上文引的《天下》篇论庄子哲学的第一段便说：“寂漠无形，变化无常；死与生欤？天地并欤？神明往欤？芒乎何之？忽乎何适？万物毕罗，莫足以归：——古之道术有在于是者。庄周闻其风而悦之。”可见庄子哲学的起点，只在一个万物变迁的问题。这个问题，从前的人也曾研究过。老子的“万物生于有，有在于无”，便是老子对于这问题的解决。孔子的“易”便是孔子研究这问题的结果。孔子以为万物起于简易而演为天下之至赜，又说刚柔相推而生变化：这便是孔子的进化论。但是老子孔子都不曾有什么完备周密的进化论，又都不注意生物进化的一方面。到了墨子以后，便有许多人研究“生物进化”一个问题。《天下》篇所记惠施、公孙龙的哲学里面，有“卵有毛”、“犬可以为羊”、“丁子有尾”诸条，都可为证。《墨子·经上》篇说“为”有六种：(一)存，(二)亡，(三)易，(四)荡，(五)治，(六)化。《经说上》解“化”字说：“龟买，化也。”买有变易之义。《经上》又说：“化，征易也。”《经说》解这条说：“化，若龟化为鹑。”征字训验，训证，是表面上的征验。“征易”是外面的形状变了。两条所举，都是“龟化为鹑”一例。此又可见当时有人研究生物变化的问题了。但是关于这问题的学说，最详细最重要的却在《列子》、《庄子》两部书里面。如今且先说《列子》书中的生物进化论。

三、《列子》书中的生物进化论 《列子》这部书本是后人东西杂凑的，所以这里面有许多互相冲突的议论。即如进化论，这书中也有两种。第一种说：

> 夫有形者生于无形，则天地安从生？故曰：有太易，有太初，有太始，有太素。太易者，未见气也。太初者，气之始也。太始者，形之始也。太素者，质之始也。气形质具而未相离，故曰浑沦。浑沦者，言万物相浑沦而未离也。视之不见，听之不闻，循之不得，故曰易也。易无形埒口，易变而为一，一变而为七，七变而为九。九变者，究也。乃复变而为一。一者形变之始也。清轻者，上为天。浊重者，下为地。……

这一大段全是《周易乾凿度》的话(张湛注亦明言此。孔颖达《周易正义》引“夫有形者”至“故曰易也”一段，亦言引《乾凿度》，不言出自《列子》也)。《乾凿度》一书绝非秦以前的书，这一段定是后人硬拉到《列子》书中去的。我们且看那第二种进化论如何说法：

> 有生，不生；有化，不化。不生者能生生；不化者能化化。……不生者疑独，不化者往复。往复，其际不可终。疑独，其道不可穷。……故生物者不生，化物者不化。自生、自化、自形、自色、自智、自力、自消、自息谓之生，化、形、色、智、力、消、息者，非也。……故有生者，有生生者；有形者，有形形者；有声者，有声声者；有色者，有色色者；有味者，有味味者。生之所生者，死矣，而生生者未尝终。形之所形者，实矣，而形形者未尝有。声之所生者，闻矣，而声声者未尝发。色之所色者，彰矣，而色色者未尝显。味之所味者，尝矣，而味味者未尝呈。皆"无"为之职也。能阴能阳，能柔能刚；能短能长，能圆能方；能生能死，能暑能凉；能浮能沉，能宫能商；能出能没，能玄能黄；能甘能苦，能膻能香。无知也，无能也，而无不知也，而无不能也（《列子·天瑞》篇）。

"疑独"的疑字，前人往往误解了。《说文》有两个疑字：一个作𠤕，训"定也"（从段氏说）。一个作疑，训"惑也"。后人把两字并成一字。这段的疑字，如《诗经》"靡所止疑"及《仪礼》"疑立"的疑字，皆当作"定"解。疑独便是永远单独存在。

这一段说的是有一种"无"：无形、无色、无声、无味，却又是形声色味的原因；不生、不化，却又能生生化化。因为他自己不生，所以永久是单独的（疑独）。因为他自己不化，所以化来化去终归不变(往复)。这个"无"可不是老子的"无"了。老子的"无"是虚空的空处。《列子》书的"无",是一种不生、不化,无形色声味的原质。一切天地万物都是这个"无""自生、自化、自形、自色、自智、自力、自消、自息"的结果。

既然说万物"自生、自化、自形、自色、自智、自力、自消、自息",自然不承认一个主宰的"天"了。《列子》书中有一个故事,最足破除这种主宰的天的迷信。

> 齐田氏祖于庭,食客千人,中坐有献鱼雁者。田氏视之,乃叹曰:"天之于民厚矣!殖五谷,生鱼鸟,以为之用。"众客和之如响。鲍氏之子年十二,预于次,进曰:"不如君言。天地万物与我并生,类也。类无贵贱,徒以大小智力而相制,迭相食,非相为而生之。人取可食者而食之,岂天本为人生之?且蚊蚋噆肤,虎狼食肉,岂天本为蚊蚋生人,虎狼生肉者哉?"(《说符》篇)

此即是老子"天地不仁,以万物为刍狗"和邓析"天之于人无厚也"的意思。这几条都不认"天"是有意志的,更不认"天"是有"好生之德"的。《列子》书中这一段更合近世生物学家所说优胜劣败、适者生存的话。

四、庄子书中的生物进化论 《庄子·秋水》篇说:

> 物之生也,若骤若驰,无动而不变,无时而不移。何为乎?何不为乎?夫固将自化。

“自化”二字，是《庄子》生物进化论的大旨。《寓言》篇说：

> 万物皆种也，以不同形相禅。始卒若环，莫得其伦。是谓天均。

“万物皆种也，以不同形相禅”，这十一个字竟是一篇“物种由来”。他说万物本来同是一类，后来才渐渐的变成各种“不同形”的物类。却又并不是一起首就同时变成了各种物类。这些物类都是一代一代的进化出来的，所以说“以不同形相禅”。

这条学说可与《至乐》篇的末章参看。《至乐》篇说：

> 种有几（几读如字。《释文》读居岂反，非也。郭注亦作几何之几解，亦非也），得水则为㡭。得水土之际，则为蛙蠙之衣。生于陵屯，则为陵舄。陵舄得郁栖，则为乌足。乌足之根为蛴螬，其叶为胡蝶。胡蝶，胥也，化而为虫，生于灶下，其状若脱，其名为鸲掇。鸲掇千日，为鸟，其名为乾余骨。乾余骨之沫为斯弥，斯弥为食醯。颐辂生乎食醯。黄軦生乎九猷，瞀芮生乎腐蠸。羊奚比乎不箰久竹，生青宁。青宁生程，程生马，马生人，人又反入于机。万物皆出于机，皆入于机。（此一节亦见《列子·天瑞》篇。惟《列子》文有误收后人注语之处，故更不可读。今但引《庄子》书文）

这一节，自古至今，无人能解。我也不敢说我懂得这段文字。但是其中有几个要点，不可轻易放过。（一）“种有几”的几字，决不作几何的几字解。当作几微的几字解。《易·系辞传》说：“几者，动之微，吉〔凶〕之先见者也。”正是这个几字。几字从丝，丝字从8，本像生物胞胎之形。我以为此处的几字是指物种最初时代的种子，也可叫做元子。（二）这些种子，得着水，便变成了一种微生物，细如断丝，故名为𢇁。到了水土交界之际，便又成了一种下等生物，叫做蛙玭之衣（司马彪云：“物根在水土际，布在水中。就水上视之不见，按之可得。如张绵在水中。楚人谓之蛙玭之衣”）。到了陆地上，便变成了一种陆生的生物，叫做陵舄。自此以后，一层一层的进化，一直进到最高等的人类。这节文字所举的植物动物的名字，如今虽不可细考了，但是这个中坚理论，是显而易见，毫无可疑的。（三）这一节的末三句所用三个“机”字，皆当作“几”，即是上文“种有几”的几字。若这字不是承着上文来的，何必说“人又反入于机”呢。用“又”字和“反”字，可见这一句是回照“种有几”一句的。《易·系辞传》“极深而研几”一句，据《释文》一本几作机。可见几字误作机，是常有的事。从这个极微细的“几”一步一步的“以不同形相禅”，直到人类；人死了，还腐化成微细的“几”：所以说：“万物皆出于几，皆入于几。”这就是《寓言》篇所说“始卒若环，莫得其伦”了。这都是天然的变化，所以叫做“天均”。

这种生物进化论，说万物进化，都是自生自化，并无主宰。所以《齐物论》借影子作比喻。影说：

> 吾有待而然者耶？吾所待又有待而然者耶？

郭象说这一段最痛快。他说：

> 世或谓罔两待景，景待形，形待造物者。请问夫造物者，

有耶？无耶？无也，则胡能造物哉？有也，则不足以物众形。故明乎众形之自物，而后始可与言造物耳。……故造物者无主，而物各自造。物各自造而无所待焉，此天地之正也。故彼我相因，形景俱生，虽复玄合，而非待也。明斯理也，将使万物各返所宗于体中而不待乎外。外无所谢而内无所矜，是以诱焉皆生而不知所以生；同焉皆得而不知所以得也。……

《知北游》篇也说：

有先天地生者，物邪？物物者非物，物出不得先物也。犹其有物也。“犹其有物也”无已（适按非物下疑脱一耶字）。

西方宗教家往往用因果律来证明上帝之说。以为有因必有果，有果必有因。从甲果推到乙因，从乙果又推到丙因，……如此类推，必有一个“最后之因”。那最后之因便是万物主宰的上帝。不信上帝的人，也用这因果律来驳他道：因果律的根本观念是“因必有果，果必有因”一条。如今说上帝是因，请问上帝的因，又是什么呢？若说上帝是“最后之因”，这便等于说上帝是“无因之果”，这便不合因果律了，如何还可用这律来证明有上帝呢！若说上帝也有因，请问“上帝之因”又以什么为因呢？这便是《知北游》篇说的“犹其有物也无已”。正如算学上的无穷级数，终无穷极之时，所以说是“无已”。可见万物有个主宰的天之说是不能成立的了。

五、进化之故　生物进化，都由自化，并无主宰。请问万物何以要变化呢？这话《庄子》书中却不曾明白回答。《齐物论》说：“恶识所以然？恶识所以不然？”这竟是承认不能回答这个问题了。但是《庄子》书中却也有许多说话和这问题有关。例如《齐物论》说：

> 民湿寝则腰疾偏死，鳅然乎哉？木处则惴慄恂惧，猿猴然乎哉？三者孰知正处？
>
> 民食刍豢，麋鹿食荐，蝍且甘带，鸱鸦嗜鼠。四者孰知正味？

又如《秋水》篇说：

> 骐骥骅骝一日而驰千里，捕鼠如狸狌：言殊技也。鸱鸺夜撮蚤，察毫末；昼出瞋目不见邱山：言殊性也。

这两节似乎都以为万物虽不同形，不同才性，不同技能，却各各适合于自己所处的境遇。但《庄子》书中并不曾明说这种“适合”(Adaptation to environment)果否就是万物变迁进化的缘故。

这一层便是《庄子》生物进化论的大缺点。近世生物学者说生物所以变迁进化，都由于所处境遇(Environment)有种种需要，故不得不变化其形体机能，以求适合于境遇。能适合的，始能生存。不能适合，便须受天然的淘汰，终归于灭亡了。但是这个适合，有两种的分别：一种是自动的，一种是被动的。被动的适合，如鱼能游泳，鸟能飞，猿猴能升木，海狗能游泳，皆是。这种适合，大抵全靠天然的偶合，后来那些不能适合的种类都澌灭了，独有这些偶合的种类能繁殖，这便是“天择”了。自动的适合，是本来不适于所处的境遇，全由自己努力变化，战胜天然的境遇。如人类羽毛不如飞鸟，爪牙不如猛兽，鳞甲不如鱼鳖，却能造出种种器物制度，以求生

存,便是自动的适合最明显的一例。《庄子》的进化论只认得被动的适合,却不去理会那更重要的自动的适合。所以说:

> 夫鹄不日浴而白,乌不日黔而黑。(《天运》)

又说:

> 何为乎?何不为乎?夫固将自化。(《秋水》)

又说:

> 化其万化而不知其禅之者,焉知其所终?焉知其所始?正而待之而已耳。

这是完全被动的、天然的生物进化论。

第二章 庄子的名学与人生哲学

上章所述的进化论,散见于《庄子》各篇中。我们虽不能确定这是庄周的学说,却可推知庄周当时大概颇受了这种学说的影响。依我个人看来,庄周的名学和人生哲学都与这种完全天然的进化论很有关系。如今且把这两项分别陈说如下。

一、庄子的名学 庄子曾与惠施往来。惠施曾说:"万物毕同毕异:此之谓大同异。"但是惠施虽知道万物毕同毕异,他却最爱和人辩论，“终身无穷”。庄周既和惠施来往，定然知道这种辩论。况且那时儒墨之争正烈，自然有许多激烈的辩论。庄周是一个旁观的人，见了这种争论，觉得两边都有是有非，都有长处，也都有短处。所以他说：

> 道恶乎隐而有真伪？言恶乎隐而有是非？道恶乎往而不存？言恶乎存而不可？道隐于小成，言隐于荣华，故有儒墨之是非，以是其所非而非其所是。(《齐物论》)

“小成”是一部分不完全的；“荣华”是表面上的浮词。因为所见不远，不能见真理的全体；又因为语言往往有许多不能免的障碍陷井，以致儒墨两家各是其是而非他人所是，各非其非而是他人所非。其实都错了。所以庄子又说：

> 辩也者有不见也。(《齐物论》)

又说

> 大知闲闲(《简文》云：广博之貌)，小知闲闲(《释文》云：有所闲别也)。大言淡淡(李颐云：同是非也。今本皆作炎炎。《释文》云：李作淡。今从之)，小言詹詹(李云：小辩之貌)。(《齐物论》)

因为所见有偏，故有争论。争论既起，越争越激烈，偏见便更深了。偏见越争越深了，如何能分得出是非真伪来呢？所以说：

> 既使我与若辩矣。若胜我,我不若胜,若果是也?我果非也耶?我胜若,若不我胜,我果是也?而果非也耶?其或是也,或非也耶?其俱是也,其俱非也耶?我与若不能相知也,则人固受其黮暗,吾谁使正之?使同乎若者正之,既与若同矣,恶能正之?使同乎我者正之,既同乎我矣,恶能正之?使异乎我与若者正之,既异乎我与若矣,恶能正之;使同乎我与若者正之,既同乎我与若矣,恶能正之?然则我与若与人俱不能相知也,而待彼也耶?(《齐物论》)

这种完全的怀疑主义,和墨家的名学恰成反对。《墨辩·经上》说:

> 辩,争彼也。辩胜,当也。《经说》曰:辩,或谓之牛〔或〕谓之非牛,是争彼也。是不俱当。不俱当,必或不当。

《经下》说:

> 谓辩无胜,必不当。说在辩。《经说》曰:谓,非谓同也,则异也。同则或谓之狗,其或谓之犬也。异则〔马〕或谓之牛,牛或谓之马也。俱无胜,是不辩也。辩也者,或谓之是,或谓之非。当者胜也。

辩胜便是当,当的终必胜:这是墨家名学的精神。庄子却大不以为然。他说你就胜了我,难道你便真是了,我便真不是了吗?墨家因为深信辩论可以定是非,故造出许多论证的方法,遂为中国古代名学史放一大光彩。庄子因为不信辩论可以定是非,所以他的名学的第一步只是破坏的怀疑主义。

但是庄子的名学，却也有建设的方面。他说因为人有偏蔽不见之处，所以争论不休。若能把事理见得完全透彻了，便不用争论了。但是如何才能见到事理之全呢？庄子说：

> 欲是其所非而非其所是，则莫若以明。（《齐物论》）

“以明”，是以彼明此，以此明彼。郭象注说：“欲明无是无非，则莫若还以儒墨反复相明。反复相明，则所是者非是，而所非者非非。非非则无非，非是则无是。”庄子接着说：

> 物无非彼，物无非是。自彼则不见，自知则知之。故曰：彼出于是，是亦因彼，彼是方生之说也。虽然，方生方死，方死方生。方可方不可，方不可方可。因是因非，因非因是。是以圣人不由而照之于天，亦因是也。**是亦彼也，彼亦是也**，彼亦一是非，此亦一是非。果且有彼是乎哉？果且无彼是乎哉？

这一段文字极为重要。庄子名学的精义全在于此。“彼”即是“非是”。“是”与“非是”表面上是极端相反对的。其实这两项是互相成的。若没有“是”，更何处有“非是”？因为有“是”，才有“非是”。因为有“非是”，所以才有“是”。故说：“彼出于是，是亦因彼。”《秋水》篇说：

> 以差观之，因其所大而大之，则万物莫不大；因其所小而小之，则万物莫不小。**知天地之为稊米也，知毫末之为丘山**

也,则差数睹矣。

以功观之,因其所有而有之,则万物莫不有;因其所无而无之,则万物莫不无。知东西之相反而不可以相无,则功分定矣。

以趣观之,因其所然而然之,则万物莫不然;因其所非而非之,则万物莫不非。知尧桀之自然而相非,则趣操睹矣。

东西相反而不可相无,尧桀之自是而相非,即是"彼出于是,是亦因彼"的明例。"东"里面便含有"西","是"里面便含有"非是"。东西相反而不可相无,彼是相反而实相生相成。所以《齐物论》接着说:

彼是莫得其偶,谓之道枢(郭注:偶,对也。彼是相对而圣人两顺之。故无心者,与物冥而未尝有对于天下)。枢始得其环中,以应无穷。是亦一无穷,非亦一无穷也。故曰:莫若以明。

这种议论,含有一个真理。天下的是非,本来不是永远不变的。世上无不变之事物,也无不变之是非。古代用人为牺牲,以祭神求福,今人便以为野蛮了。古人用生人殉葬,今人也以为野蛮了。古人以蓄奴婢为常事,如今文明国都废除了。百余年前,中国士夫喜欢男色,如袁枚的《李郎曲》,说来津津有味,毫不以为怪事,如今也废去了。西方古代也尚男色,哲学大家柏拉图于所著"一席话"(Symposium)也畅谈此事,不以为怪。如今西洋久已公认此事为野蛮陋俗了。这都是显而易见之事。又如古人言"君臣之义无所逃于天地之间”，又说“不可一日无君”。如今便有大多数人不认这话了。又如古人有的说人性是善的，有的说是恶的，有的说是无善无恶可善可恶的。究竟谁是谁非呢？……举这几条，以表天下的是非也随时势变迁，也有进化退化。这便是庄子“是亦一无穷，非亦一无穷”的真义。《秋水》篇说：

> 昔者，尧舜让而帝，之哙让而绝；汤武争而王，白公争而灭。由此观之，争让之礼，尧桀之行，贵贱有时，未可以为常也。……故曰：“盖师是而无非，师治而无乱乎？”是未明天地之理万物之情者也。……帝王殊禅，三代殊继。差其时，逆其俗者，谓之篡夫。当其时，顺其俗者，谓之义之徒。

这一段说是非善恶随时势变化，说得最明白。如今的人，只是不明此理，所以生在二十世纪，却要去摹仿那四千年前的尧舜；更有些人，教育二十世纪的儿童，却要他们去学做二三千年前的圣贤！

这个变化进化的道德观念和是非观念，有些和德国的海智尔相似。海智尔说人世的真伪是非，有一种一定的进化次序。先有人说“这是甲”，后有人说“这是非甲”，两人于是争论起来了。到了后来，有人说：“这个也不是甲，也不是非甲。这个是乙。”这乙便是甲与非甲的精华，便是集甲与非甲之大成。过了一个时代，又有人出来说“这是非乙”，于是乙与非乙又争起来了。后来又有人采集乙与非乙的精华，说“这是丙”。海智尔以为思想的进化，都是如此。今用图表示如下：

(1)　　　　　　(2)　　　　　　(3)

这是"甲"。　这是"非甲"。　这是"乙"。

(4)　　　　　　(5)　　　　　　(6)

这是"非乙"。　这是"丙"。　这是"非丙"。

(7)

这是"丁"。

这就是庄子说的"彼出于是,是亦因彼。……是亦彼也,彼亦是也。……彼亦一是非,此亦一是非。……是亦一无穷,非亦一无穷也"。

以上所说,意在指点出庄子名学的一段真理。但是庄子自己把这学说推到极端,便生出不良的效果。他以为是非既由于偏见,我们又如何能知自己所见不偏呢?他说:

> 庸讵知吾所谓知之非不知耶?庸讵知吾所谓不知之非知耶?(《齐物论》)
>
> 吾生也有涯,而知也无涯。以有涯随无涯,殆已。(《养生主》)
>
> 计人之所知,不若其所不知;其生之时,不若其未生之时。以其至小,求穷其至大之域,是故迷乱而不能自得也。(《秋水》)

"是亦一无穷,非亦一无穷"。我们有限的知识,如何能断定是非?倒不如安分守己听其自然罢。所以说:

> 可乎可,不可乎不可。道行之而成,物谓之而然。恶乎然?然于然。恶乎不然?不然于不然。物固有所然,物固有

所可。无物不然，无物不可。故为是举莛与楹(**司马彪云：莛，屋梁也。楹，屋柱也。故郭注云：夫莛横而楹纵**)。厉与西施，恢恑憰怪，道通为一。其分也，成也。其成也，毁也。凡物无成与毁，复通为一。唯达者知通为一，为是不用而寓诸庸。庸也者，用也。用也者，通也。通也者，得也。适得而几矣。因是已。(《齐物论》)

这种理想，都由把种种变化都看作天道的运行。所以说："道行之而成，物谓之而然。"既然都是天道，自然无论善恶好丑，都有一个天道的作用。不过我们知识不够，不能处处都懂得是什么作用罢了。"物固有所然，物固有所可；无物不然，无物不可"，四句是说无论什么都有存在的道理，既然如此，世上种种的区别，纵横、善恶、美丑、分合、成毁、……都是无用的区别了。既然一切区别都归无用，又何必要改良呢？又何必要维新革命呢？庄子因为能"达观"一切，所以不反对固有社会；所以要"不谴是非，以与世俗处"。他说："唯达者知通为一，为是不用而寓诸庸。"庸即是庸言庸行之庸，是世俗所通行通用的。所以说："庸也者，用也。用也者，通也。通也者，得也。"既为世俗所通用，自然与世俗相投相得。所以又说："适得而几矣，因是已。"因即是"仍旧贯"；即是依违混同，不肯出奇立异，正如上篇所引的话："物之生也，若驰若骤，无动而不变，无时而不移。何为乎？何不为乎？夫固将自化。"万物如此，是非善恶也是如此。何须人力去改革呢？所以说：

与其誉尧而非桀也，不如两忘而化其道。(《大宗师》)

这种极端"不谴是非"的达观主义，即是极端的守旧主义。

二、庄子的人生哲学　上文我说庄子的名学的结果，便已侵入人生哲学的范围了。庄子的人生哲学，只是一个达观主义。达观本有多种区别，上文所说，乃是对于是非的达观。庄子对于人生一切寿夭、生死、祸福，也一概达观，一概归到命定。这种达观主义的根据，都在他的天道观念。试看上章所引的话：

> 化其万化而不知其禅之者。焉知其所终？焉知其所始？正而待之而已耳。

因为他把一切变化都看作天道的运行；又把天道看得太神妙不可思议了，所以他觉得这区区的我哪有作主的地位。他说：

> 庸讵知吾所谓"天"之非"人"乎？所谓"人"之非"天"乎？

那《大宗师》中说子舆有病，子祀问他，"女恶之乎？"子舆答道：

> 亡。予何恶？浸假而化予之左臂以为鸡，予因以求时夜。浸假而化予之右臂以为弹，予因以求鸮炙。浸假而化予之尻以为轮，以神为马，予因而乘之，岂更驾哉？……且夫物之不胜天，久矣，吾又何恶焉？

后来子来又有病了，子犁去看他，子来说：

> 父母于子，东西南北，唯命是从。阴阳于人，不翅于父母。

彼近吾死而我不听，我则悍矣，彼何罪焉？夫大块载我以形，劳我以生，佚我以老，息我以死。故善吾生者，乃所以善吾死也。今大冶铸金，金踊跃曰："我且必为镆铘？"大冶必以为不祥之金。今一犯人之形而曰："人耳！人耳！"夫造化者必以为不祥之人。今一以天地为大炉，以造化为大冶，恶乎往而不可哉？

又说子桑临终时说道：

吾思夫使我至此极者而弗得也。父母岂欲我贫哉？天无私覆，地无私载，天地岂私贫我哉？求其为之者而不得也。然而至此极者，命也夫！

这几段把"命"写得真是《大宗师》篇所说："物之所不得遁。"既然不得遁逃，不如还是乐天安命。所以又说：

古之真人，不知说生，不知恶死。其出不䜣，其入不距。翛然而往，翛然而来而已矣。不忘其所始，不求其所终。受而喜之，忘而复之。是之谓不以心捐（一本作捐，一本作楫）道，不以人助天。是之谓真人。

《养生主》篇说庖丁解牛的秘诀只是"依乎天理，因其固然"八个字。庄子的人生哲学，也只是这八个字。所以《养生主》篇说老聃死时，秦失道：

适来，夫子时也。适去，夫子顺也。安时而处顺，哀乐不能入也。

“安时而处顺”，即是“依乎天理，因其固然”，都是乐天安命的意思。《人间世》篇又说蘧伯玉教人处世之道，说：

> 彼且为婴儿，亦与之为婴儿。彼且为无町畦，亦与之为无町畦。彼且为无崖，亦与之为无崖。达之，入于无疵。

这种话初看去好像是高超得很。其实这种人生哲学的流弊，重的可以养成一种阿谀依违、苟且媚世的无耻小人；轻的也会造成一种不关社会痛痒，不问民生痛苦，乐天安命，听其自然的废物。

三、结论　庄子的哲学，总而言之，只是一个出世主义。因为他虽然与世人往来，却不问世上的是非、善恶、得失、祸福、生死、喜怒、贫富，……一切只是达观，一切只要“正而待之”，只要“依乎天理，因其固然”。他虽在人世，却和不在人世一样，眼光见地处处都要超出世俗之上，都要超出“形骸之外”。这便是出世主义。因为他要人超出“形骸之外”，故《人间世》和《德充符》两篇所说的那些支离疏、兀者王骀、兀者申徒嘉、兀者叔山无趾、哀骀它、闉跂支离无脤、瓮盎大瘿，或是天生，或由人刑，都是极其丑恶残废的人，却都能自己不觉得残丑，别人也都不觉得他们的残丑，都和他们往来，爱敬他们。这便是能超出“形骸之外”。《德充符》篇说：

> 自其异者视之，肝胆楚越也。自其同者视之，万物皆一也。……物视其所一，而不见其所丧，视丧其足，犹遗土也。

这是庄子哲学的纲领。他只要人能于是非、得失、善恶、好丑、贫富、贵贱，……种种不同之中，寻出一个同的道理。惠施说过："万物毕同毕异，此之谓大同异。"庄子只是要人懂得这个道理，故说："自其异者视之，肝胆楚越也。自其同者视之，万物皆一也。"庄子的名学和人生哲学，都只是要人知道"万物皆一"四个大字。他的"不谴是非"、"外死生"、"无终始"、"无成与毁"，……都只是说"万物皆一"。《齐物论》说：

> 天下莫大于秋毫之末，而太山为小。莫寿乎殇子，而彭祖为夭。天地与我并生，而万物与我为一。

我曾用一个比喻来说庄子的哲学道：譬如我说我比你高半寸，你说你比我高半寸。你我争论不休，庄子走过来排解道："你们二位不用争了罢，我刚才在那爱拂儿塔上（Eiffel Tower 在巴黎，高九百八十四英尺有奇，为世界第一高塔）看下来，觉得你们二位的高低实在没有什么分别。何必多争，不如算作一样高低罢。"他说的"辩也者，有不见也"，只是这个道理。庄子这种学说，初听了似乎极有道理。却不知世界上学识的进步只是争这半寸的同异；世界上社会的维新，政治的革命，也只是争这半寸的同异。若依庄子的话，把一切是非同异的区别都看破了，说太山不算大，秋毫之末不算小；尧未必是，桀未必非：这种思想，见地固是"高超"，其实可使社会国家世界的制度习惯思想永远没有进步，永远没有革新改良的希望。庄子是知道进化的道理，但他不幸把进化看作天道的自然，以为人力全无助进的效能，因此他虽说天道进化，却实在是守旧党的祖师。他的学说实在是社会进步和学术进步的大阻力。

第十篇　荀子以前的儒家

第一章　《大学》与《中庸》

研究古代儒家的思想，有一层大困难。因为那些儒书，这里也是“子曰”，那里也是“子曰”。正如上海的陆稿荐，东也是，西也是，只不知哪一家是真陆稿荐（此不独儒家为然。希腊哲学亦有此弊。柏拉图书中皆以梭格拉底为主人。又披塔格拉（Pythagorag）学派之书，多称“夫子曰”）。我们研究这些书，须要特别留神，须要仔细观察书中的学说是否属于某个时代。即如《礼记》中许多儒书，只有几篇可以代表战国时代的儒家哲学。我们如今只用一部《大学》，一部《中庸》，一部《孟子》，代表西历前第四世纪和第三世纪初年的儒家学说。

《大学》一书，不知何人所作。书中有“曾子曰”三字，后人遂以为是曾子和曾子的门人同作的。这话固不可信。但是这部书在《礼记》内比了那些《仲尼燕居》、《孔子闲居》诸篇，似乎可靠。《中庸》古说是孔子之孙子思所作。大概《大学》和《中庸》两部书都是孟子、荀子以前的儒书。我这句话，并无他种证据，只是细看儒家学说的趋势，似乎孟子、荀子之前总该有几部这样的书，才可使学说变迁有线索可寻。不然，那极端伦常主义的儒家，何以忽然发生了一个尊崇个人的孟子？那重君权的儒家，何以忽然生出一个鼓吹民权的孟子？那儒家的极端实际的人生哲学，何以忽然生出孟子和荀子这两派心理的人生哲学？若《大学》、《中庸》这两部书是孟子、荀子以前的书，这些疑问便都容易解决了。所以我以为这两部书大概是前四世纪的书，但是其中也不能全无后人加入的材料（《中庸》更为驳杂）。

《大学》和《中庸》两部书的要点约有三端，今分别陈说如下：

第一，方法 《大学》、《中庸》两部书最重要的在于方法一方面（此两书后来极为宋儒所推尊，也只是为此。程子论《大学》道："于今可见古人为学次第者，独赖此篇之存。"朱子序《中庸》道："历选前圣之书，所以提挈纲维，开示蕴奥，未有若是其明且尽者也。"可证）。《大学》说："大学之道，在明明德，在亲民，在止于至善。……物有本末，事有终始，知所先后，则近道矣。"本末、终始、先后，便是方法问题。《大学》的方法是：

> 古之欲明明德于天下者，先治其国。欲治其国者，先齐其家。欲齐其家者，先修其身。欲修其身者，先正其心。欲正其心者，先诚其意。欲诚其意者，先致其知。致知在格物。
>
> 物格而后知至，知至而后意诚，意诚而后心正，心正而后身修，身修而后家齐，家齐而后国治，国治而后天下平。

《中庸》的方法总纲是：

> 天命之谓性，率性之谓道，修道之谓教。

诚者,天之道也。诚之者,人之道也(《孟子·离娄》篇也有此语。诚之作思诚)。自诚明,谓之性。自明诚,谓之教。

又说"诚之"之道:

博学之,审问之,慎思之,明辨之,笃行之。

"行"的范围,仍只是"君臣也,父子也,夫妇也,昆弟也,朋友之交也",与《大学》齐家、治国、平天下,略相同。

《大学》、《中庸》的长处只在于方法明白,条理清楚。至于那"格物"二字究竟作何解说?"尊德性"与"道问学"究竟谁先谁后?这些问题乃是宋儒发生的问题,在当时都不成问题的。

第二,个人之注重　我从前讲孔门弟子的学说时,曾说孔门有一派把一个"孝"字看得太重了,后来的结果,便把个人埋没在家庭伦理之中。"我"竟不是一个"我",只是"我的父母的儿子"。例如"战陈无勇"一条,不说我当了兵便不该如此,却说凡是孝子,便不该如此。这种家庭伦理的结果,自然生出两种反动:一种是极端的个人主义,如杨朱的为我主义,不肯"损一毫利天下";一种是极端的为人主义,如墨家的兼爱主义,要"视人之身若其身,视人之家若其家,视人之国若其国"。有了这两种极端的学说,不由得儒家不变换他们的伦理观念了。所以《大学》的主要方法,如上文所引,把"修身"作一切的根本。格物、致知、正心、诚意,都是修身的工夫。齐家、治国、平天下,都是修身的效果。这个"身",这个"个人",便是一切伦理的中心点。如下图:

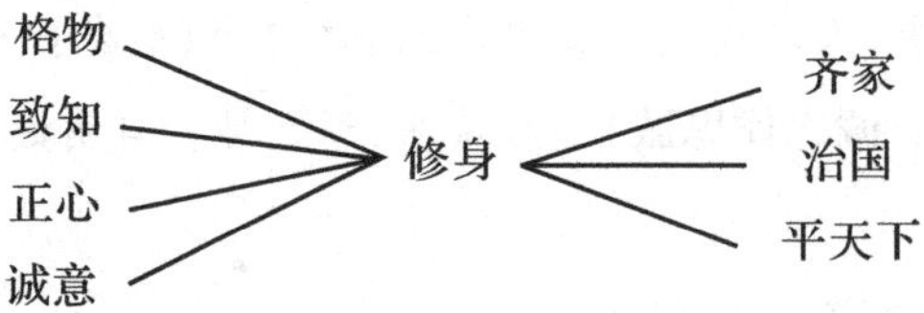

《孝经》说：

> 自天子至于庶人，孝无终始，而患不及者，未之有也。

《大学》说：

> 自天子至于庶人，壹是皆以修身为本。

这两句“自天子至于庶人”的不同之处，便是《大学》的儒教和《孝经》的儒教大不相同之处了。

又如《中庸》说：

> 故君子不可以不修身。思修身，不可以不事亲。思事亲，不可以不知人。思知人，不可以不知天。

曾子说的“大孝尊亲，其次弗辱”，这是“思事亲不可以不修身”。这和《中庸》说的“思修身不可以不事亲”恰相反。一是“孝”的人生哲学，一是“修身”的人生哲学。

《中庸》最重一个“诚”字。**诚即是充分发达个人的本性**。所以说：“诚者，天之道也。诚之者，人之道也。”这一句当与“天命之谓性，率性之谓道，修道之谓教”三句合看。人的天性本来是诚的，若能依着这天性做去,若能充分发达天性的诚,这便是“教”,这便是“诚之”的工夫。因为《中庸》把个人看作本来是含有诚的天性的,所以他极看重个人的地位,所以说:“君子素其位而行,不愿乎其外”;所以说:“君子无入而不自得焉”;所以说:

> 唯天下至诚为能尽其性;能尽其性,则能尽人之性;能尽人之性,则能尽物之性;能尽物之性,则可以赞天地之化育;可以赞天地之化育,则可以与天地参矣。

《孝经》说:

> 人之行莫大于孝,孝莫大于严父,严父莫大于配天。

《孝经》的最高目的是要把父“配天”,像周公把后稷配天,把文王配上帝之类。《中庸》的至高目的,是要充分发达个人的天性,使自己可以配天,可与“天地参”。

第三,心理的研究　《大学》和《中庸》的第三个要点是关于心理一方面的研究。换句话说,儒家到了《大学》、《中庸》时代,已从外务的儒学进入内观的儒学。那些最早的儒家只注重实际的伦理和政治,只注重礼乐仪节,不讲究心理的内观。即如曾子说“吾日三省吾身”,似乎是有点内省的工夫了。及到问他省的甚么事,原来只是“为人谋而不忠乎?与朋友交而不信乎?传不习乎?”还只是外面的伦理,那时有一派孔门弟子,却也研究心性的方面。如王充《论衡·本性》篇所说宓子贱、漆雕开、公孙尼子论性情与周人世硕相出入。如今这几个人的书都不传了。《论衡》说:“世硕以为人性有善有恶,……善恶在所养。"据此看来,这些人论性的学说,似乎还只和孔子所说"性相近也,习相远也:惟上智与下愚不移"的话相差不远。若果如此,那一派人论性,还不能算得"心理的内观"。到了《大学》便不同了。《大学》的重要心理学说,在于分别"心"与"意"。孔颖达《大学疏》说:"揔包万虑谓之心,为情所忆念谓之意。"这个界说不甚明白,大概心有所在便是意。今人说某人是何"居心"?也说是何"用意"?两句同意。大概《大学》的"意"字只是"居心"。《大学》说:

> 所谓诚其意者,毋自欺也。如恶恶臭,如好好色,此之谓自谦。故君子必慎其独也。小人闲居为不善,无所不至;见君子而后厌然掩其不善而著其善。人之视己,如见其肺肝然,则何益矣?此谓诚于中,形于外。故君子必慎其独也。

如今人说"居心总要对得住自己",正是此意。这一段所说,最足形容我上文说的"内观的儒学"。

大凡论是非善恶,有两种观念:一种是从"居心"一方面(Attitude;Motive)立论,一种是从"效果"一方面(Effects;Consequences)立论。例如秦楚交战,宋牼说是不利,孟轲说是不义。义不义是居心,利不利是效果。《大学》既如此注重诚意,自然偏向居心一方面。所以《大学》的政治哲学说:

> 是故君子先慎乎德。……德者,本也。财者,末也。外本内末,争民施夺。

又说：

> 此谓国不以利为利，以义为利也。长国家而务财用者，必自小人矣。

这种极端非功利派的政治论，根本只在要诚意。

《大学》论正心，与《中庸》大略相同。《大学》说：

> 所谓修身在正其心者；身有所忿懥，则不得其正；有所恐惧，则不得其正；有所好乐，则不得其正；有所忧患，则不得其正。心不在焉，视而不见，听而不闻，食而不知其味。〔颜渊问仁，子曰"非礼勿视，非礼勿听，非礼勿言，非礼勿动。"〕（丰坊石经本有此二十二字，周从龙《遵古编》云：旧原有此二十二字，后为唐明皇削去。）此谓修身在正其心。

《中庸》说：

> 喜怒哀乐之未发，谓之中。发而皆中节，谓之和。中也者，天下之大本也。和也者，天下之达道也。

《大学》说的"正"，就是《中庸》说的"中"。但《中庸》的"和"，却是进一层说了。若如《大学》所说，心要无忿懥、无恐惧、无好乐、无忧患，岂不成了木石了。所以《中庸》只要喜怒哀乐发得"中节"，便算是和。喜怒哀乐本是人情，不能没有。只是平常的人往往太过了，或是太缺乏了，便不是了。所以《中庸》说：

> 道之不明也,我知之矣;知者过之,愚者不及也。道之不行也,我知之矣;贤者过之,不肖者不及也。人莫不饮食也,鲜能知味也。(明行两字,今本皆倒置。今据北宋人引经文改正。)

《中庸》的人生哲学只是要人喜怒哀乐皆无过无不及。譬如饮食,只是要学那"知味"的人适可而止,不当吃坏肚子,也不当打饿肚子。

第二章 孟子

一、孟子考 孟轲,邹人。曾受业于子思的门人,孟子的生死年岁,颇不易考定。据明人所纂《孟子谱》,孟子生于周烈王四年四月二日,死于赧王二十六年十一月十五,年八十四。吕元善《圣门志》所纪年与《孟子谱》同。此等书是否有根据,今不可知。但所说孟子生于周烈王四年,颇近理(臧庸作孟子年表以己意移前四年,似可不必)。近人考证孟子见梁惠王时当为惠王后元十五年左右。《史记》说在惠王三十五年,是不可信的。若孟子生在烈王四年(西历前三七二),则见惠王时年已五十余,故惠王称他为"叟"。至于他死的年,便不易定了。《孟子谱》所说,也还有理。若《孟子》书是他自己作的,则书中既称鲁平公的谥法,孟子定死在鲁平公之后。平公死在赧王十九年(通鉴作十八年),《孟子谱》说孟子死在赧王二十六年(西历前二八九),似乎相差不远。但恐《孟子》这书未必是他自己作的。

二、论性　孟子同时有几种论性的学说。《告子篇》说：

告子曰："性无善无不善也。"或曰："性可以为善，可以为不善。是故文武兴则民好善，幽厉兴则民好暴。"或曰："有性善，有性不善。是故以尧为君而有象，以瞽瞍为父而有舜。"……今曰性善，然则彼皆非欤？

孟子总答这三说道：

乃若其情（翟灏《孟子考异》引《四书辨疑》云："下文二才字与此情字上下相应，情乃才字之误。"适按：孟子用情字与才字同义。《告子》篇"牛山之木"一章中云："人见其濯濯也，以为未尝有材焉，此岂山之性也哉。"又云："人见其禽兽也，而以为未尝有才焉，此岂人之情也哉。"可以为证），则可以为善矣。乃所谓善也。若夫为不善，非才之罪也。恻隐之心，人皆有之。羞恶之心，人皆有之。恭敬之心，人皆有之。是非之心，人皆有之。恻隐之心，仁也。羞恶之心，义也。恭敬之心，礼也。是非之心，智也。仁义礼智非由外铄我也，我固有之也，弗思耳矣。故曰求则得之，舍则失之。或相倍蓰而无算者，不能尽其才者也。

这一段可算得孟子说性善的总论。《滕文公》篇说："孟子道性善，言必称尧舜。"此可见性善论在孟子哲学中可算得中心问题。如今且仔细把他说性善的理论分条陈说如下：

（1）人的本质同是善的　上文引孟子一段中的"才"便是材料

的材。孟子叫做“性”的，只是人本来的质料，所以孟子书中“性”字、“才”字、“情”字可以互相通用（参看上节情字下的按语。汉儒董仲舒《春秋繁露·深察名号》篇曰：“如其生之自然之资，谓之性。性者，质也。”又曰：“天地之所生，谓之性情。……情亦性也。”可供参证）。孟子的大旨只是说这天生的本质，含有善的“可能性”（可能性说见八篇末章）。如今先看这本质所含是哪几项善的可能性。

（甲）人同具官能 第一项便是天生的官能。孟子以为无论何人的官能，都有根本相同的可能性。他说：

> 故凡同类者，举相似也。何独至于人而疑之？圣人与我同类者。故龙子曰：“不知足而为屦，我知其不为蒉也。”屦之相似，天下之足同也。口之于味，有同耆也。易牙先得我口之所耆者也。如使口之于味也，其性与人殊，若犬马之与我不同类也，则天下何耆皆从易牙之于味也？至于味，天下期于易牙，是天下之口相似也。惟耳亦然，至于声，天下期于师旷，是天下之耳相似也。惟目亦然。……故曰口之于味也，有同耆焉。耳之于声也，有同听焉。目之于色也，有同美焉。至于心，独无所同然乎？心之所同然者，何也？谓理也，义也。圣人先得我心之所同然耳。故礼义之悦我心，犹刍豢之悦我口。（《告子》）

（乙）人同具“善端” 董仲舒说（引书同上）：“性有善端，动之爱父母。善于禽兽，则谓之善。此孟子之善。”这话说孟子的大旨很切当。孟子说人性本有种种“善端”，有触即发，不待教育。他说：

> 人皆有不忍人之心。……今人乍见孺子将入于井,皆有怵惕恻隐之心:非所以内交于孺子之父母也;非所以要誉于乡党朋友也;非恶其声而然也。由是观之,无恻隐之心,非人也;无羞恶之心,非人也;无辞让之心,非人也;无是非之心,非人也。恻隐之心,仁之端也;羞恶之心,义之端也;辞让之心,礼之端也;是非之心,智之端也。人之有是四端也,犹其有四体也(《公孙丑》。参看上文所引《告子》篇语。那段中,辞让之心,作恭敬之心,余皆同)。

(丙)人同具良知良能 孟子的知识论全是“生知”(Knowledge a priori)一派。所以他说四端都是“我固有之也,非由外铄我也”。四端之中,恻隐之心、羞恶之心和恭敬之心,都近于感情的方面。至于是非之心,便近于知识的方面了。孟子自己却不曾有这种分别。他似乎把四端包在“良知良能”之中;而“良知良能”却不止这四端。他说:

> 人之所不学而能者,其良能也。所不虑而知者,其良知也。孩提之童,无不知爱其亲也。及其长也,无不知敬其兄也。亲亲,仁也。敬长,义也。(《尽心》)

良字有善义。孟子既然把一切不学而能不虑而知的都认为“良”,所以他说:

> 大人者,不失其赤子之心者也。(《离娄》)

以上所说三种(官能、善端及一切良知良能),都包含在孟子叫做"性"的里面。孟子以为这三种都有善的可能性,所以说性是善的。

(2)**人的不善都由于"不能尽其才"** 人性既然是善的,一切不善的,自然都不是性的本质。孟子以为人性虽有种种善的可能性,但是人多不能使这些可能性充分发达。正如《中庸》所说:"惟天下至诚为能尽其性。"天下人有几个这样"至诚"的圣人?因此便有许多人渐渐的把本来的善性湮没了,渐渐的变成恶人。并非性有善恶,只是因为人不能充分发达本来的善性,以致如此。所以他说:

> 若夫为不善,非其才之罪也。……或相倍蓰而无算者,不能尽其才者也。

推原人所以"不能尽其才"的缘故,约有三种:

(甲)由于外力的影响 孟子说:

> 人性之善也,犹水之就下也。人无有不善,水无有不下。今夫水搏而跃之,可使过颡;激而行之,可使在山。是岂水之性哉?其势则然也。人之可使为不善,其性亦犹是也。(《告子》)
>
> 富岁子弟多赖,凶岁子弟多暴。非天之降才尔殊也。其所以陷溺其心者然也。今夫麰麦,播种而耰之,其地同,树之时又同,浡然而生,至于日至之时皆熟矣。虽有不同,则地有肥硗,雨露之养,人事之不齐也。(同上)

这种议论，认定外界境遇对于个人的影响，和当时的生物进化论（见第九篇）颇相符合。

（乙）由于自暴自弃　外界的势力，还有时可以无害于本性。即举舜的一生为例：

> 舜之居深山之中，与木石居，与鹿豕游，其所以异于深山之野人者，几希。及其闻一善言，见一善行，若决江河，沛然莫之能御也。（《尽心》）

但是人若自己暴弃自己的可能性，不肯向善，那就不可救了。所以他说：

> 自暴者，不可与有言也。自弃者，不可与有为也。言非礼义，谓之自暴也。吾身不能居仁由义，谓之自弃也。（《离娄》）

又说：

> 虽存乎人者，岂无仁义之心哉？其所以放其良心者，亦犹斧斤之于木也。旦旦而伐之，可以为美乎？其日夜之所息，平旦之气，其好恶与人相近也者，几希。则其旦昼之所为，有梏亡之矣。梏之反覆，则其夜气不足以存。夜气不足以存，则其违禽兽不远矣。人见其禽兽也，而以为未尝有才焉者，是岂人之情也哉？（《告子》）

（丙）由于"以小害大以贱害贵"　还有一个"不得尽其才"

的原因，是由于“养”得错了。孟子说：

> 体有贵贱，有小大。无以小害大，无以贱害贵。养其小者为小人，养其大者为大人。(《告子》)

哪一体是大的贵的？哪一体是小的贱的呢？孟子说：

> 耳目之官不思，而蔽于物。物交物，则引之而已矣。心之官则思，思则得之，不思则不得也，此天之所与我者。先立乎其大者，则其小者不能夺也。此为大人而已矣。(《告子》)

其实这种议论，大有流弊。人的心思并不是独立于耳目五官之外的。耳目五官不灵的，还有什么心思可说？中国古来的读书人的大病根正在专用记忆力，却不管别的官能。到后来只变成一班四肢不灵、五官不灵的废物！

以上说孟子论性善完了。

三、个人的位置 上章说，《大学》、《中庸》的儒学已把个人位置抬高了，到了孟子更把个人看得十分重要。他信人性是善的，又以为人生都有良知良能和种种“善端”。所以他说：

> 万物皆备于我矣。反身而诚，乐莫大焉！(《尽心》)

更看他论“浩然之气”：

> 其为气也，至大至刚，以直养而无害，则塞于天地之间。

(《公孙丑》)

又看他论“大丈夫”:

居天下之广居,立天下之正位,行天下之大道。得志与民由之,不得志独行其道。

富贵不能淫,贫贱不能移,威武不能屈:此之谓大丈夫。(《滕文公》)

因为他把个人的人格,看得如此之重,因为他以为人性都是善的,所以他有一种平等主义。他说:

圣人与我同类者。(《告子》)

何以异于人哉?尧舜与人同耳。(《离娄》)

彼丈夫也,我丈夫也。吾何畏彼哉?(《滕文公》)

舜何人也,予何人也。有为者亦若是。(同上)

但他的平等主义,只是说人格平等,并不是说人的才智德行都平等。孟子很明白经济学上“分工”的道理。即如《滕文公》篇许行一章,说社会中“有大人之事,有小人之事,”“或劳心,或劳力”,说得何等明白!

又如孟子的政治学说很带有民权的意味。他说:

民为贵,社稷次之,君为轻。

君之视民如土芥,则臣视君如寇仇。

这种重民轻君的议论，也是从他的性善论上生出来的。

四、教育哲学 孟子的性善论，不但影响到他的人生观，并且大有影响于他的教育哲学。他的教育学说有三大要点，都于后世的教育学说大有关系。

（甲）自动的 孟子深信人性本善，所以不主张被动的和逼迫的教育，只主张各人自动的教育。他说：

> 君子深造之以道，欲其自得之也。自得之，则居之安。居之安，则资之深。资之深，则取之左右逢其原。故君子欲其自得之也。（《离娄》）

《公孙丑》篇论养气的一段，可以与此印证：

> 必有事焉而勿正。心勿忘，勿助长也。无若宋人然，宋人有悯其苗之不长而揠之者，芒芒然归，谓其人曰："今日病矣！予助苗长矣！"其子趋而往视之，苗则槁矣。天下之不助苗长者，寡矣。以为无益而舍之者，不耘苗者也。助之长者，揠苗者也。非徒无益，而又害之。

孟子说"君子之所以教者五"，那第一种是"有如时雨化之者"。不耘苗也不好，揠苗也不好，最好是及时的雨露。

（乙）养性的 人性既本来是善的，教育的宗旨只是要使这本来的善性充分发达。孟子说：

> 人之所以异于禽兽者几希，庶民去之，君子存之。（《离

娄》)

教育只是要保存这"人之所以异于禽兽"的人性。《孟子》书中说此点最多,不用细举了。

(丙)标准的　教育虽是自动的,却不可没有标准。孟子说:

> 羿之教人射必至于彀,学者亦必至于彀。大匠诲人必以规矩,学者亦必以规矩。(《告子》)

又说:

> 大匠不为拙工改废绳墨,羿不为拙射废其彀率。君子引而不发,跃如也。中道而立,能者从之。(《尽心》)

这标准的教育法,依孟子说来,是教育的最捷径。他说:

> 圣人既竭目力焉,继之以规矩准绳,以为方圆平直,不可胜用也。既竭耳力焉,继之以六律正五音,不可胜用也。(《离娄》)

前人出了多少力,才造出这种种标准。我们用了这些标准,便可不劳而得前人的益处了。这是标准的教育法的原理。

五、政治哲学　孟子的政治哲学很带有尊重民权的意味,上文已略说过了。孟子的政治哲学与孔子的政治哲学有一个根本不同之处。孔子讲政治的中心学说是"政者,正也",他的目的只要"正名”、“正己”、“正人”，以至于“君君、臣臣、父父、子子”的理想的郅治。孟子生在孔子之后一百多年，受了杨墨两家的影响（凡攻击某派最力的人，便是受那派影响最大的人，孟子攻杨墨最力，其实他受杨墨影响最大。荀子攻击辩者，其实他得辩者的影响很大。宋儒攻击佛家，其实若没有佛家，又哪有宋儒），故不但尊重个人，尊重百姓过于君主（这是老子、杨朱一派的影响。有这种无形的影响，故孟子的性善论遂趋于极端，遂成“万物皆备于我”的个人主义）；还要使百姓享受乐利（这是墨家的影响，孟子自不觉得）。孟子论政治不用孔子的“正”字，却用墨子的“利”字。但他又不肯公然用“利”字，故用“仁政”两字。他对当时的君主说道：“你好色也不妨，好货也不妨，好田猎也不妨，好游玩也不妨，好音乐也不妨。但是你好色时，须念国中有怨女旷夫；你好货时，须念国中穷人的饥寒；你出去打猎、作乐游玩时，须念国中的百姓有父子不相见，兄弟妻子离散的痛苦。总而言之，你须要能善推其所为，你需要行仁政。”这是孟子政治学说的中心点。这可不是孔子“正”字的政治哲学了。若用西方政治学的名词，我们可说孔子的，是“爸爸政策”（Paternalism 或译父性政策）；孟子的，是“妈妈政策”（Maternalism 或译母性政策）。爸爸政策要人正经规矩，要人有道德；妈妈政策要人快活安乐，要人享受幸福。故孟子所说如：“五亩之宅，树之以桑，五十者可以衣帛矣。鸡豚狗彘之畜无失其时，七十者可以食肉矣。”这一类“衣帛食肉”的政治，简直是妈妈的政治。这是孔子、孟子不同之处（孔子有时也说富民，孟子有时也说格君心。但这都不是他们最注意的）。后人不知道这个区别代表一百多年儒家政治学说的进化，所以爸爸妈妈的分不清楚：一面说仁民爱物，一面又只知道正心诚意。这就是没有历史观念的大害了。

孟子的政治学说含有乐利主义的意味，这是万无可讳的。但他同时又极力把义利两字分得很严。他初见梁惠王，一开口便驳倒他的“利”字；他见宋牼，也劝他莫用“利”字来劝秦楚两国停战。细看这两章，可见孟子所攻击的“利”字只是自私自利的利。大概当时的君主官吏都是营私谋利的居多。这种为利主义，与利民主义绝相反对。故孟子说：

> 今之事君者曰：“我能为君辟土地，充府库。”今之所谓良臣，古之所谓民贼也！（《告子》）
>
> 庖有肥肉，厩有肥马，民有饥色，野有饿莩：此率兽而食人也！（《梁惠王》）

孟子所攻击的“利”，只是这种利。他所主张的“仁义”，只是最大多数的最大乐利。他所怕的是言利的结果必至于“上下交征利”；必至于“君臣父子兄弟终去仁义，怀利以相接”。到了“上下交征利”、“怀利以相接”的地位，便要做出“率兽而食人”的政策了。所以孟子反对“利”的理由，还只是因为这种“利”究竟不是真利。

第十一篇　荀子

第一章　荀子

一、荀子略传　荀子名况，字卿，赵人。曾游学于齐国，后来又游秦（《强国》篇应侯问入秦何见。按应侯作相当赵孝成王初年），又游赵（《议兵》篇孙卿议兵于赵孝成王前。〔赵孝成王当西历前二六五至二四五年〕），末后到楚。那时春申君当国，使荀卿作兰陵令（此事据《史记·年表》在楚考烈王八年〔前二五五〕）。春申君死后（前二三八），荀卿遂在兰陵住家，后来遂死在兰陵。

荀卿生死的年代，最难确定。请看王先谦《荀子集解》所录诸家的争论，便可见了。最可笑的是刘向的《孙卿书序》。刘向说荀卿曾与孙膑议兵。孙膑破魏在前三四一年。到春申君死时，荀卿至少是一百三四十岁了。又刘向与诸家都说荀卿当齐襄王时最为老师。襄王即位在前二三八年，距春申君死时，还有四十五年。荀卿死在春申君之后，大约在前二三〇年左右。即使他活了八十岁，也不能在齐襄王时便“最为老师”了。我看这种种错误纷争，都由于《史记》的《孟子荀卿列传》。如今且把这一段《史记》抄在下面：

荀卿，赵人。年五十，始来游学于齐。驺衍〔之术，迂大而

> 闳辩。奭也文具难施。淳于髡久与处，时有得善言。故齐人颂曰："谈天衍，雕龙奭，炙毂过髡。"〕田骈之属皆已死齐襄王时，而荀卿最为老师。齐尚修列大夫之缺，而荀卿三为祭酒焉。……

这段文字有两个易于误人之处：（一）荀卿"来游学于齐"以下，忽然夹入驺衍、驺奭、淳于髡三个人的事实，以致刘向误会了，以为荀卿五十岁游齐，正在稷下诸先生正盛之时（刘向序上称"方齐宣王威王之时"，下称"是时荀卿年五十始来游学"）。不知这一段不相干的事实，乃是上文论"齐有三驺子"一节的错简。本文当作"驺衍田骈之属，……"那些荒谬的古文家，不知这一篇《孟子荀卿列传》最多后人添插的材料（如末段记墨翟的二十四字文理不通，或是后人加入的），却极力夸许这篇文字，文气变化不测，突兀神奇还把他选来当古文读，说这是太史公的笔法，岂不可笑！（二）本文的"齐襄王时"四个字，当连上文，读"驺衍田骈之属，皆已死齐襄王时"。那些荒谬的人，不通文法，把这四字连下文，读成"齐襄王时，而荀卿最为老师"。不知这四字在文法上是一个"状时的读"；状时的读，与所状的本句，决不可用"而"字隔开，隔开便不通了。古人也知这一段可疑，于是把"年五十"改为"年十五"（谢墉校，依《风俗通》改如此）。不知本文说的"年五十始来游学"。这个"始"字含有来迟了的意思。若是"年十五"，决不必用"始"字了。

所以依我看来，荀卿游齐，大概在齐襄王之后，所以说他"年五十始来游学于齐，驺衍田骈之属皆已死齐襄王时，而荀卿最为老师"。这文理很明显，并且与荀卿一生事迹都相合。如今且作一年表如下：

西历前二六五至二六〇　荀卿年五十游齐。

西历前二六〇至二五五　入秦,见秦昭王及应侯。

西历前二六〇至二五〇　游赵,见孝成王。

西历前二五〇至二三八　游楚,为兰陵令。

西历前二三〇左右　死于兰陵。

至于《盐铁论》所说,荀卿至李斯作丞相时才死,那更不值得驳了(李斯作丞相在前二一三年。当齐襄王死后五十二年了)。

我这一段考据,似乎太繁了。我的本意只因为古人对于这个问题,不大讲究,所以不嫌说得详细些(参观第六篇第一章),要望学者读古书总须存个怀疑的念头,不要作古人的奴隶。

二、《荀子》　《汉书·艺文志》:《孙卿子》三十二篇,又有赋十篇。今本《荀子》三十二篇,连赋五篇、诗两篇在内。大概今本乃系后人杂凑成的。其中有许多篇,如《大略》、《宥坐》、《子道》、《法行》等,全是东拉西扯拿来凑数的。还有许多篇的分段全无道理:如《非相》篇的后两章,全与"非相"无干;又如《天论》篇的末段,也和《天论》无干。又有许多篇,如今都在大戴小戴的书中(如《礼论》、《乐论》、《劝学》诸篇),或在《韩诗外传》之中,究竟不知是谁抄谁。大概《天论》、《解蔽》、《正名》、《性恶》四篇全是荀卿的精华所在。其余的二十余篇,即使真不是他的,也无关紧要了。

三、荀子与诸子的关系　研究荀子学说的人,须要注意荀子和同时的各家学说都有关系。他的书中,有许多批评各家的话,都很有价值。如《天论》篇说:

> 慎子有见于后,无见于先。老子有见于诎,无见于信(同伸)。墨子有见于齐,无见于畸。宋子有见于少,无见于多(宋

子即宋钘。他说:“人之情欲寡,而皆以己之情为欲多。”荀卿似是说他只有见于少数人的情性,却不知多数人的情性。杨倞注似有误解之处)。有后而无先,则群众无门。有诎而无信,则贵贱不分。有齐而无畸,则政令不施。有少而无多,则群众不化。

又如《解蔽》篇说:

> 墨子蔽于用而不知文。宋子蔽于欲而不知得。慎子蔽于法而不知贤。申子蔽于势而不知知。惠子蔽于辞而不知实。庄子蔽于天而不知人。故由用谓之,道尽利矣。由俗(杨云:俗当为欲)谓之,道尽嗛矣(杨云:嗛与慊同,快也)。由法谓之,道尽数矣。由势谓之,道尽便矣。由辞谓之,道尽论矣。由天谓之,道尽因矣。

又《非十二子》篇论它嚣、魏牟“纵情性,安恣睢,禽兽之行,不足以合文通治”。陈仲、史鳅“忍情性,綦谿利跂,苟以分异人为高,不足以合大众,明大分”。墨翟、宋钘“不知壹天下建国家之权称,上功用,大俭约,而僈差等,曾不足以容辨异,县君臣”。慎到、田骈“尚法而无法,下修而好作(“下修”王念孙校当作“不循”似是),……不足以经国定分”。惠施、邓析“好治怪说,玩琦辞,甚察而不惠(王校惠当作急);辩而无用,多事而寡功,不可以为治纲纪”。子思、孟子“略法先王而不知其统,……案往旧造说,谓之五行;甚僻远而无类,幽隐而无说,闭约而无解”(《韩诗外传》无子思孟子二人)。

此外尚有《富国》篇和《乐论》篇驳墨子的节用论和非乐论;又

有《正论》篇驳宋子的学说；又有《性恶》篇驳孟子的性善论；又《正名》篇中驳"杀盗非杀人也"诸说。

这可见荀子学问很博，曾研究同时诸家的学说。因为他这样博学，所以他的学说能在儒家中别开生面，独创一种很激烈的学派。

参考书举要

《荀子》注以王先谦《荀子集解》为最佳。顷见日本久保爱之《荀子增注》，注虽不佳，而所用校勘之宋本元本颇足供参证。

第二章　天与性

一、论天　荀子批评庄子的哲学道："庄子蔽于天而不知人。……由天谓之，道尽因矣。"这两句话不但是庄子哲学的正确评判，并且是荀子自己的哲学的紧要关键。庄子把天道看得太重了，所以生出种种的安命主义和守旧主义（说详第九篇）。荀子对于这种学说，遂发生一种激烈的反响。他说：

> 惟圣人为不求知天。（《天论》）

又说：

> 故君子敬其在己者，而不慕其在天者。小人错其在己者，而慕其在天者。君子敬其在己者，而不慕其在天者，是以日进

也。小人错其在己者而慕其在天者,是以日退也。(《天论》)

这是儒家本来的人事主义和孔子的"未能事人,焉能事鬼"同一精神。即如"道"字,老子庄子都解作那无往不在、无时不存的天道;荀子却说:

道者,非天之道,非地之道,人之所以道也。君子之所道也。(《儒效》。此依宋本)

又说:

道者何也?曰:君道也。君者何也?曰:能群也。(《君道》)

所以荀子的哲学全无庄子一派的神秘气味。他说:

天行有常,不为尧存,不为桀亡。应之以治则吉,应之以乱则凶。强本而节用,则天不能贫;养备而动时,则天不能病;循道而不忒(从王念孙校),则天不能祸。故水旱不能使之饥,寒暑不能使之疾,祆怪不能使之凶。……故明于天人之分,则可谓至人矣。不为而成,不求而得,夫是之为天职。如是者虽深,其人不加虑焉;虽大,不加能焉;虽精,不加察焉。夫是之谓不与天争职。天有其时,地有其财,人有其治。夫是之谓能参。舍其所以参,而愿其所参,则惑矣。(《天论》)

荀子在儒家中最为特出，正因为他能用老子一般人的“无意志的天”，来改正儒家墨家的“赏善罚恶”有意志的天；同时却又能免去老子、庄子天道观念的安命守旧种种恶果。

荀子的“天论”，不但要人不与天争职，不但要人能与天地参，还要人征服天行以为人用。他说：

> 大天而思之，孰与物畜而制裁之？（王念孙云：依韵，制之当作裁之。适案依杨注，疑当作“制裁之”涉下误脱耳）从天而颂之，孰与制天命而用之？望时而待之，孰与应时而使之？因物而多之，孰与骋能而化之？思物而物之，孰与理物而勿失之也？愿于物之所以生，孰与有物之所以成？故错人而思天则失万物之情。（《天论》）

这竟是倍根的“戡天主义”（Conquest of Nature）了。

二、论物类变化 荀卿的“戡天主义”，却和近世科学家的“戡天主义”大不相同。荀卿只要裁制已成之物，以为人用，却不耐烦作科学家“思物而物之”的工夫（下物字是动词，与《公孙龙子·名实论》“物以物其所物而不过焉”的下两物字同义。皆有“比类”的意思。物字可作“比类”解，说见王引之《经义述闻》卷三十一，物字条）。荀卿对于当时的科学家，很不满意。所以他说：

> 凡事行，有益于理者，立之；无益于理者，废之。夫是之谓中事。凡知说，有益于理者，为之；无益于理者，舍之。夫是之谓中说。……若夫充虚之相施易也，坚白同异之分隔也，是聪耳之所不能听也，明目之所不能见也，辩士之所不能言也，虽

有圣人之知未能偻指也。不知无害为君子，知之无损为小人。工匠不知，无害为巧；君子不知，无害为治。王公好之则乱法，百姓好之则乱事。（《儒效》）

充虚之相施易（施同移），坚白同异之相分隔，正是当时科学家的话。荀子对于这一派人屡加攻击。这都由于他的极端短见的功用主义，所以有这种反对科学的态度。

他对于当时的生物进化的理论，也不赞成。我们曾说过，当时的生物进化论的大旨是“万物皆种也，以不同形相禅”。荀子所说，恰与此说相反。他说：

古今一度也类不悖，虽久同理（〔《非相》〕。《韩诗外传》无度字，王校从之）。

杨倞注此段最妙，他说：

类，种类，谓若牛马也。……言种类不乖悖，虽久而理同。今之牛马与古不殊，何至人而独异哉？

这几句话便把古代万物同由种子以不同形递相进化的妙论，轻轻的推翻了。《正名》篇说：

物有同状而异所者，有异状而同所者，可别也。状同而为异所者，虽可合，谓之二实。状变而实无别，而为异者，谓之化（为是行为之为）。有化而无别，谓之一实。

荀子所注意的变化，只是个体的变迁，如蚕化为茧，再化为蛾，这种"状变而实无别而为异"的现象，叫做"化"。化来化去只是一物，故说"有化而无别，谓之一实"。既然只是一物，可见一切变化只限于本身，决无万物"以不同形相禅"的道理。

如此看来，荀子是不主张进化论的。他说：

> 欲观千岁，则数今日。欲知亿万，则审一二。欲知上世，则审周道。（《非相》）

这就是上文所说"古今一度也"之理。他又说：

> 夫妄人曰："古今异情，其所以治乱者异道。"（今本作"以其治乱者异道"。王校云：《韩诗外传》正作"其所以治乱异道"。今从王校改）而众人惑焉。彼众人者，愚而无说，陋而无度者也。其所见焉，犹可欺也。而况于千世之传也？妄人者，门庭之间，犹可诬欺也，而况于千世之上乎？（《非相》）

这竟是痛骂那些主张历史进化论的人了。

三、法后王 荀卿虽不认历史进化古今治乱异道之说，他却反对儒家"法先王"之说。他说：

> 圣王有百，吾孰法焉？曰（曰字上旧有故字，今依王校删）：文久而息，节族久而绝，守法教之有司，极礼而褫。故曰：欲观圣王之迹，则于其粲然者矣，后王是也。……舍后王而道上古，譬之是犹舍己之君而事人之君也。（《非相》）

但是他要“法后王”，并不是因为后王胜过先王，不过是因为上古的制度文物都不可考，不如后王的制度文物“粲然”可考。所以说：

> 五帝之外无传人，非无贤人也，久故也。五帝之中无传政，非无善政也，久故也。禹汤有传政，而不若周之察也，久故也（察也下旧有“非无善政也”五字，此盖涉上文而衍，今删去）。传者久，则论略，近则论详。略则举大，详则举小。愚者闻其略而不知详，闻其细（旧作详，今依外传改）而不知其大也，故文久而灭，节族久而绝。（《非相》）

四、论性　荀子论天，极力推开天道，注重人治。荀子论性，也极力压倒天性，注重人为。他的天论是对庄子发的，他的性论是对孟子发的。孟子说人性是善的（说见第十篇），荀子说：

> 人之性恶，其善者伪也。（《性恶》）

这是荀子性恶论的大旨。如今且先看什么叫做“性”，什么叫做“伪”。荀子说：

> 不可学，不可事，而在人者，谓之性。可学而能，可事而成之在人者，谓之伪。（同）

又说：

> 生之所以然者，谓之性。性之和所生，精合感应，不事而自然，谓之性。性之好恶喜怒哀乐，谓之情。情然而心为之择，谓之虑。心虑而能为之动，谓之伪（“所以能之在人者谓之能”）。虑积焉，能习焉，而后成，谓之伪。（《正名》）

依这几条界说看来，性只是天生成的，伪只是人力做的（“伪”字本训“人为”）。后来的儒者读了“人之性恶，其善者伪也”，把“伪”字看做真伪的伪，便大骂荀卿，不肯再往下读了。所以荀卿受了许多冤枉。中国自古以来的哲学家都崇拜“天然”过于“人为”。老子、孔子、墨子、庄子、孟子都是如此。大家都以为凡是“天然的”，都比“人为的”好。后来渐渐的把一切“天然的”都看作“真的”，一切“人为的”都看作“假的”。所以后来“真”字竟可代“天”字（例如《庄子·大宗师》：“而已反其真，而我犹为人猗。”以真对人，犹以天对人也。又此篇屡用“真人”皆作“不然的人”解。如曰“不以心捐道，不以人助天，是之谓真人”，又“而况其真乎？”郭注曰：“夫真者，不假于物、而自然者也。”此更明显矣）。而“伪”字竟变成“诈”字（《广雅释诂》二：“伪，为也。”《诗·兔爰》“尚无造”，笺云：“造，伪也。”此伪字本义）。独有荀子极力反对这种崇拜天然的学说，以为“人为的”比“天然的”更好。所以他的性论，说性是恶的，一切善都是人为的结果。这样推崇“人为”过于“天然”，乃是荀子哲学的一大特色。

如今且看荀子的性恶论有何根据？他说：

> 今人之性，生而有好利焉。顺是，故争夺生而辞让亡焉。生而有疾恶焉。顺是，故残贼生而忠信亡焉。生而有耳目之

欲，有好声色焉。顺是，故淫乱生而礼义文理亡焉。然则从人之性，顺人之情，必出于争夺，合于犯分乱理，而归于暴。是故必将有师法之化，礼义之道，然后出于辞让，合于文理，而归于治。用此观之，然则人之性恶明矣，其善者伪也。（《性恶》）

这是说人的天性有种种情欲，若顺着情欲做去，定做出恶事来。可见得人性本恶。因为人性本恶，故必须有礼义法度，“以矫饰人之情性而正之，以扰化人之情性而导之”，方才可以为善。可见人的善行，全靠人为。故又说：

故枸木必将待檃栝烝矫然后直；钝金必将待砻厉然后利；今人之性恶，必将待师法然后正，得礼义然后治。……故性善则去圣王息礼义矣，性恶则兴圣王贵礼义矣。故檃栝之生，为枸木也；绳墨之起，为不直也；立君上，明礼义，为性恶也。（《性恶》）

这是说人所以必须君上礼义，正是性恶之证。

孟子把“性”字来包含一切“善端”，如恻隐之心之类，故说性是善的。荀子把“性”来包含一切“恶端”，如好利之心，耳目之欲之类，故说性是恶的。这都由于根本观点不同之故。孟子又以为人性含有“良知良能”，故说性善。荀子又不认此说。他说人人虽有一种“可以知之质，可以能之具”（此即吾所谓“可能性”），但是“可以知”未必就知，“可以能”未必就能。故说：

> 夫工匠农贾未尝不可以相为事也,然而未尝能相为事也。用此观之,然则"可以为"未必为"能"也。虽不"能",无害"可以为",然则"能不能"之与"可不可",其不同远矣。(《性恶》)

例如"目可以见,耳可以听"。但是"可以见"未必就能见得"明","可以听"未必就能听得"聪"。这都是驳孟子"良知良能"之说。依此说来,荀子虽说性恶,其实是说性可善可恶。

五、教育学说 孟子说性善,故他的教育学说偏重"自得"一方面。荀子说性恶,故他的教育学说趋向"积善"一方面。他说:

> 性也者,吾所不能为也,然而可化也。情也者,非吾所有也,然而可为也。注错习俗,所以化性也;并一而不二,所以成积也。习俗移志,安久移质。……涂之人百姓积善而全尽,谓之圣人。彼求之而后得,为之而后成,积之而后高,尽之而后圣。故圣人也者,人之所积也。人积耨耕而为农夫,积斫削而为工匠,积反货而为商贾,积礼义而为君子。工匠之子莫不继事,而都国之民安习其服。居楚而楚,居越而越,居夏而夏,是非天性也,积靡使然也。(《儒效》)

荀子书中说这"积"字最多。因为人性只有一些"可以知之质,可以能之具",正如一张白纸,本来没有什么东西,所以需要一点一滴的"积"起来,才可以有学问,才可以有道德。所以荀子的教育学说只是要人积善。他说:"学不可以已"(《劝学》),又说:"骐骥一跃,不能千步;驽马十驾,功在不舍。锲而舍之,朽木不折;锲而不舍,金石可镂。"(《劝学》)荀子的教育学说以为学问须要变化气质,增益

身心。不能如此，不足为学。他说：

君子之学也，入乎耳，箸乎心，布乎四体，形乎动静；端而言，蠕而动，一可以为法则。小人之学也，入乎耳，出乎口：口耳之间，则四寸耳，曷足以美七尺之躯哉？（《劝学》）

又说：

不闻不若闻之，闻之不若见之，见之不若知之，知之不若行之。学至于行之而止矣。行之，明也。明之为圣人。圣人也者，本仁义，当是非，齐言行，不失毫厘。无它道焉，已乎行之矣。（《儒效》）

这是荀子的知行合一说。

六、礼乐　荀子的礼论乐论只是他的广义的教育学说。荀子以为人性恶，故不能不用礼义音乐来涵养节制人的情欲。看他的《礼论》篇道：

礼起于何也？曰：人生而有欲，欲而不得则不能无求，求而无度量分界，则不能不争。争则乱，乱则穷。先王恶其乱也，故制礼义以分之，以养人之欲而给人之求。使欲必不穷乎物，物必不屈（**杨注：屈，竭也**）。于欲，两者相持而长；是礼之所起也。故礼者，养也。……君子既得其养，又好其别。曷谓别？曰贵贱有等，长幼有差，贫富轻重皆有称者也。

这和《富国》篇说政治社会的原起,大略相同:

> 人伦并处,同求而异道,同欲而异知,性也。皆有所可也,知愚同。所可异也,知愚分。势同而知异,行私而无祸,纵欲而不穷,则民奋而不可说也。如是,则知者未得治也,……群众未县也。群众未县,则君臣未立也。无君以制臣,无上以制下,天下害生纵欲。欲恶同物,欲多而物寡。寡则必争矣。百技所成所以养一人也(**言人人须百技所成。杨注以一人为君上,大误**)。而能不能兼技,人不能兼官。离居不相待,则穷。群而无分,则争。……男女之合,夫妇之分,婚姻聘内,送逆无礼:如是,则人有失合之忧,而有争色之祸矣。故知者为之分也。

礼只是一个“分”字;所以要“分”,只是由于人生有欲,无分必争。《乐论》篇说:

> 夫乐者,乐也,人情之所不能免也。故人不能无乐。乐则必发于声音,形于动静:人之道也(**此四字旧作“而人之道”,今依《礼记》改**)。故人不能无乐,乐则不能无形。形而不为道,则不能无乱。先王恶其乱也,故制雅颂之声以道之,使其声足以乐而不流;使其文足以纶而不息;使其曲直繁省,廉肉节奏,足以感动人之善心;使夫邪污之气无由得接焉。……故乐者,所以道乐也。金石丝竹,所以道德也。……故乐者,治人之盛者也(**此节诸道字,除第一道字外,皆通导**)。

荀子的意思只为人是生来就有情欲的,故要作为礼制,使情欲有一定的范围,不致有争夺之患;人又是生来爱快乐的,故要作为正当的音乐,使人有正当的娱乐,不致流于淫乱(参看第五篇论礼的一段)。这是儒家所同有的议论。但是荀子是主张性恶的。性恶论的自然结果,当主张用严刑重罚来裁制人的天性。荀子虽自己主张礼义师法,他的弟子韩非、李斯就老老实实的主张用刑法治国了。

第三章　心理学与名学

一、论心　荀子说性恶,单指情欲一方面。但人的情欲之外,还有一个心。心的作用极为重要。荀子说:

> 性之好恶喜怒哀乐谓之情。情然而心为之择,谓之虑。心虑而能为之动,谓之伪。(《正名》)

例如人见可欲之物,觉得此物可以欲,是"情然";估量此物该要不该要,是"心为之择";估量定了,才去取此物,是"能为之动"。情欲与动作之间,全靠这个"心"作一把天平秤。所以说:

> 心也者,道之工宰也。(《正名》)
>
> 心者,形之君也,而神明之主也。出令而无所受令。(《解蔽》)

心与情欲的关系，如下：

> 凡语治而待去欲者，无以道欲而困于有欲者也。凡语治而待寡欲者，无以节欲而困于多欲者也。……欲不待可得，而求者从所可。欲不待可得，所受乎天也。求者从所可，受乎心也。〔天性有欲，心为之制节。〕（**此九字，今本阙。今据久保爱所据宋本及韩本增**）……故欲过之而动不及，心止之也。心之所可中理则欲虽多，奚伤于治？欲不及而动过之，心使之也。心之所可失理，则欲虽寡，奚止于乱？故治乱在于心之所可，亡于情之所欲。……以欲为可得而求之，情之所必不免也。以为可而道之，知所必出也。故虽为守门，欲不可去，性之具也。虽为天子，欲不可尽（**此下疑脱四字**）。欲虽不可尽，求可尽也；欲虽不可去，求可节也。……道者进则近尽，退则节求，天下莫之若也。凡人莫不从其所可而去其所不可。知道之莫之若也，而不从道者，无之有也。……故可道而从之，奚以损之而乱？不可道而离之，奚以益之而治？（《正名》）

这一节说人不必去欲，但求导欲；不必寡欲，但求有节；最要紧的是先须有一个“所可中理”的心作主宰。“心之所可中理，则欲虽多奚伤于治。”这种议论，极合近世教育心理，真是荀子的特色。大概这里也有“别墨”的乐利主义的影响（看第八篇第二章）。

荀子以为“凡人莫不从其所可而去其所不可”，可是心以为可得。但是要使“心之所可中理”不是容易做到的。正如《中庸》上说的“中庸之道”，说来很易，做到却极不易。所以荀子往往把心来比一种权度。他说：

> 凡人之取也，所欲未尝粹而来也；其去也，所恶未尝粹而往也。故人无动而不与权俱。……权不正，则祸托于欲而人以为福；福托于恶，而人以为祸：此亦人所以惑于祸福也。道者，古今之正权也。离道而内自择，则不知祸福之所托（《正名》。《解蔽》篇所说与此同）。

故《解蔽》篇说：

> 故心不可不知道。心不知道，则不可道而可非道。……心知道然后可道，可道然后能守道以禁非道。

这里的“可”字，与上文所引《正名》篇一长段的“可”字，同是许可之可。要有正确合理的知识，方才可以有正确合理的可与不可。可与不可没有错误，一切好恶去取便也没有过失。这是荀子的人生哲学的根本观念。

古代的人生哲学，独有荀子最注重心理的研究。所以他说心理的状态和作用也最详细。他说：

> 人何以知道？曰，心。心何以知？曰，虚一而静。心未尝不藏也，然而有所谓虚。心未尝不两也，然而有所谓一。心未尝不动也，然而有所谓静（两字旧作满。杨注当作两是也）。
>
> 人生而有知，知而有志。志也者，藏也（志即是记忆）。然而有所谓虚。不以所已藏害所将受，谓之虚。
>
> 心生而有知，知而有异。异也者，同时兼知之。同时兼知

之，两也，然而有所谓一。不以夫一害此一，谓之一。

心卧则梦，偷则自行，使之则谋（《说文》：虑难曰谋）。故心未尝不动也。然而有所谓静。不以梦剧乱知，谓之静。

未得道而求道者，谓之虚一而静，作之则（此处“谓之”“作之”都是命令的动词。如今言“教他要虚一而静，还替他立下法式准则。”王引之把“作之”二字作一句，把则字属下文，说“心有动作，则……”这正犯了《经义述闻》所说“增字解经”的毛病。章太炎《明见》篇解此章说：“作之，彼意也。”更讲不通）。将须道者，〔虚〕之。虚则入（旧作人）。将事道者，〔一〕之。一则尽。将思道者，〔静之〕。静则察（此文旧不可通。王引之校改为“则将须道者之虚，〔虚〕则入。将事道者之一，〔一〕则尽。将思道者〔之静〕，静则察”也不成文法。今改校如上，似乎较妥）。……虚一而静，谓之大清明。万物莫形而不见，莫见而不论，莫论而失位。……夫恶有蔽矣哉？（《解蔽》）

这一节本很明白，不须详细解说。章太炎《明见》篇（《国故论衡》下）用印度哲学来讲这一段，把“藏”解作“阿罗耶识”，把“异”解作“异熟”，把“谋”与“自行”解作“散位独头意识”，便比原文更难懂了。心能收受一切感觉，故说是“藏”。但是心藏感觉，和罐里藏钱不同，罐藏满了，便不能再藏了。心却不然，藏了这个，还可藏那个。这叫做“不以所已藏害所将受”，这便是“虚”。心又能区别比类。如《正名》篇所说：“形体色理以目异，声音清浊……以耳异，甘苦咸淡……以口异。……”五官感觉的种类极为复杂纷繁，所以说：“同时兼知之，两也。”感觉虽然复杂，心却能“缘耳知声，缘目知形”，比类区别，不致混乱。这是“不以夫一害此一”。这便叫做“一”。心能有种种活动，如梦与思虑之类。但是梦时尽梦，思虑时尽思虑，专心接物时，还依旧能有知识。这是“不以梦剧乱知”，这便是“静”。心有这三种特性，始能知道。所以那些“未得道而求道”的人，也须做到这三种工夫：第一要虚心，第二要专一，第三要静心。

二、谬误　荀子的知识论的心理根据既如上说，如今且看他论知识谬误的原因和救正的方法。他说：

> 故人心譬如槃水，正错而勿动，则湛浊在下而清明在上，则足以见须眉而察理矣。微风过之，湛浊动乎下，清明乱于上，则不可以得大形之正也。心亦如是矣。导之以理，养之以清，物莫之倾，则足以定是非决嫌疑矣。小物引之，则其正外易，其心内倾，则不足以决粗理也。（同）

凡一切谬误都由于中心不定，不能静思，不能专一。又说：

> 凡观物有疑（疑，定也。与下文“疑止之”之疑同义。此即《诗》“靡所止疑”之疑）。中心不定则外物不清。吾虑不清则未可定然否也。冥冥而行者，见寝石以为伏虎也，见植林以为后人也：冥冥蔽其明矣。醉者越百步之沟，以为蹞步之浍也；俯而出城门，以为小之闺也：酒乱其神也。……故从山上望牛者若羊，……远蔽其大也。从山下望木者，十仞之木若箸，……高蔽其长也。水动而影摇，人不以定美恶，水势玄也。瞽者仰视而不见星，人不以定有无，用精惑也。有人焉以此时

定物，则世之愚者也。彼愚者之定物，以疑决疑，决必不当。夫苟不当，安能无过乎。

这一段说一切谬误都由于外物扰乱五官。官能失其作用，故心不能知物，遂生种种谬误（参观《正名》篇论“所缘以同异”一节）。

因为知识易有谬误，故不能不有个可以取法的标准模范。荀子说：

凡〔可〕以知，人之性也。可知，物之理也（**可字下旧有“以”字。今据久保爱所见元本删之**）。以可以知人之性，求可知物之理（**人字物字疑皆是衍文，后人误读上文，又依上文妄改此句而误也**），而无所疑止之，则没世穷年不能遍也。其所以贯理焉，虽亿万已，不足以浃万物之变，与愚者若一。学老身长子而与愚者若一，犹不知错，夫是之谓妄人。

故学也者，固学止之也。恶乎止？之曰，止诸至足曷谓至足？曰，圣〔王〕也。圣也者，尽伦者也。王也者，尽制者也。两尽者，足以为天下法极矣。故学者以圣王为师，案以圣王之制为法。法其法，以求其统，类〔其〕类，以务象效其人。（《解蔽》）

这是“标准的”知识论，与孟子的学说，大概相似。孟子说：“规矩，方员之至也；圣人，人伦之至也”，正与荀子的“圣也者，尽伦者也；王也者，尽制者也”同意。他两人都把“法圣王”看作一条教育的捷径。譬如古人用了心思目力，造下规矩准绳，后世的人依着做去，便也可做方员平直。学问知识也是如此。依着好榜样做去，便也可得正确的知识学问,便也可免了许多谬误。这是荀子"止诸至足"的本意。

三、名学　荀卿的名学,完全是演绎法。他承着儒家"春秋派"的正名主义,受了时势的影响,知道单靠着史官的一字褒贬,绝不能做到"正名"的目的。所以他的名学,介于儒家与法家之间,是儒法过渡时代的学说。他的名学的大旨是:

> 凡议,必将立隆正,然后可也。无隆正则是非不分,而辨讼不决。故所闻曰:"天下之大隆(下旧有也字。今据久保爱所见宋本删),是非之封界,分职名象之所起,王制是也。"故凡言议期命以圣王为师。(《正论》)
>
> 传曰"天下有二:非察是,是察非",谓合王制与不合王制也。天下有不以是为隆正也,然而犹有能分是非治曲直者耶?(《解蔽》)

他的大旨只是要先立一个"隆正",做一个标准的大前提。凡是合这隆正的都是"是的",不合的都是"非的"。所以我说他是演绎法的名学。

荀子讲"正名"只是要把社会上已经通行的名,用国家法令制定;制定之后,不得更改。他说:

> 故王者之制名,名定而实辨,道行而志通,则慎率民而一焉。故析辞擅作名,以乱正名,使民疑惑,人多辨讼,则谓之大奸,其罪犹为符节度量之罪也。故其民莫敢为奇辞以乱正名。故其民悫,悫则易使,易使则功(功旧作公,今依顾千里校改)。

> 其民莫敢为奇辞以乱正名，故一于道法而谨于循令矣。如是，则其迹长矣。迹长功成，治之极也。是谨于守名约之功也。(《正名》)

但是

> 今圣王没，名守慢，奇辞起，名实乱，是非之形不明，则虽守法之吏，诵数之儒，亦皆乱。若有王者起，必将有循于旧名，有作于新名。(同)

"循旧名"的法如下：

> 后王之成名：刑名从商，爵名从周，文名从礼。散名之加于万物者，则从诸夏之成俗。曲期远方异俗之乡，则因之而为通。(同)

荀子论"正名"，分三步，如下：

(一)所为有名。

(二)有缘有同异。

(三)制名之枢要。

今分说如下：

(一)为什么要有"名"呢？ 荀子说：

> 异形离心交喻，异物名实互纽(此十二字，杨注读四字一句。王校仍之。今从郝懿行说读六字为句。互旧作玄，今从

王校改)。贵贱不明,同异不别。如是,则志必有不喻之患,而事必有困废之祸。

这是说无名的害处。例如我见两物,一黑一白,若没有黑白之名,则别人尽可以叫黑的做白的,叫白的做黑的。这是“异形离心交喻,异物名实互纽”。又如《尔雅》说:“犬未成豪曰狗”;《说文》说:“犬,狗之有县蹄者也。”依《尔雅》说,狗是犬的一种,犬可包狗。依《说文》说,犬是狗的一种,狗可包犬。如下图。

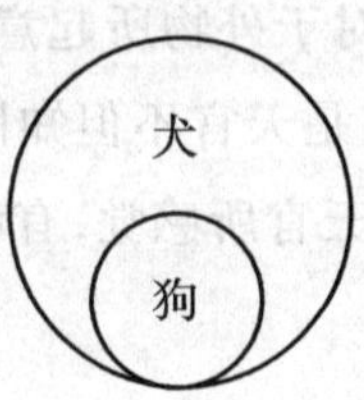

依《尔雅》说:
“狗,犬也。”

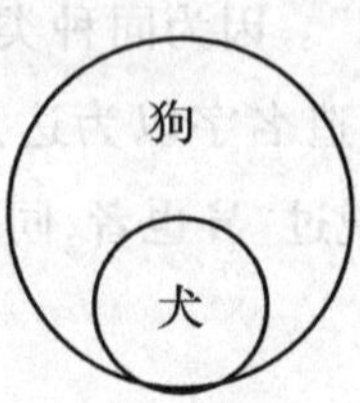

依《说文》说:
“犬,狗也。”

这也是“异物名实互纽”之例。荀子接着说:

故知者为之分别,制名以指实。上以明贵贱,下以辨同异。贵贱明,同异别,如是,则志无不喻之患,事无困废之祸。此所为有名也。

此处当注意的是荀子说的“制名以指实”有两层用处:第一是“明贵贱”,第二是“别同异”。墨家论“名”只有别同异一种用处。儒家却于“别同异”之外添出“明贵贱”一种用处。“明贵贱”即是“寓褒贬,别善恶”之意。荀子受了当时科学家的影响,不能不说名有别同异之用。但他依然把"明贵贱"看得比"别同异"更为重要。所以说"上"以明贵贱,"下"以别同异。

(二)怎样会有同异呢? 荀子说这都由于"天官"。天官即是耳、目、鼻、口、心、体之类。他说:

> 凡同类同情者,其天官之意物也同。故比方之,疑似而通,是所以共其约名以相期也。

这是说"同"。因为同种类同情感的人对于外物所起意象大概相同,所以能造名字以为达意的符号。但是天官不但知同,还能别异。上文说过"异也者,同时兼知之"。天官所感觉,有种种不同。故说:

> 形体色理以目异;声音清浊调竽奇声以耳异;甘苦咸淡辛酸奇味以口异;香臭芬郁腥臊洒酸奇臭以鼻异;疾养沧热滑铍轻重以形体异;说故喜怒哀乐爱恶欲以心异。心有征知(**有读又。此承上文而言,言心于上所举九事外,又能征知也**)。征知则缘耳而知声可也。缘目而知形可也。然而征知必将待天官之当簿其类,然后可也。五官簿之而不知,心征之而无说,则人莫不谓之不知。此所缘而以同异也。

这一段不很好懂。第一长句说天官的感觉有种种不同,固可懂得。此下紧接一句"心有征知",杨注云:"征,召也。言心能召万物而知之。"这话不曾说得明白。章太炎《原名》篇说:"接于五官曰受,受者谓之当簿。传于心曰想,想者谓之征知。"又说:"领纳之谓受,受非爱憎不箸；取像之谓想，想非呼召不征。”是章氏也把征字作“呼召”解，但他的“呼召”是“想象”之意，比杨倞进一层说。征字本义有证明之意(《中庸》“杞不足征也”注：“征，犹明也。”《荀子·性恶》篇：“善言天者必有征于人。”《汉书·董仲舒传》有此语，师古曰，征，证也)。这是说五官形体所受的感觉，种类纷繁，没有头绪。幸有一个心除了“说故喜怒哀乐爱恶欲”之外，还有证明知识的作用。证明知识就是使知识有根据。例如目见一色，心能证明他是白雪的白色；耳听一声，心能证明他是门外庙里的钟声。这就是“征知”。因为心能征知，所以我们可以“缘耳而知声，缘目而知色”。不然，我们但可有无数没有系统，没有意义的感觉，决不能有知识。

但是单有“心”，不用“天官”，也不能有知识。因为“天官”所受的感觉乃是知识的原料；没有原料，便无所知。不但如此，那“征知”的心，并不是离却一切官能自己独立存在的；其实是和一切官能成为一体，不可分断的。征知的作用，还只是心与官能连合的作用。例如听官必先听过钟声，方可闻声即知为钟声；鼻官必先闻过桂花香，方可闻香即知为桂花香。所以说：“然而征知必将待天官之当簿其类，然后可也。”“当簿”如《孟子》“孔子先簿正祭器”的簿字，如今人说“记帐”。天官所曾感觉过的，都留下影子，如店家记帐一般。帐上有过桂花香，所以后来闻一种香，便如翻开老帐，查出这是桂花香。初次感觉，有如登帐，故名“当簿其类”。后来知物，即根据帐簿证明这是什么，故名“征知”。例如画一“丁”字，中国人见了说是甲乙丙丁的“丁”字；英国人见了说是英文第二十字母；那没有文字的野蛮人见了便不认得了。所以说：“五官簿之而不知，心征之而无说，则人莫不谓之不知。”

(三)制名的枢要又是什么呢？　荀子说，同异既分别了，

> 然后随而命之，同则同之，异则异之。单足以喻则单，单不足以喻则兼。单与兼无所相避则共，虽共不为害矣。知异实之异名也，故使异实者莫不异名也，不可乱也。犹使同实者莫不同名也。故万物虽众，有时而欲遍举之，故谓之“物”。物也者，大共名也。推而共之，共则有共，至于无共然后止。有时而欲偏举之，故谓之“鸟兽”。鸟兽也者，大别名也。推而别之，至于无别然后止。名无固宜约之以命，约定俗成谓之宜，异于约则谓之不宜。名无固实，约之以命实，约定俗成谓之实名。名有固善，径易而不拂谓之善名。……此制名之枢要也。（以上皆《正名》篇）

制名的枢要只是“同则同之，异则异之”八个字。此处当注意的是荀子知道名有社会的性质，所以说“约定俗成谓之宜”。正名的事业，不过是用法令的权力去维持那些“约定俗成”的名罢了。

以上所说三条，是荀子的正名论的建设一方面。他还有破坏的方面，也分三条。

（一）惑于用名以乱名 荀子举的例是：

（1）“见侮不辱”。（宋子之说）

（2）“圣人不爱己”。（《墨辩·大取》篇云：“爱人不外己，己在所爱之中。己在所爱，爱加于己，伦列之爱己，爱人也。”）

（3）“杀盗非杀人也”。（此《墨辩·小取》篇语）

对于这些议论，荀子说：

> 验之所以为有名，而观其孰行，则能禁之矣。

"所以为有名"即是上文所说"明贵贱,别同异"两件。如说"见侮不辱";"见侮"是可恶的事,故人都以为辱。今不能使人不恶侮,岂能使人不把"见侮"当作可耻的事。若不把可耻的事当作可耻的事,便是"贵贱不明,同异无别"了(说详《正论》篇)。"人"与"己"有别,"盗"是"人"的一种;若说"爱己还只是爱人",又说"杀盗不是杀人",也是同异无别了。这是驳第一类的"邪说"。

(二)惑于用实以乱名　荀子举的例是:

(1)"山渊平"。(杨注,此即《庄子》云:"山与泽平。")

(2)"情欲寡"。(欲字是动词。《正论》篇说宋子曰:"人之情欲寡而皆以己之情为欲多。")

(3)"刍豢不加甘,大钟不加乐。"(杨注:此墨子之说)

荀子说:

> 验之所缘而以同异(而旧作无,今依上文改),而观其孰调,则能禁之矣。

同异多"缘天官",说已见上文,如天官所见,高耸的是山,低下的是渊,便不可说"山渊平"。这便是墨子三表(看第六篇第四章)中的第二表:"下原察百姓耳目之实。""情欲寡"一条也是如此。请问:

> 人之情为目不欲綦色,耳不欲綦声,口不欲綦味,鼻不欲綦臭,形不欲綦佚:——此五綦者,亦以人之情为不欲乎?曰,人之情欲是已。曰,若是,则说必不行矣。以人之情为欲此五綦者而不欲多,譬之是犹以人之情为欲富贵而不欲货也,好美而恶西施也。(《正论》)

这是用实际的事实来驳那些"用实以乱名"的邪说。

(三)惑于用名以乱实 荀子举的例是"非而谒楹有牛马非马也。"这十个字前人都读两个三字句,一个四字句,以为"马非马也"是公孙龙的"白马非马也"。孙诒让读"有牛马,非马也"六字为句,引以证《墨辩·经下》:"牛马之非牛,与可之同,说在兼"一条。《经说下》云:"'牛马,牛也',未可。则或可或不可。而曰'牛马,牛也,未可'亦不可。且牛不二,马不二,而牛马二。则牛不非牛,马不非马,而牛马非牛非马,无难。"我以为孙说很有理。但上文"非而谒楹"四个字终不可解。

荀子驳他道:

> 验之名约,以其所受,悖其所辞,则能禁之矣。

名约即是"约定俗成谓之宜"。荀子的意思只是要问大家的意见如何。如大家都说"牛马是马",便可驳倒"牛马非马"的话了。

四、辩 荀子也有论"辩"的话,但说的甚略。他是极不赞成"辩"的,所以说:

> 夫民,易一以道而不可与共故。故明君临之以势,道之以道,申之以命,章之以论,禁之以刑。故其民之化道也如神,辩执恶用矣哉?

这就是孔子"天下有道则庶人不议"的意思。他接着说:

> 今圣王没,天下乱,奸言起,君子无势以临之,无刑以禁

之，故辩说也。

辩说乃是“不得已而为之”的事。荀子论“辩”有几条界说很有价值。他说：

名闻而实喻，名之用也。累而成文，名之丽也。用丽俱得，谓之知名。

又说：

名也者，所以期累实也。（期，会也。会，合也。〔《说文》，累字如累世之累，是形容词。〕）辞也者，兼异实之名以论一意也（王校，论当作谕。我以为不改也可）。辩说也者，不异实名以喻动静之道也（“不异实名”谓辩中所用名须终始同义，不当前后涵义有广狭之区别）。

荀子说“辩”，颇没有什么精采。他说：

期命也者，辩说之用也。辩说也者，心之象道也。……心合于道，说合于心，辞合于说；正名而期，质请（同情）而喻，辨异而不过，推类而不悖：听则合文，辩则尽故。正道而辨奸，犹引绳以持曲直。是故邪说不能乱，百家无所窜。

“正道而辨奸，犹引绳以持曲直”，即是前文所说的：“凡议必将立隆正，然后可也。……凡言议期命，以圣王为师。”这种论理，全是演绎法。演绎法的通律是“以类度类”（《非相》），“以浅持博，以一持万”（《儒效》）。说得详细点是：

奇物怪变，所未尝闻也，所未尝见也，卒然起一方，则举统类而应之，无所疑怍；张法而度之，则晻然若合符节。（《儒效》）

第十二篇　古代哲学的终局

第一章　西历前三世纪之思潮

西历前四世纪（前四〇〇年至三〇一年。安王二年至赧王十四年）和前三世纪的前七十年（前三〇〇年至二三〇年。周赧王十五年至秦始皇十七年），乃是中国古代哲学极盛的时代。我们已讲过"别墨"、惠施、公孙龙、孟子、庄子、荀子的哲学了。但是除了这几个重要学派以外，还有许多小学派发生于前四世纪的下半和前三世纪的上半。因为这几家学派成熟的时期大概多在前三世纪的初年，故统称为"前三世纪的思潮"。这一篇所说，以各家的人生哲学和政治哲学为主脑。

一、慎到、彭蒙、田骈　据《史记》，慎到是赵国人，田骈是齐国人。《史记》又屡说："淳于髡、慎到、环渊、接子、田骈、驺奭之徒。"（《孟子荀卿列传》及《田完世家》）似乎慎到、田骈的年代大概相去不远。《庄子·天下》篇说田骈学于彭蒙。《尹文子》下篇记田子、宋子、彭蒙问答一段，又似乎田骈是彭蒙之师。但道藏本的《尹文子》无此段，或是后人加入的。大概我们还应该根据《天下》篇，说慎到稍在前，彭蒙次之，田骈最后。他们的时代大概当前三世纪初年。《汉书·艺文志》有《慎子》四十二篇，《田子》二十五篇，今多不传。《慎子》惟存佚文若干条，后人集成《慎子》五篇（《汉书》云："慎子先申韩，申韩称之。"此言甚谬。慎子在申子后）。

《庄子·天下》篇说：

> 彭蒙、田骈、慎到……齐万物以为首。曰：天能覆之而不能载之；地能载之而不能覆之；大道能包之而不能辩之。知万物皆有所可，有所不可。故曰：选则不遍，教则不至，道则无遗者矣（**道通导字**）。

这种根本观念，与《庄子·齐物论》相同。"万物皆有所可，有所不可"，象虽大，蚂蚁虽小，各有适宜的境地，故说万物平等。《齐物论》只是认明万物之不齐，方才可说齐。万物即各有个性的不齐，故说选择不能遍及，教育不能周到，只有因万物的自然，或者还可以不致有遗漏。"道"即是因势利导。故下文接着说：

> 是故慎到弃知去己而缘不得已。泠汰于物以为道理（**郭注："泠汰犹听放也。"郭说似是。泠汰犹今人说冷淡**）。謑髁无任，而笑天下之尚贤也。纵脱无行，而非天下之大圣。椎拍輐断，与物宛转。舍是与非，苟可以免；不师知虑，不知前后。魏然而已矣。

"弃知去己而缘不得已"，"椎拍輐断，与物宛转"，即是上文"道"字的意思。庄子所说的"因"，也是此理。下文又申说这个道理：

> 推而后行，曳而后往；若飘风之还，若羽之旋，若磨石之

> 隧；全而无非，动静无过，未尝有罪。是何故？夫无知之物，无建己之患，无用知之累，动静不离于理，是以终身无誉。故曰：至于无知之物而已。无用贤圣，夫块不失道。豪杰相与笑之曰："慎到之道，非生人之行而至死人之理，适得怪焉。"

这一段全是说"弃知去己而缘不得已"的道理。老子说的"圣人之治，虚其心，实其腹；弱其志，强其骨：常使民无知无欲"，即是这个道理。老子要人做一个"顽似鄙"的"愚人"。慎到更进一层，要人做土块一般的"无知之物"。

如今所传的《慎子》五篇，及诸书所引，也有许多议论可说明《天下》篇所说。上文说："夫无知之物，无建己之患，无用知之累，动静不离于理。"反过来说，凡有知之物，不能尽去主观的私见，不能不用一己的小聪明，故动静定不能不离于理。这个观念用于政治哲学上，便主张废去主观的私意，建立物观的标准。《慎子》说：

> 措钧石，使禹察之，不能识也。悬于权衡，则厘发识矣。

权衡钧石都是"无知之物"，但这种无知的物观标准，辨别轻重的能力，比有知的人还高千百倍。所以说：

> 有权衡者，不可欺以轻重；有尺寸者，不可差以长短；有法度者，不可巧以诈伪。

这是主张"法治"的一种理由。孟子说过：

徒善不足以为政，徒法不能以自行。《诗》云："不愆不忘，率由旧章。"遵先王之法而过者，未之有也。圣人既竭目力焉，继之以规矩准绳，以为方员平直，不可胜用也。既竭耳力焉，继之以六律，〔以〕正五音，不可胜用也。既竭心思焉，继之以不忍人之政，而仁覆天下矣。

孟子又说：

规矩，方员之至也；圣人，人伦之至也。（皆见《离娄》篇）

孟子所说的"法"，还只是一种标准模范，还只是"先王之法"。当时的思想界，受了墨家"法"的观念的影响，都承认治国不可不用一种"标准法"。儒家的孟子主张用"先王之法"，荀子主张用"圣王为师"，这都是"法"字模范的本义。慎子的"法治主义"，便比儒家进一层了。慎子所说的"法"，不是先王的旧法，乃是"诛赏予夺"的标准法。慎子最明"法"的功用，故上文首先指出"法"的客观性。这种客观的标准，如钧石权衡，因为是"无知之物"，故最正确，最公道，最可靠。不但如此，人治的赏罚，无论如何精明公正，总不能使人无德无怨。这就是"建己之患，用知之累"。若用客观的标准，便可免去这个害处。《慎子》说：

君人者，舍法而以身治，则诛赏予夺从君心出。然则受赏者，虽当，望多无穷；受罚者，虽当，望轻无已。君舍法，以心裁轻重，则同功殊赏，同罪殊罚矣。怨之所由生也。

这是说人治"以心裁轻重"的害处。《慎子》又说:

> 法虽不善,犹愈于无法。所以一人心也。夫投钩以分财,投策以分马,非钩策为均也,使得美者不知所以美,得恶者不知所以恶。此所以塞愿望也。

这是说客观的法度可以免"以心裁轻重"的大害。此处慎子用钩策比"法",说法之客观性最明白。此可见中国法治主义的第一个目的只要免去专制的人治"诛赏予夺从君心出"的种种祸害。此处慎到虽只为君主设想,其实是为臣民设想,不过他不敢明说罢了。儒家虽也有讲到"法"字的,但总脱不了人治的观念,总以为"惟仁者宜在高位"。(孟子语,见《离娄》篇)慎到的法治主义首先要去掉"建己之患,用知之累":这才是纯粹的法治主义。

慎到的哲学根本观念——"弃知去己而缘不得已"——有两种结果:第一是用无知的法治代有知的人治,这是上文所说过了的。第二是因势主义。《天下》篇说:"选则不遍,教则不至,道则无遗者矣。"慎子也说:

> 天道因则大,化则细(因即《天下》篇之"道"化即《天下》篇之"教")。因也者,因人之情也。人莫不自为也。化而使之为我,则莫可得而用。……人人不得其所以自为也,则上不取用焉。故用人之自为,不用人之为我,则莫不可得而用矣。此之谓因。

这是老子杨朱一支的嫡派。老子说为治须要无为无事。杨朱说人人都有“存我”的天性，但使人人不拔一毛，则天下自然太平了。慎到说的“自为”，即是杨朱说的“存我”。此处说的“因”，只是要因势利用人人的“自为”心（此说后来《淮南子》发挥得最好。看本书中卷论《淮南子》）。凡根据于天道自然的哲学，多趋于这个观念。欧洲十八世纪的经济学者所说的“自为”观念（参看亚丹斯密《原富》部甲第二篇），便是这个道理。

上文引《天下》篇说慎到的哲学道，“推而后行，曳而后往；若飘风之远，若羽之旋，若磨石之隧”。这也是说顺着自然的趋势。慎到的因势主义，有两种说法：一种是上文说的“因人之情”；一种是他的“势位”观念。《韩非子·难势》篇引慎子道：

> 慎子曰：“飞龙乘云，腾蛇游雾。云罢雾霁而龙蛇与螾蚁同矣，财失其所乘也。贤人而诎于不肖者，则权轻位卑也。不肖而能服于贤者（适按服字下之于字系衍文，后人不通文法，依上句妄加者也），则权重位尊也。尧为匹夫，不能治三人；而桀为天子，能乱天下。吾以此知势位之足恃而贤智之不足慕也。夫弩弱而矢高者，激于风也。身不肖而令行者，得助于众也。尧教于隶属而民不听，至于南面而王天下，令则行，禁则止。由此观之，贤智未足以服众，则势位足以任贤者也。”

这个观念，在古代政治思想发达史上很是重要的。儒家始终脱不了人治的观念，正因为他们不能把政权与君主分开来看，故说：“徒法不能以自行。”又说：“惟仁者宜在高位。”他们不知道法的自身虽不能施行，但行法的并不必是君主乃是政权，乃是“势位”。知道行政执法所靠的是政权，不是圣君明主，这便是推翻人治主义的第一步。慎子的意思要使政权（势位）全在法度，使君主“弃知去己”，做一种“虚君立宪”制度。君主成了“虚君”，故不必一定要有贤智的君主。荀子批评慎子的哲学，说他“蔽于法而不知贤”，又说“由法谓之，道尽数矣”。（《解蔽》篇）不知这正是慎子的长处。

以上说慎到的哲学。《天下》篇说田骈、彭蒙的哲学与慎到大旨相同，都以为“古之道人，至于莫之是，莫之非而已矣”。这就是上文“齐万物以为首”的意思。

二、宋钘、尹文　宋钘，又作宋牼，大概与孟子同时。尹文曾说齐湣王（见《吕氏春秋·正名》篇。又见《说苑》、《汉书·艺文志》作说齐宣王），大概死在孟子之后，若作西历计算，宋钘是纪元前三六〇至二九〇年，尹文是纪元前三五〇至二七〇年。

《汉书·艺文志》有宋子十八篇，列在小说家；《尹文子》一篇，列在名家。今《宋子》已不传了。现行之《尹文子》有上下两篇。

《庄子·天下》篇论宋钘、尹文道：

> 不累于俗，不饰于物，不苟于人，不忮于众；愿天下之安宁，以活民命；人我之养，毕足而止，以此白心（白，《释文》云，或作任）。古之道术有在于是者，宋钘、尹文闻其风而悦之，作为华山之冠以自表。接万物以别宥为始。……见侮不辱，救民之斗；禁攻寝兵，救世之战。以此周行天下，上说下教，虽天下不取，强聒而不舍也。……以禁攻寝兵为外，以情欲寡浅为内。……

这一派人的学说与上文慎到、田骈一派有一个根本的区别。慎到一派“齐万物以为首”，宋钘、尹文一派“接万物以别宥为始”。齐万物是要把万物看作平等,无论他“有所可,有所不可”,只是听其自然。“别宥”便不同了。宥与囿通。《吕氏春秋·去宥》篇说:“夫人有所宥者,因以昼为昏,以白为黑。……故凡人必别宥,然后知。别宥则能全其天矣。”别宥只是要把一切蔽囿心思的物事都辨别得分明。故慎到一派主张无知,主张“莫之是,莫之非”;宋钘、尹文一派主张心理的研究,主张正名检形,明定名分。

《尹文子》也有“禁暴息兵,救世之斗”的话。《孟子》记宋牼要到楚国去劝秦楚停战。这都与《天下》篇相印证。《孟子》又说宋牼游说劝和的大旨是“将言其不利”。这个正与墨家非攻的议论相同。《天下》篇说宋钘、尹文“其为人太多,其自为太少”(此亦与慎到“自为”主义不同),又说:“先生恐不得饱,弟子虽饥,不忘天下,日夜不休,曰:我必得活哉!”这都是墨家“日夜不休,以自苦为极”的精神。因此我疑心宋钘、尹文一派是墨家的一支,稍偏于“宗教的墨学”一方面,故不与“科学的别墨”同派。若此说是真的,那么今本《尹文子》中“大道治者,则儒墨名法自废;以儒墨名法治者,则不得离道”等句,都是后人加入的了(《荀子·非十二子》篇也以墨翟、宋钘并称)。

“见侮不辱,救民之斗”,乃是老子、墨子的遗风。老子的“不争”主义,即含有此意。(见第三篇)墨子也有此意。《耕柱》篇说:

> 子墨子曰:“君子不斗。”子夏之徒曰:“狗豨犹有斗,恶有士而无斗矣。”子墨子曰:“伤矣哉!言则称于汤文,行则譬于狗豨!伤矣哉!”

但宋钘的“见侮不辱”说,乃是从心理一方面着想的,比老子、墨子都更进一层。《荀子·正论》篇述宋子的学说道：

> 子宋子曰：明见侮之不辱，使人不斗。人皆以见侮为辱，故斗也。知见侮之为不辱，则不斗矣（《正名》篇亦言："见侮不辱"）。

宋子的意思只要人知道"见侮"不是可耻的事，便不至于争斗了（娄师德的"唾面自干"便是这个道理）。譬如人骂你"猪狗"，你便大怒；然而你的老子对人称你为"豚儿"，为"犬子"，何以不生气呢？你若能把人骂你用的"猪狗"看作"豚儿"之豚，"犬子"之犬，那便是做到"见侮不辱"的地位了。

宋子还有一个学说，说人的性情是爱少不爱多的，是爱冷淡不爱浓挚的。《庄子·天下》篇称为"情欲寡浅"说（欲是动词，即"要"字）。《荀子·正论》篇说：

> 子宋子曰："人之情欲（欲是动词）寡，而皆以己之情为欲多，是过也。"故率其群徒，辨其谈说，明其譬称，将使人知情之欲寡也（《正名》篇亦有"情欲寡"句）。

这种学说大概是针对当时的"杨朱主义"（纵欲主义）而发的。宋子要人寡欲，因说人的情欲本来是要"寡浅"的，故节欲与寡欲并不是逆天拂性，乃是顺理复性。这种学说正如儒家的孟子一派要人为善，遂说性本是善的。同是偏执之见（看《荀子》的《驳论》），但宋钘、尹文都是能实行这个主义的，看《天下》篇所说，便可见了。

尹文的学说，据现有的《尹文子》看来，可算得当时一派重要学说。尹文是中国古代一个法理学大家。中国古代的法理学乃是儒墨道三家哲学的结果。老子主张无为，孔子也说无为，但他却先要"正名"，等到了"君君、臣臣、父父、子子"的地位，方才可以"无为而治"了。孔子的正名主义已含有后来法理学的种子。看他说不正名之害可使"刑罚不中，……民无所措手足"，便可见名与法的关系。后来墨家说"法"的观念，发挥得最明白。墨家说"名"与"实"的关系也说得最详细。尹文的法理学的大旨只在于说明"名"与"法"的关系。《尹文子》说：

> 名者，名形者也。形者，应名者也。……故必有名以检形，形以定名；名以定事，事以检名；（疑当作"名以检事，事以正名"）……善名命善，恶名命恶。故善有善名，恶有恶名。圣贤仁智，命善者也。顽嚚凶愚，命恶者也。……使善恶尽然有分，虽未能尽物之实，犹不患其差也。……今亲贤而疏不肖，赏善而罚恶。贤、不肖、善、恶之名宜在彼；亲、疏、赏、罚之称宜在我。……名宜属彼，分宜属我。我爱白而憎黑，韵商而舍徵，好膻而恶焦，嗜甘而逆苦：白、黑、商、徵、膻、焦、甘、苦，彼之名也；爱、憎、韵、舍、好、恶、嗜、逆，我之分也。定此名分，则万事不乱也。

这是尹文的法理学的根本观念。大旨分三层说：一是形，二是名，三是分。形即是"实"，即是一切事物。一切形都有名称，名须与实相应，故说："名者，名形者也；形者，应名者也。"尹文的名学好像最得力于儒家的正名主义，故主张名称中须含有褒贬之意，所以说："善名命善，恶名命恶，……使善恶尽（疑当作画）然有分。"这完全是寓褒贬，别善恶，明贵贱之意。命名既正当了，自然会引起人心对于一切善恶的正当反动。这种心理的反动，这种人心对于事物的态度，便叫做“分”。例如我好好色而恶恶臭，爱白而憎黑：好色、恶臭、白、黑是名；好、恶、爱、憎是分。名是根据于事物的性质而定的，故说“名宜属彼”。分是种种名所引起的态度，故说“分宜属我”。有什么名，就该引起什么分。名不正，则分不正。例如匈奴子娶父妻，不以为怪；中国人称此为“烝”，为“乱伦”，就觉得是一桩大罪恶。这是因为“烝”与“乱伦”二名都能引起一种罪恶的观念。又如中国妇女缠足，从前以为“美”，故父母狠起心肠来替女儿裹足，女儿也忍着痛苦要有这种“美”的小脚。现今的人说小脚是“野蛮”，缠足是“残忍非人道”，于是缠足的都要放了，没有缠的也不再缠了。这都因为“美”的名可引起人的羡慕心，“野蛮”、“残忍”的名可引起人的厌恶心。名一变，分也变了。正名的宗旨只是要“善有善名，恶有恶名”；只是要善名发生羡慕爱做的态度，恶名发生厌恶不肯做的态度。故说“定此名分，则万事不乱也”。

以上所说，尹文的法理学与儒家的正名主义毫无分别（参观第四篇第四章，第十一篇第三章）。但儒家如孔子想用“春秋笔法”来正名，如荀卿想用国家威权来制名，多不主张用法律。尹文便不同了。《尹文子》道：

> 故人以度审长短，以量受多少，以衡平轻重，以律均清浊，以名稽虚实，以法定治乱。以简治烦惑，以易御险难，以万事皆归于一，百度皆准于法。归一者，简之至；准法者，易之极。如此，顽嚚聋瞽可与察慧聪明同其治也。

从纯粹儒家的名学一变遂成纯粹的法治主义。这是中国法理学史的一大进步,又可见学术思想传授沿革的线索最不易寻,决非如刘歆、班固之流画分做六艺九流就可完事了的。

三、许行、陈相、陈仲 当时的政治问题和社会问题最为切要,故当时的学者没有一人不注意这些问题的。内中有一派,可用许行作代表。许行和孟子同时。《孟子·滕文公》篇说:

> 有为神农之言者许行,自楚之滕,踵门而告文公曰:"远方之人,闻君行仁政,愿受一廛而为氓。"文公与之处。其徒数十人,皆衣褐,捆屦织席以为食。……陈相见孟子,道许行之言曰:"滕君则诚贤君也,虽然,未闻道也。贤者与民并耕而食,饔飧而治。今也,滕有仓廪府库,则是厉民而以自养也。恶得贤?"

这是很激烈的无政府主义。《汉书·艺文志》论"农家",也说他们"以为无所事圣王,欲使君臣并耕,悖上下之序"。大概这一派的主张有三端:第一,人人自食其力,无有贵贱上下,人人都该劳动。故许行之徒自己织席子,打草鞋,种田;又主张使君主与百姓"并耕而食,饔飧而治"。第二,他们主张一种互助的社会生活。他们虽以农业为主,但并不要废去他种营业。陈相说:"百工之事,固不可耕且为也。"因此,他们只要用自己劳动的出品与他人交易,如用米换衣服、锅、甑、农具之类。因为是大家共同互助的社会,故谁也不想赚谁的钱,都以互相辅助、互相供给为目的。因此他们理想中的社会是:

> 从许子之道，则市价不贰，国中无伪。虽使五尺之童适市，莫之或欺。布帛长短同，则价相若。麻缕丝絮轻重同，则价相若。五谷多寡同，则价相若。屦大小同，则价相若。

因为这是互助的社会，故商业的目的不在赚利益，乃在供社会的需要。孟子不懂这个道理，故所驳全无精采。如陈相明说"屦大小同，则价相若"，这是说屦的大小若相同，则价也相同；并不是说大屦与小屦同价。孟子却说："巨屦小屦同价，人岂为之哉"；这竟是"无的放矢"的驳论了。第三，因为他们主张互助的社会，故他们主张不用政府。《汉书》所说"无所事圣王，欲使君臣并耕"；《孟子》所说"贤者与民并耕而食，饔飧而治"，都是主张社会以互助为治，不用政府。若有政府，便有仓廪府库，便是"厉民而以自养"，失了"互助"的原意了（这种主义，与近人托尔斯太〔Tolstoy〕所主张最近）。

以上三端，可称为互助的无政府主义。只可惜许行、陈相都无书籍传下来，遂使这一学派湮没至今。《汉书·艺文志》记"农家"有《神农》二十篇，《野老》十七篇，及他书若干种，序曰：

> 农家者流，盖出于农稷之官，播百谷劝耕桑，以足衣食，……此其所长也。及鄙者为之，以为无所事圣王，欲使君臣并耕，悖上下之序。

却不知序中所称"鄙者"，正是这一派的正宗。这又可见《艺文志》分别九流的荒谬了（参看江瑔《读子卮言》第十六章《论农家》）。

陈仲子（也称田仲。田陈古同音），也是孟子同时的人。据《孟子》所说：

> 仲子，齐之世家也。兄戴，盖禄万种。以兄之禄为不义之禄而不食也；以兄之室为不义之室而不居也。避兄离母，处于於陵。
>
> 居於陵，三日不食，耳无闻，目无见也。井上有李，螬食实者过半矣，匍匐往将食之，然后耳有闻，目有见。
>
> 仲子所居之室，所食之粟，彼身织屦，妻辟纑以易之。

陈仲这种行为，与许行之徒主张自食其力的，毫无分别。《韩非子》也称田仲"不恃仰人而食"。可与《孟子》所说互相证明。《荀子·非十二子》篇说陈仲一般人"忍情性，綦谿利跂，苟以分异人为高，不足以合大众，明大分"。这一种人是提倡极端的个人主义的，故有这种特立独行的行为。《战国策》记赵威后问齐王的使者道：

> 於陵仲子尚存乎？是其为人也，上不臣于王，下不治其家，中不索交诸侯，此率民而出于无用者。何为至今不杀乎？

这可见陈仲虽不曾明白主张无政府，其实也是一个无政府的人了。

四、驺衍 驺衍，齐人。《史记》说他到梁时，梁惠王郊迎；到赵时，平原君"侧行襒席"；到燕时，燕昭王"拥彗先驱"。这几句话很不可靠。平原君死于西历前二五一年，梁惠王死于前三一九年（此据《纪年》，若据《史记》，则在前三三五年），梁惠王死时，平原君还没有生呢。《平原君传》说驺衍过赵在信陵君破秦存赵之后（前二五七年），那时梁惠王已死六十二年了（若依《史记》，则那时惠王已死了七十八年），燕昭王已死二十二年了。《史记集解》引刘向《别录》也有驺衍过赵见平原君及公孙龙一段，那一段似乎不是假造的。依此看来，驺衍大概与公孙龙同时，在本章所说诸人中，要算最后的了（《史记》亦说衍后孟子）。

《汉书·艺文志》有《驺子》四十九篇，又《驺子终始》五十六篇，如今都不传了。只有《史记·孟荀列传》插入一段，颇有副料的价值。《史记》说：

> 驺衍睹有国者益淫侈不能尚德，……乃深观阴阳消息而作怪迂之变，终始大圣之篇，十余万言。其语闳大不经，必先验小物，推而大之，至于无垠。

这是驺衍的方法。这方法其实只是一种"类推"法。再看这方法的应用：

> 先序今，以上至黄帝，学者所共术。次并世盛衰，因载其禨祥度制，推而远之，至天地未生，窈冥不可考而原也。知列中国名山、大川、通谷、禽兽，水土所殖，物类所珍。因而推之，及海外人之所不能睹。

驺衍这个方法，全是由已知的推想到未知的。用这方法稍不小心便有大害。驺衍用到历史地理两种科学，更不合宜了。历史全靠事实，地理全靠实际观察调查，驺衍却用"推而远之"的方法，以为"想来大概如此"，岂非大错？《史记》又说：

> 称引天地剖判以来，五德转移，治各有宜，而符应若兹。

这是阴阳家的学说。大概当时的历史进化的观念已很通行（看第九篇第一二章及本篇下章《论韩非》）。但当时的科学根据还不充足，故把历史的进化看作了一种终始循环的变迁。驺衍派又附会五行之说，以为五行相生相胜，演出"五德转移"的学说。《墨辩·经下》说：

> 五行无常胜，说在宜。《说》曰：五合水土火，火离然（五当作互）。火铄金，火多也。金靡炭，金多也。合之府水（道藏本、吴抄本作木），木离木。

此条有脱误，不可全懂。但看那可懂的几句，可知这一条是攻击当时的"五行相胜"说的。五行之说大概起于儒家，《荀子·非十二子》篇说子思"案往旧造说，谓之五行"可以为证。驺衍用历史附会五德，于是阴阳五行之说遂成重要学说。到了汉朝这一派更盛。从此儒家遂成"道士的儒学"了（看中卷第十四篇第五章）。

驺衍的地理学虽是荒诞，却有很大胆的思想。《史记》说他

> 以为儒者所谓"中国"者，于天下乃八十一分居其一分耳。中国名曰赤县神州。……中国外，如赤县神州者九，乃所谓"九州"也。于是有裨海环之。人民禽兽莫能相通者，……乃为一州。如此者九，乃有大瀛海环其外，天地之际焉。

这种地理，虽是悬空理想，但很可表示当时理想的大胆，比那些人

认中国为"天下"的,可算得高十百倍了!

《史记·平原君传》,《集解》引刘向《别录》有驺衍论《辩》一节,似乎不是汉人假造的。今引如下:

> 驺子曰:……辩者,别殊类使不相害,序异端使不相乱;抒意通指,明其所谓;使人与知焉,不务相迷也。故胜者不失其所守,不胜者得其所求。若是,故辩可为也。及至烦文以相假,饰辞以相惇,巧譬以相移,引人声使不得及其意。如此,害大道。不能无害君子。

这全是儒家的口吻,与荀子论"辩"的话相同(看上篇第三章)。

参考书:

马骕:《绎史》卷一百十九。

第二章　所谓法家

一、论"法家"之名　古代本没有什么"法家"。读了上章的人当知道慎到属于老子、杨朱、庄子一系;尹文的人生哲学近于墨家,他的名学纯粹是儒家。又当知道孔子的正名论,老子的天道论,墨家的法的观念,都是中国法理学的基本观念。故我以为中国古代只有法理学,只有法治的学说,并无所谓"法家"。中国法理学当西历前三世纪时,最为发达,故有许多人附会古代有名的政治家如管仲、商鞅、申不害之流,造出许多讲法治的书。后人没有历史眼光,遂把一切讲法治的书统称为“法家”，其实是错的。但法家之名，沿用已久了，故现在也用此名。但本章所讲，注重中国古代法理学说，并不限于《汉书·艺文志》所谓“法家”。

二、所谓“法家”的人物及其书

（一）管仲与《管子》 管仲在老子、孔子之前。他的书大概是前三世纪的人假造的，其后又被人加入许多不相干的材料（说详第一篇）。但此书有许多议论可作前三世纪史料的参考。

（二）申不害与《申子》 申不害曾作韩昭侯的国相。昭侯在位当西历前三五八至三三三年。大概申不害在当时是一个大政治家。（《韩非子》屡称申子。《荀子·解蔽》篇也说：“申子蔽于势而不知智。由势谓之，道尽便矣。”）《韩非子·定法》篇说：“申不害言术而公孙鞅为法。”又说：“韩者，晋之别国也。晋之故法未息，而韩之新法又生；先君之令未收，而后君之令又下。申不害不擅其法，不一其宪令。……故托万乘之劲韩，七十年（顾千里校疑当作十七年），而不至于霸王者，虽用术于上，法不勤饰于官之患也。”依此看来，申不害虽是一个有手段（所谓术也）的政治家，却不是主张法治主义的人。今申子书已不传了。诸书所引佚文，有“圣君任法而不任智，任数而不任说，……置法而不变”等语，似乎不是申不害的原著。

（三）商鞅与《商君书》 卫人公孙鞅于西历前三六一年入秦，见孝公，劝他变法。孝公用他的话，定变法之令，“设告相坐而责其实，连什伍而同其罪（《史记》云：“令民为什伍而相收司连坐。不告奸者腰斩，告奸者与斩敌同赏，匿奸者与降敌同罚。”与此互相印证）。赏厚而信，刑重而必。”（《韩非子·定法》篇）公孙鞅的政策只是用赏罚来提倡实业，提倡武力（《史记》所谓“变法修刑，内务耕稼,外劝战死之赏罚"是也)。这种政策功效极大,秦国渐渐富强,立下后来吞并六国的基础。公孙鞅后封列侯,号商君,但他变法时结怨甚多,故孝公一死,商君遂遭车裂之刑而死(西历前三三八年)。商君是一个大政治家,主张用严刑重赏来治国。故他立法:"斩一首者爵一级,欲为官者为五十石之官;斩二首者爵级,欲为官者为百石之官。"(《韩非子·定法》篇)又"步过六尺者有罚,弃灰于道者被刑。"(《新序》)这不过是注重刑赏的政策,与法理学没有关系。今世所传《商君书》二十四篇(《汉书》作二十九篇),乃是商君死后的人所假造的书。如《徕民》篇说:"自魏襄以来,三晋之所亡于秦者,不可胜数也。"魏襄王死在西历前二九六年,商君已死四十二年,如何能知他的谥法呢?《徕民》篇又称"长平之胜",此事在前二八〇年,商君已死七十八年了。书中又屡称秦王。秦称王在商君死后十余年。此皆可证《商君书》是假书。商君是一个实行的政治家,没有法理学的书。

以上三种都是假书,况且这三个人都不配称为"法家"。这一流的人物——管仲、子产、申不害、商君——都是实行的政治家,不是法理学家,故不该称为"法家"。但申不害与商君同时,皆当前四世纪的中叶。他们的政策,都很有成效,故发生一种思想上的影响。有了他们那种用刑罚的政治,方才有学理的"法家"。正如先有农业,方才有农学;先有文法,方才有文法学;先有种种美术品,方才有美学。这是一定的道理。如今且说那些学理的"法家"和他们的书:

(四)慎到与《慎子》　见上章。

(五)尹文与《尹文子》　见上章(《汉书·艺文志》尹文在"名家"是错的)。

（六）尸佼与《尸子》 尸佼，楚人（据《史记·孟荀列传》及《集解》引刘向《别录》。班固以佼为鲁人，鲁灭于楚，鲁亦楚也。或作晋人，非）。古说相传，尸佼曾为商君之客；商君死，尸佼逃入蜀（《汉书·艺文志》）。《尸子》书二十卷，向来列在“杂家”。今原书已亡，但有从各书里辑成的《尸子》两种（一为孙星衍的，一为汪继培的。汪辑最好）。据这些引语看来，尸佼是一个儒家的后辈，但他也有许多法理的学说，故我把他排在这里。即使这些话不真是尸佼的，也可以代表当时的一派法理学者。

（七）韩非与《韩非子》 韩非是韩国的公子，与李斯同受学于荀卿。当时韩国削弱，韩非发愤著书，攻击当时政府“所养非所用，所用非所养”；因主张极端的“功用”主义，要国家变法，重刑罚，去无用的蠹虫，韩王不能用。后来秦始皇见韩非的书，想收用他，遂急攻韩。韩王使韩非入秦说存韩的利益（按《史记》所说。李斯劝秦王急攻韩欲得韩非，似乎不可信。李斯既举荐韩非，何以后来又害杀他。大概韩王遣韩非入秦说秦王存韩，是事实。但秦攻韩未必是李斯的主意）。秦王不能用，后因李斯、姚贾的谗言，遂收韩非下狱。李斯使人送药与韩非，叫他自杀。韩非遂死狱中，时为西历前二三三年。

《汉书·艺文志》载《韩非子》五十五篇。今本也有五十五篇。但其中很多不可靠的。如《初见秦》篇乃是张仪说秦王的话，所以劝秦王攻韩。韩非是韩国的王族，岂有如此不爱国的道理？况且第二篇是存韩。既劝秦王攻韩，又劝他存韩，是决无之事。第六篇《有度》，说荆、齐、燕、魏四国之亡。韩非死时，六国都不曾亡。齐亡最后，那时韩非已死十二年了。可见《韩非子》决非原本，其中定多后人加入的东西。依我看来，《韩非子》十分之中，仅有一二分可

靠,其余都是加入的。那可靠的诸篇如下:

《显学》　《五蠹》　《定法》　《难势》

《诡使》　《六反》　《问辩》

此外如《孤愤》、《说难》、《说林》、《内外储》,虽是司马迁所举的篇名,但是司马迁的话是不很靠得住的(如所举《庄子·渔父》、《盗跖》诸篇,皆为伪作无疑)。我们所定这几篇,大都以学说内容为根据。大概《解老》、《喻老》诸篇,另是一人所作。《主道》、《扬榷》(今作扬权,此从顾千里校)诸篇,又另是一派"法家"所作。《外储·说左上》似乎还有一部分可取。其余的更不可深信了。

三、法　按《说文》:"灋刑也。平之如水,从水;廌,所以触不直者去之,从廌去(廌,解廌兽也。似牛一角。古者决讼,令触不直者。象形)。法,今文省。佱,古文。"据我个人的意见看来,大概古时有两个法字。一个作"亼",从亼从正,是模范之法。一个作"灋",《说文》云:"平之如水,从水;廌,所以触不直者去之,从廌去",是刑罚之法。这两个意义都很古,比较看来,似乎模范的"佱"更古。《尚书·吕刑》说:"苗民弗用灵,制以荆,惟作五虐之荆,曰法。"如此说可信,是罚刑的"灋"字乃是后来才从苗民输入中国本部的。灋字从廌从去,用廌兽断狱,大似初民状态,或本是苗民的风俗,也未可知。大概古人用法字起初多含模范之义。《易·蒙》初六云:"发蒙利用荆人,用说。(句)桎梏以往,吝。"象曰:"利用荆人,以正法也。"此明说"用荆人"即是"用正法"。"荆"是荆范,"法"是模范,"以"即是用。古人把"用说桎梏以往"六字连读,把言说的说解作脱字,便错了。又《系辞传》:"见乃谓之象,形乃谓之器,制而用之谓之法。"法字正作模范解。(孔颖达《正义》:"垂为模范，故云谓之法。”）又如《墨子·法仪》篇云：

> 天下从事者，不可以无法仪。……虽至百工从事者亦皆有法。百工为方以矩，为圆以规，直以绳，正以县。无巧工不巧工，皆以此四者为法。

这是标准模范的“法”（参看《天志》上、中、下，及《管子·七法》篇）。到了墨家的后辈，“法”字的意义讲得更明白了。《墨辩·经上》说：

> 法，所若而然也（看第八篇第二章论“法”的观念）。佴，所然也。《经说》曰：佴所然也者，民若法也。

佴字，《尔雅·释言》云：“贰也。”郭注：“佴次为副贰。”《周礼》：“掌邦之六典八法八则之贰。”郑注：“贰，副也。”我们叫钞本做“副本”，即是此意。譬如摹拓碑帖，原碑是“法”，拓本是“佴”，是“副”。墨家论法，有三种意义：（一）一切模范都是法（如上文所引《法仪》篇）。（二）物事的共相可用物事的类名作代表的，也是法（看第八篇第二、三章）。（三）国家所用来齐一百姓的法度也是法。如上文所引《墨辩》“佴所然也者，民若法也”的话，便是指这一种齐一百姓的法度。荀子说：“墨子有见于齐，无见于畸。”（《天论》篇）墨子的“尚同主义”要“壹同天下之义”，使“上之所是，必皆是之；上之所非，必皆非之”。故荀子说他偏重“齐”字，却忘了“畸”字，畸即是不齐。后来“别墨”论“法”字，要使依法做去的人都有一致的行动，如同一块碑上摹下来的拓本一般；要使守法的百姓都如同法的“佴”。这种观念正与墨子的尚同主义相同,不过墨子的尚同主义含有宗教的性质,别墨论法便没有这种迷信了。

上文所引《墨辩》论“法”字,已把“法”的意义推广,把灋金两个字合成一个字。《易经·噬嗑卦·象传》说:“先王以明罚饬法。”法与刑罚还是两事。大概到了“别墨”时代(四世纪中叶以后),法字方才包括模范标准的意义和刑律的意义。如《尹文子》说:

法有四呈:一曰不变之法,君臣上下是也。二曰齐俗之法,能鄙同异是也。三曰治众之法,庆赏刑罚是也。四曰平准之法,律度权衡是也。

《尹文子》的法理学很受儒家的影响(说见上章),故他的第一种“法”,即是不变之法,近于儒家所谓天经地义。第二种“齐俗之法”指一切经验所得或科学研究所得的通则,如“火必热”、“员无直”(皆见《墨辩》)等等。第三种是刑赏的法律,后人用“法”字单指这第三种(佛家所谓法,〔达摩〕不在此例)。第四种“平准之法”乃佱字本义,无论儒家、墨家、道家,都早承认这种标准的法(看《孟子·离娄》篇、《荀子·正名》篇、《墨子·法仪》、《天志》等篇及《管子·七法》篇、《慎子》、《尹文子》等书)。当时的法理学家所主张的“法”,乃是第三种“治众之法”。他们的意思只是要使刑赏之法,也要有律度权衡那样的公正抚私、明确有效(看上章论慎到尹文)。故《韩非子·定法》篇说:

法者,宪令著于官府,刑罚必于民心;赏存乎慎法,而罚加乎奸令者也。

又《韩非子·难三》篇说：

> 法者，编著之图籍，设之于官府，而布之于百姓者也。

又《慎子》佚文说：

> 法者，所以齐天下之动，至公大定之制也。（见马骕《释史》百十九卷所辑）

这几条界说，讲"法"字最明白。当时所谓"法"，有这几种性质：（一）是成文的（编著之图籍），（二）是公布的（布之于百姓），（三）是一致的（所以齐天下之动，至公大定），（四）是有刑赏辅助施行的功效的（刑罚必于民心，赏存乎慎法而罚加于奸令）。

四、"法"的哲学 以上述"法"字意义变迁的历史，即是"法"的观念进化的小史。如今且说中国古代法理学（法的哲学）的几个基本观念。

要讲法的哲学，先须要说明几件事。第一，千万不可把"刑罚"和"法"混作一件事。刑罚是从古以来就有了的，"法"的观念是战国末年方才发生的。古人早有刑罚，但刑罚并不能算是法理学家所称的"法"。譬如现在内地乡人捉住了做贼的人便用私刑拷打；又如那些武人随意枪毙人，这都是用刑罚，却不是用"法"。第二，须知中国古代的成文的公布的法令，是经过了许多反对，方才渐渐发生的。春秋时的人不明"成文公布法"的功用，以为刑律是愈秘密愈妙，不该把来宣告国人。这是古代专制政体的遗毒。虽有些出色人才，也不能完全脱离这种遗毒的势力。所以郑国子产铸刑书时（昭六年，西历前五三六年），晋国叔向写信与子产道：

> 先王议事以制，不为刑辟，惧民之有争心也。……民知有辟，则不忌于上，并有争心，以征于书而徼幸以成之，弗可为矣。……锥刀之末，将尽争之。乱狱滋丰，贿赂并行，终子之世，郑其败乎！

后二十几年（昭二十九年，前五一三年），叔向自己的母国也作刑鼎，把范宣子所作刑书铸在鼎上。那时孔子也极不赞成，他说：

> 晋其亡乎！失其度矣。……民在鼎矣，何以尊贵？（尊字是动词，贵是名词。）贵何业之守？……

这两句话很有趣味。就此可见刑律在当时，都在"贵族"的掌握。孔子恐怕有了公布的刑书，贵族便失了他们掌管刑律的"业"了。那时法治主义的幼稚，看此两事，可以想见。后来公布的成文法渐渐增加，如郑国既铸刑书，后来又采用邓析的竹刑。铁铸的刑书是很笨的，到了竹刑更方便了。公布的成文法既多，法理学说遂渐渐发生。这是很长的历史，我们见惯了公布的法令，以为古代也自然是有的，那就错了。第三，须知道古代虽然有了刑律，并且有了公布的刑书，但是古代的哲学家对于用刑罚治国，大都有怀疑的心，并且有极力反对的。例如老子说的："法令滋彰，盗贼多有"；"民不畏死，奈何以死惧之。"又如孔子说的："道之以政，齐之以刑，民免而无耻；道之以德，齐之以礼，有耻且格。”这就可见孔子不重刑罚，老子更反对刑罚了。这也有几层原因。（一）因当时的刑罚本来野蛮得很，又没有限制（如《诗》：“彼宜无罪，汝反收之，此宜有罪，汝覆脱之。”又如《左传》所记诸虐刑），实在不配作治国的利器。（二）因为儒家大概不能脱离古代阶级社会的成见，以为社会应该有上下等级：刑罚只配用于小百姓们，不配用于上流社会。上流社会只该受“礼”的裁制，不该受“刑”的约束。如《礼记》所说：“礼不下庶人，刑下上大夫”；《荀子·富国》篇所说：“由士以上，则必以礼乐节之；众庶百姓，则必以法数制之”，都可为证。近来有人说，儒家的目的要使上等社会的“礼”普及全国，法家要使下级社会的“刑”普及全国（参看梁任公《中国法理学发达史》）。这话不甚的确。其实那种没有限制的刑罚，是儒法两家所同声反对的。法家所主张的，并不是用刑罚治国。他们所说的“法”，乃是一种客观的标准法，要“宪令著于官府，刑罚必于民心”，百姓依这种标准行动，君主官吏依这种标准赏罚。刑罚不过是执行这种标准法的一种器具。刑罚成了“法”的一部分，便是“法”的刑罚，便是有了限制，不是从前“诛赏予夺从心出”的刑罚了。

懂得上文所说三件事，然后可讲法理学的几个根本观念。中国的法理学虽到前三世纪方才发达，但他的根本观念来源很早。今分述于下：

第一，无为主义。中国的政治学说，自古代到近世，几乎没有一家能逃得出老子的无为主义。孔子是极为称赞“无为而治”的，后来的儒家多受了孔子“恭己正南面”的话的影响（宋以后更是如此），无论是说“正名”、“仁政”、“王道”、“正心诚意”，都只是要归到“无为而治”的理想的目的。平常所说的“道家”一派，更不用说了。法家中如慎到一派便是受了老子一系的无为主义的影响；如《尸子》，如《管子》中《禁藏》、《白心》诸篇，如《韩非子》中《扬権》、《主道》诸篇，便是受了老子孔子两系的无为主义的影响。宋朝王安石批评老子的无为主义，说老子“知无之为车用，无之为天下用，然不知其所以为用也。故无之所以为车用者，以有毂辐也；无之所以为天下用者，以有礼乐刑政也。如其废毂辐于车，废礼乐刑政于天下，而坐求其无之为用也，则亦近于愚矣”（王安石《老子论》）。这段话很有道理。法家虽信“无为”的好处，但他们以为必须先有“法”然后可以无为。如《管子·白心》篇说：“名正法备，则圣人无事。”又如《尸子》说：“正名去伪，事成若化。……正名覆实，不罚而威。”这都是说有了“法”便可做到“法立而不用，刑设而不行”（用《管子·禁藏》篇语）的无为之治了。

第二，正名主义。上章论尹文的法理学时，已说过名与法的关系（参看上章）。尹文的大旨是要“善有善名，恶有恶名”，使人一见善名便生爱做的心，一见恶名便生痛恶的心。“法”的功用只是要“定此名分”，使“万事皆归于一，百度皆准于法”。这可见儒家的正名主义乃是法家哲学的一个根本观念。我且再引《尸子》几条作参证：

天下之可治，分成也。是非之可辨，名定也。

明王之治民也，……言寡而令行，正名也。君人者苟能正名，愚智尽情；执一以静令名自正，赏罚随名，民莫不敬（参看《韩非子·扬権》篇云：“执一以静，使名自命，令事自定。”又看《主道》篇）。

言者，百事之机也。圣王正言于朝，而四方治矣。是故曰：正名去伪，事成若化；以实覆名，百事皆成。……正名覆实，不罚而威。

审一之经，百事乃成；审一之纪，百事乃理。名实判为两，分为一。是非随名实，赏罚随是非。

这几条说法治主义的逻辑，最可玩味。他的大旨是说天下万物都有一定的名分，只看名实是否相合，便知是非：名实合，便是"是"；名实不合，便是"非"。是非既定，赏罚跟着来。譬如"儿子"是当孝顺父母的，如今说"此子不子"，是名实不合，便是"非"，便有罚了。"名"与"法"其实只是同样的物事。两者都是"全称"（Universal），都有驾驭个体事物的效能。"人"是一名，可包无量数的实。"杀人者死"是一法，可包无数杀人的事实。所以说"审一之经"，又说"执一以静"。正名定法，都只要"控名责实"，都只要"以一统万"。——孔子的正名主义的弊病在于太注重"名"的方面，就忘了名是为"实"而设的，故成了一种偏重"虚名"的主张，如《论语》所记"尔爱其羊，我爱其礼"，及《春秋》种种正名号的笔法，皆是明例。后来名学受了墨家的影响，趋重"以名举实"，故法家的名学，如尹文的"名以检形，形以定名；名以定事，事以检名"（疑当作"名以检事，事以定名"）；如《尸子》的"以实覆名，……正名覆实"；如《韩非子》的"形名参同"（《主道》篇、《扬榷》篇），都是墨家以后改良的正名主义了。

第三，平等主义。儒家不但有"礼不下庶人，刑不上大夫"的成见，还有"亲亲"、"贵贵"种种区别，故孔子有"子为父隐，父为子隐"的议论；孟子有瞽瞍杀人，舜窃负而逃的议论。故我们简直可说儒家没有"法律之下，人人平等"的观念。这个观念得墨家的影

响最大。墨子的"兼爱"主义直攻儒家的亲亲主义,这是平等观念的第一步。后来"别墨"论"法"字,说道:

> 一法者之相与也尽类,若方之相合也。《经说》曰:一方尽类,俱有法而异。或木或石,不害其方之相合也。尽类犹方也,物俱然。

这是说同法的必定同类。无论是科学的通则,是国家的律令,都是如此。这是法律平等的基本观念。所以法家说:"如此,则顽嚚聋瞽可与察慧聪明同其治也。"(《尹文子》)"法"的作用要能"齐天下之动"。儒家所主张的礼义,只可行于少数的"君子",不能遍行全国。韩非说得最好:

> 夫圣人之治国,不恃人之为吾善也,而用其不得为非也。恃人之为吾善也,境内不什数。用人不得〔为〕非,一国可使齐。为治者用众而舍寡,故不务德而务法。夫恃自直之箭,百世无矢;恃自圜之木,百世无轮矣。自直之箭,自圆之木,百世无有一,然而世皆乘车射禽者,隐栝之道用也。虽有不恃隐栝而自直之箭,自圆之木,良工弗贵也何则?乘者非一人,射者非一发也。不恃赏罚而自善之民,明主弗贵也何则?国法不可失,而所治非一人也。(《显学》篇)

第四,客观主义。上章曾说过慎到论"法"的客观性。(参看)慎到的大旨以为人的聪明才智,无论如何高绝,总不能没有偏私错误。即使人没有偏私错误,总不能使人人心服意满。只有那些"无知之物，无建己之患，无用知之累”，可以没有一毫私意，又可以不至于陷入偏见的蒙弊。例如最高明的才智总比不上权衡、斗斛、度量等物的正确无私。又如拈钩分钱，投策分马，即使不如人分的均平，但是人总不怨钩策不公。这都是“不建己，不用知”的好处。不建己，不用知，即是除去一切主观的蔽害，专用客观的标准。法治主义与人治主义不同之处，根本即在此。慎到说得最好：

> 君人者，舍法而以身治，则诛赏予夺从君心出。然则受赏者，虽当，望多无穷；受罚者，虽当，望轻无已。……法虽不善，犹愈于无法。……夫投钩以分财，投策以分马，非钩策为均也，使得美者不知所以美，得恶者不知所以恶，此所以塞怨望也。

这是说用法可以塞怨望。韩非子说：

> 释法术而心治，尧不能正一国。去规矩而妄意度，奚仲不能成一轮。……使中主守法术，拙匠守规矩尺寸，则万不失矣。君人者能去贤巧之所不能，守中拙之所万不失，则人力尽而功名立。（《用人》）
>
> 故设柙非所以备鼠也，所以使怯弱能服虎也。立法非所以避曾史也，所以使庸主能止盗跖也。（《守道》）

这是说，若有了标准法，君主的贤不贤都不关紧要。人治主义的缺点在于只能希望“惟仁者宜在高位”，却免不了“不仁而在高位”的危险。法治的目的在于建立标准法，使君主遵守不变。现在所谓“立宪政体”，即是这个道理。但中国古代虽有这种观念，却不曾做到施行的地步。所以秦孝公一死，商君的新法都可推翻；秦始皇一死，中国又大乱了。

第五，责效主义。儒家所说“为政以德”、“保民而王”、“恭己正南面而天下治”等话，说来何尝不好听，只是没有收效的把握。法治的长处在于有收效的把握。如《韩非子》说的：

> 法者，宪令著于官府，刑罚必于民心；赏存乎慎法，而罚加乎奸令者也。

守法便是效(效的本义为“如法”。《说文》：“效象也。”引申为效验，为功效)，不守法便是不效。但不守法即有罚，便是用刑罚去维持法令的效能。法律无效，等于无法。法家常说“控名以责实”，这便是我所说的“责效”。名指法(“如杀人者死”)，实指个体的案情(如“某人杀某人”)。凡合于某法的某案情，都该依某法所定的处分：这便是“控名以责实”。(如云：“凡杀人者死。某人杀人，故某人当死。”)这种学说，根本上只是一种演绎的论理。这种论理的根本观念只要“控名责实”，要“形名参同”，要“以一统万”。这固是法家的长处，但法家的短处也在此。因为“法”的目的在“齐天下之动”，却不知道人事非常复杂，有种种个性的区别，决不能全靠一些全称名词便可包括了一切。倒如“杀人”须分故杀与误杀。故杀之中，又可分别出千百种故杀的原因和动机。若单靠“杀人者死”一条法去包括一切杀人的案情，岂不要冤枉杀许多无罪的人吗？中国古代以来的法理学只是一个刑名之学，今世的“刑名师爷”，便是这种主义的流毒。“刑名之学”只是一个“控名责实”。正如“刑名师爷”的责任只是要寻出各种案情(实),合于刑律的第几条第几款(名)。

五、韩非 “法学”两个字,不能包括当时一切政治学者。法家之中,韩非最有特别的见地,故我把他单提出来,另列一节。

我上文说过,中国古代的政治学说大都受了老子的“无为”两个字的影响。就是法家也逃不出这两个字。如上文所引《尸子》的话:“君人者苟能正名,愚智尽情;执一以静,令名自正。”又说:“正名去伪,事成若化。……正名覆实,不罚而威。”又如《管子·白心》篇说的:“名正法备,则圣人无事。”这都是“无为”之治。他们也以为政治的最高目的是“无为而治”,有了法律,便可做到“法立而不用,刑设而不行”的无为之治了。这一派的法家,我们可称为保守派。

韩非是一个极信历史进化的人,故不能承认这种保守的法治主义(若《显学》、《五蠹》诸篇是韩非的书,则《主道》、《扬榷》诸篇决不是韩非的书。两者不可并立)。他的历史进化论,把古史分作上古、中古、近古三个时期;每一时期,有那时期的需要,便有那时期的事业。故说:

> 今有构木钻燧于夏后氏之世者,必为鲧禹笑矣。有决渎于殷周之世者,必为汤武笑矣。然则今有美尧舜禹汤武之道于当今之世者,必为新圣笑矣。是以圣人不务循古,不法常可。论世之事,因为之备。(《五蠹》)

韩非的政治哲学,只是“论世之事,因为之备”八个字。所以说:“事因于世,而备适于事。”又说:“世异则事异,事异则备变。”他有一则寓言说得最好：

> 宋人有耕田者，田中有株，兔走触株，折颈而死，因释其耒而守株，冀复得兔。……
>
> 今欲以先王之政治当世之民，皆守株之类也。（同）

后人多爱用"守株待兔"的典，可惜都把这寓言的本意忘了。韩非既主张进化论，故他的法治观念，也是进化的。他说：

> 故治民无常惟治为法。法与时转则治。治与世宜则有功。……时移而治不易者乱。（《心度》）

韩非虽是荀卿的弟子，他这种学说却恰和荀卿相反。荀卿骂那些主张"古今异情，其所以治乱者异道"的人都是"妄人"。如此说来，韩非是第一个该骂了！其实荀卿的"法后王"说，虽不根据于进化论，却和韩非有点关系。荀卿不要法先王，是因为先王的制度文物太久远了，不可考了，不如后王的详备。韩非说得更畅快：

> 孔子墨子俱道尧舜而取舍不同，皆自谓真尧舜。尧舜不复生，将谁使定儒墨之诚乎？……不能定儒墨之真，今乃欲审尧舜之道于三千岁之前，意者其不可必乎？无参验而必之者，愚也弗能必而据之者，诬也。故明据先王必定尧舜者，非愚则诬也。（《显学》）

"参验"即是证据。韩非的学说最重实验，他以为一切言行都该用实际的"功用"做试验。他说：

> 夫言行者，以功用为之的彀者也。夫砥砺杀矢，而以妄发，其端未尝不中秋毫也。然而不可谓善射者，无常仪的也设五寸之的，引十步之远，非羿、逢蒙不能必中者，有常仪的也。故有常仪的则羿、逢蒙以五寸的为巧。无常仪的则以妄发之中秋毫为拙。今听言观行，不以功用为之的彀，言虽至察，行虽至坚，则妄发之说也（《问辩》。旧本无后面三个"仪的"，今据《外储·说左上》增）。

言行若不以"功用"为目的，便是"妄发"的胡说胡为，没有存在的价值。正如《外储说·左上》举的例：

> 郑人有相与争年者，〔其一人曰："我与尧同年。"〕（旧无此九字，今据马总《意林》增）其一人曰："我与黄帝之兄同年。"讼此而不决，以后息者为胜耳。

言行既以"功用"为目的，我们便可用"功用"来试验那言行的是非善恶。故说：

> 人皆寐则盲者不知；皆嘿则喑者不知。觉而使之视，问而使之对，则喑盲者穷矣。……明主听其言必责其用，观其行必求其功，然则虚旧之学不谈，矜诬之行不饰矣。（《六反》）

韩非的"功用主义"和墨子的"应用主义"大旨相同，但韩非比墨子还要激烈些。他说：

> 故不相容之事，不两立也。斩敌者受上赏，而高慈惠之行；拔城者受爵禄，而信兼爱之说（**兼旧误作廉**）；坚甲厉兵以备难，而美荐绅之饰；富国以农，距敌恃卒，则贵文学之士，废敬上畏法之民，而养游侠私剑之属：举行如此，治强不可得也。国贫养儒侠，难至用介士：所利非所用，所用非所利。是故服事者简其业而游于学者日众，是世之所以乱也。且世之所谓贤者，贞信之行也。所谓智者，微妙之言也。微妙之言，上智之所难知也。今为众人法而以上智之所难知，则民无从识之矣。……夫治世之事，急者不得，则缓者非所务也。今所治之政，民间之事，夫妇所明知者不用，而慕上知之论，则其于治反矣。故微妙之言，非民务也。……今境内之民皆言治，藏商管之法者家有之，而国愈贫。言耕者众，执耒者寡也。境内皆言兵，藏孙吴之书者家有之，而兵愈弱。言战者多，被甲者少也。故明主用其力，不听其言；赏其功，必禁无用。（**《五蠹》**）

这种极端的“功用主义”，在当时韩非对于垂亡的韩国，固是有为而发的议论。但他把一切“微妙之言”，“商管之法”，“孙吴之书”，都看作“无用”的禁品。后来他的同门弟兄李斯把这学说当真实行起来，遂闹成焚书坑儒的大劫。这便是极端狭义的功用主义的大害了（参看第八篇末章）。

第三章 古代哲学之中绝

本章所述，乃系中国古代哲学忽然中道消灭的历史。平常的人都把古学中绝的罪归到秦始皇焚书坑儒两件事。其实这两件事虽有几分关系，但都不是古代哲学消灭的真原因。现在且先记焚书坑儒两件事：

焚书 秦始皇于西历前二三〇年灭韩，二二八年灭赵，二二五年灭魏，二二三年灭楚，明年灭燕，又明年灭齐。二二一年，六国都亡，秦一统中国，始皇称皇帝，用李斯的计策，废封建制度，分中国为三十六郡；又收天下兵器，改铸钟鐻铁人；于是统一法度、衡石、丈尺；车同轨，书同文：为中国有历史以来第一次造成统一的帝国（此语人或不以为然。但古代所谓一统，不是真一统，至秦始皇真成一统耳。当日李斯等所言“上古以来未尝有，五帝所不及”并非妄言）。李斯曾做荀卿的弟子，荀卿本是主张专制政体的人（看他的《正名》篇），以为国家对于一切奇辞邪说，应该用命令刑罚去禁止他们。李斯与韩非同时，又曾同学于荀卿，故与韩非同有历史进化的观念，又同主张一种狭义的功用主义。故李斯的政策，一是注重功用的，二是主张革新变法的，三是很用专制手段的。后来有一班守旧的博士如淳于越等反对始皇的新政，以为“事不师古而能长久者，非所闻也”。始皇把这议交群臣会议。李斯回奏道：

> 五帝不相复，三代不相袭，各以治非其相反，时变异也（看上章论韩非一节）。今陛下创大业，建万世之功，固非愚儒所

知。且越言乃三代之事，何足法也（**此等话全是韩非《显学》、《五蠹》两篇的口气，《商君书》论变法也有这等话。但《商君书》是假造的，〔考见上章〕不可深信**）。异时诸侯并争，厚招游学。今天下已定，法令出一；百姓当家则力农，士则学习法令，辟禁。今诸生不师今而学古，以非当世，惑乱黔首。丞相臣斯昧死言：古者天下散乱，莫之能一，是以诸侯（**侯字当作儒**）并作，语皆道古以害今，饰虚言以乱实。人善其所私学，以非上之所建立。今皇帝并有天下，别黑白而定一尊。而私学相与非法教（**而字本在学字下**）。人闻令下，则各以其学议之；入则心非，出则巷议；夸主以为名，异取以为高，率群下以造谤。如此弗禁，则主势降于上，党与成乎下。禁之便。臣请史官非秦纪，皆烧之。非博士官所职，天下敢有藏诗书百家语者，悉诣守尉杂烧之。有敢偶语诗书，弃市。以古非今者，族。吏见知不举者，与同罪。令下三十日不烧，黥为城旦。所不去者，医药卜筮种树之书。若有欲学法令（**有欲二字原本误倒。今依王念孙校改**），以吏为师。（**此奏据《史记·秦始皇本纪》及《李斯列传》**）

始皇赞成此议，遂实行烧书。近人如康有为（《新学伪经考》卷一）、崔适（《史记探原》卷三）都以为此次烧书“但烧民间之书，若博士所职，则诗书百家自存”。又以为李斯奏内“若有欲学法令，以吏为师”一句，当依徐广所校及《李斯列传》删去“法令”二字，“吏”即博士，“欲学诗书六艺者，诣博士受业可矣”（此康有为之言）。康氏、崔氏的目的在于证明六经不曾亡缺。其实这种证据是很薄弱的。法令既说“偶语诗书者弃市”，决不至又许“欲学诗书六艺者，诣博士受业”，这是显然的道理。况且“博士所职”四个字泛得很，从《史记》各处合看起来，大概秦时的“博士”多是“儒生”，决不至兼通“文学百家语”。即使如康氏、崔氏所言，“六经”是博士所职，但他们终不能证明“百家”的书都是博士所守。《始皇本纪》记始皇自言：“吾前收天下书不中用者，尽去之。”大概烧的书自必很多，博士所保存的不过一些官书，未必肯保存诸子百家之书。但是政府禁书，无论古今中外，是禁不尽绝的。秦始皇那种专制手段，还免不了博浪沙的一次大惊吓；十日的大索也捉不住一个张良。可见当时犯禁的人一定很多，偷藏的书一定很不少。试看《汉书·艺文志》所记书目，便知秦始皇烧书的政策，虽不无小小的影响，其实是一场大失败。所以我说烧书一件事不是哲学中绝的一个真原因。

坑儒 坑儒一事，更不重要了。今记这件事的历史于下：

> 侯生卢生相与谋曰：“始皇为人天性刚戾自用。起诸侯，并天下，意得欲从，以为自古莫能及己。专任狱吏，狱吏得亲幸。博士虽七十人，特备员弗用。丞相诸大臣皆受成事，倚办于上。上乐以刑杀为威，……下慑伏谩欺以取容。秦法不得兼方不验，辄死。然候星气者至三百人，皆良士，畏忌讳谀，不敢端言其过。天下之事无大小皆决于上。上至以衡石量书，日夜有呈，不中呈不得休息。贪于权势至如此，未可为求仙药。”遂亡去。始皇闻亡，乃大怒曰：“吾前收天下书不中用者，尽去之；悉召文学方术士甚众，欲以兴太平；方士欲练以求奇药。今闻韩众去不报，徐市等费以巨万计，终不得药，徒奸利相告日闻。卢生等，吾尊赐之甚厚。今乃诽谤我以重吾不德

也！（也通耶字）诸生在咸阳者，吾使人廉问，或为谣言以乱黔首。"于是使御史悉按问诸生，诸生传相告引，乃自除犯禁者四百六十余人，皆坑之咸阳，使天下知之以惩。后益发，谪徙边。（《史记·秦始皇本纪》）

细看这一大段，可知秦始皇所坑杀的四百六十余人，乃是一班望星气、求仙药的方士（《史记·儒林列传》也说："秦之季世坑术士"）。这种方士，多坑杀了几百个，于当时的哲学只该有益处，不该有害处。故我说坑儒一件事也不是哲学中绝的真原因。

现今且问：中国古代哲学的中道断绝究竟是为了什么缘故呢？依我的愚见看来，约有四种真原因：（一）是怀疑主义的名学，（二）是狭义的功用主义，（三）是专制的一尊主义，（四）是方士派的迷信。我且分说这四层如下：

第一，怀疑的名学　在哲学史上，"怀疑主义"乃是指那种不认真理为可知、不认是非为可辩的态度。中国古代的哲学莫盛于"别墨"时代。看《墨辩》诸篇，所载的界说，可想见当时科学方法和科学问题的范围。无论当时所造诣的深浅如何，只看那些人所用的方法和所研究的范围，便可推想这一支学派，若继续研究下去，有人继长增高，应该可以发生很高深的科学和一种"科学的哲学"。不料这支学派发达得不多年，便受一次根本上的打击。这种根本上的打击就是庄子一派的怀疑主义。因为科学与哲学发达的第一个条件，就是一种信仰知识的精神：以为真理是可知的，是非是可辩的，利害嫌疑治乱都是可以知识解决的。故"别墨"论"辩"以为天下的真理都只有一个是非真伪，故说："彼，不可两不可也。"又说："辩也者，或谓之是，或谓之非，当者胜也。"这就是信仰知识的精神(看第八篇第三章)。到了庄子,忽生一种反动。庄子以为天下本没有一定的是非,“彼出于是,是亦因彼”;“是亦彼也,彼亦是也。”因此他便走入极端的怀疑主义,以为人生有限而知识无穷,用有限的人生去求无穷的真理,乃是最愚的事。况且万物无时不变,无时不移,此刻的是,停一刻已变为不是;古人的是,今人又以为不是了;今人的是,将来或者又变为不是了。所以庄子说,我又如何知道我所知的当真不是“不知”呢?又如何知道我所不知的或者倒是真“知”呢?这就是怀疑的名学。有了这种态度,便可把那种信仰知识的精神一齐都打消了。再加上老子传下来的“使民无知无欲”的学说和庄子同时的慎到、田骈一派的“莫之是,莫之非”的学说,自然更容易养成一种对于知识学问的消极态度。因此,庄子以后,中国的名学简直毫无进步。名学便是哲学的方法。方法不进步,哲学科学自然不会有进步了。所以我说中国古代哲学中绝的第一个真原因,就是庄子的《齐物论》。自从这种怀疑主义出世以后,人人以“不谴是非”为高尚,如何还有研究真理的科学与哲学呢?

第二,狭义的功用主义　庄子的怀疑主义出世之后,哲学界又生出两种反动:一是功用主义,一是一尊主义。这两种都带有救正怀疑主义的意味。他们的宗旨都在于寻出一种标准,可作为是非的准则。如今且先说功用主义。

我从前论墨子的应用主义时,曾引墨子自己的话,下应用主义的界说,如下:

> 言足以迁行者,常之。不足以迁行者,勿常。不足以迁行而常之,是荡口也。(《贵义》篇、《耕柱》篇)

这是说,凡理论学说须要能改良人生的行为,始可推尚。这是墨家的应用主义。后来科学渐渐发达,学理的研究越进越高深,于是有坚白同异的研究,有时间空间的研究。这些问题在平常人眼里,觉得是最没有实用的诡辩。所以后来发生的功用主义,一方面是要挽救怀疑哲学的消极态度,一方面竟是攻击当时的科学家与哲学家。如《荀子·儒效》篇说:

> 凡事行,有益于理者,立之;无益于理者,废之。……若夫充虚之相施易也(施通移),坚白同异之分隔也,是聪耳之所不能听也,明目之所不能见也,……虽有圣人之知,未能偻指也。不知无害为君子,知之无损为小人。

这种学说,以"有益于理"、"无益于理"作标准。一切科学家的学说如"充虚之相施易"(充是实体,虚是虚空。物动时只是从这个地位,换到那个地位,故说充虚之相移易。《墨辩》释动为"域徙也",可以参看),如"坚白同异之分隔",依儒家的眼光看来,都是"无益于理"。《荀子·解蔽》篇也说:

> 若夫非分是非,非治曲直,非辨治乱,非治人道,虽能之,无益于人;不能,无损于人。案(乃也)直将治怪说,玩奇辞,以相挠滑也。……此乱世奸人之说也。

墨家论辩的目的有六种:(一)明是非,(二)审治乱,(三)明同异之处,(四)察名实之理,(五)处利害,(六)决嫌疑(见《小取》篇)。《荀子》所说只有(一)(二)两种,故把学问知识的范围更狭小了。

因此，我们可说荀子这一种学说为“狭义的功用主义”，以别于墨家的应用主义（墨子亦有甚狭处。说见第六篇）。

这种主义到韩非时，更激烈了，更褊狭了。韩非说：

> 夫言行者，以功用为之的彀者也。……今听言观行，不以功用为之的彀，言虽至察，行虽至坚，则妄发之说也。是以乱世之听言也，以难知为察，以博文为辩。其观行也，以离群为贤，以犯上为抗。……是以儒服带剑者众，而耕战之士寡；坚白无厚之辞章，而宪令之法息。（《问辩》篇）

这种学说，把“功用”两字解作富国强兵立刻见效的功用。因此，一切“坚白无厚之辞”（此亦指当时的科学家。《墨辩》屡言“无厚”，见《经说上》，惠施也有“无厚不可积也”之语），同一切“上智之论，微妙之言”，都是没有用的，都是该禁止的（参观上章论韩非一段）。后来秦始皇说：“吾前收天下书不中用者，尽去之。”便是这种狭义的功用主义的自然结果。其实这种短见的功用主义乃是科学与哲学思想发达的最大阻力。科学与哲学虽然都是应用的，但科学家与哲学家却须要能够超出眼前的速效小利，方才能够从根本上着力，打下高深学问的基础，预备将来更大更广的应用。若哲学界有了一种短见的功用主义，学术思想自然不会有进步，正用不着焚书坑儒的摧残手段了。所以我说古代哲学中绝的第二个真原因，便是荀子、韩非一派的狭义的功用主义。

第三，专制的一尊主义 上文说怀疑主义之后，中国哲学界生出两条挽救的方法：一条是把“功用”定是非，上文已说过了；还有一条是专制的一尊主义。怀疑派的人说道：

> 计人之所知，不若其所不知；其生之时，不若其未生之时。以其至小，求穷其至大之域，是故迷乱而不能自得也。（《庄子·秋水》篇）

这是智识上的悲观主义。当时的哲学家听了这种议论，觉得很有道理。如荀子也说：

> 凡〔可〕以知，人之性也。可知，物之理也。以可以知之性，求可知之理，而无所疑止之（疑，定也。说详第九篇第一章。参看第十一篇第三章引此段下之校语），则没世穷年不能遍也。其所以贯理焉，虽亿万已，不足以浃万物之变，与愚者若一。学老身长子而与愚者若一犹不知错，夫是之谓妄人。

这种议论同庄子的怀疑主义有何分别？但荀子又转一句，说道：

> 故学也者，固学止之也。

这九个字便是古学灭亡的死刑宣言书！学问无止境，如今说学问的目的在于寻一个止境：从此以后还有学术思想发展的希望吗？荀子接着说道：

> 恶乎止之？曰：至诸至足。曷谓至足？曰：圣王也。圣也者，尽伦者也；王也者，尽制者也。两尽者，足以为天下极矣。故学者以圣王为师，案（荀子用案字，或作乃解，或作而解。古音案，而、乃等字皆在泥纽，故相通）以圣王之制为法。（《解

蔽》篇）

这便是我所说的“专制的一尊主义”。在荀子的心里，这不过是挽救怀疑态度的一个方法，不料这种主张便是科学的封门政策，便是哲学的自杀政策。荀子的正名主义全是这种专制手段。后来他的弟子韩非、李斯和他的“私淑弟子”董仲舒（董仲舒作书美荀卿，见刘向《荀卿书序》），都是实行这种师训的人。《韩非子·问辩》篇说：

> 明主之国，令者，言最贵者也；法者，事最适者也。言无二贵，法不两适。故言行而不轨于法令者，必禁。

这就是李斯后来所实行“别黑白而定一尊”的政策。哲学的发达全靠“异端”群起，百川竞流（端，古训一点。引申为长物的两头。异端不过是一种不同的观点。譬如一根手杖，你拿这端，我拿那端。你未必是，我未必非）。一到了“别黑白而定一尊”的时候，一家专制，罢黜百家；名为“尊”这一家，其实这一家少了四围的敌手与批评家，就如同刀子少了磨刀石，不久就要锈了，不久就要钝了。故我说中国古代哲学灭亡的第三个真原因，就是荀子、韩非、李斯一系的专制的一尊主义。

第四，方士派迷信的盛行　中国古代哲学的一大特色就是几乎完全没有神话的迷信。当哲学发生之时，中国民族的文化已脱离了幼稚时代，已进入成人时代，故当时的文学（如《国风》、《小雅》）、史记（如《春秋》）、哲学，都没有神话性质。老子第一个提出自然无为的天道观念，打破了天帝的迷信，从此以后，这种天道观念遂成中国"自然哲学"(老子、杨朱、庄子、淮南子、王充以及魏晋时代的哲学家)的中心观念。儒家的孔子、荀子都受了这种观念的影响,故多有破除迷信的精神。但中国古代通行的宗教迷信,有了几千年的根据,究竟不能一齐打破。这种通行的宗教,简单说来,约有几个要点:(一)是一个有意志知觉,能赏善罚恶的天帝(说见第二篇);(二)是崇拜自然界种种质力的迷信,如祭天地日月山川之类;(三)是鬼神的迷信,以为人死有知,能作祸福,故必须祭礼供养他们。这几种迷信,可算得是古中国的国教。这个国教的教主即是"天子"(天子之名,乃是古时有此国教之铁证)。试看古代祭祀颂神的诗歌(如《周颂》及《大小雅》),及天子祭天地,诸侯祭社稷,大夫祭宗庙等等礼节,可想见当时那种半宗教半政治的社会阶级。更看《春秋》时人对于一国宗社的重要,也可想见古代的国家组织实含有宗教的性质。周灵王时,因诸侯不来朝。苌弘为那些不来朝的诸侯设位,用箭去射,要想用这个法子使诸侯来朝。这事虽极可笑,但可考见古代天子对于各地诸侯,不单是政治上的统属,还是宗教上的关系。古代又有许多宗教的官,如祝、宗、巫、觋之类。后来诸国渐渐强盛,周天子不能统治诸侯,政治权力与宗教权力都渐渐消灭。政教从此分离,宗祝巫觋之类也渐渐散在民间。哲学发生以后,宗教迷信更受一种打击。老子有"其鬼不神,其神不伤人"的话;儒家有无鬼神之论(见《墨子》)。春秋时人叔孙豹说"死而不朽",以为立德、立功、立言,是三不朽;至于保守宗庙,世不绝祀,不可谓之不朽。这已是根本的推翻祖宗的迷信了。但是后来又发生几种原因,颇为宗教迷信增添一些势焰。一是墨家的明鬼尊天主义。二是儒家的丧礼祭礼。三是战国时代发生的仙人迷信(仙人之说,古文学如《诗》三百篇中皆无之。似是后起的迷信)。四是战国时代发生的阴阳五行之说(看本篇第一章论驺衍一节)。五是战国时代发生的炼仙药求长生之说。——这五种迷信,渐渐混合,遂造成一种方士的宗教。这五项之中,天鬼、丧祭、阴阳五行三件都在别篇说过了。最可怪的是战国时代哲学科学正盛之时,何以竟有仙人的迷信同求长生仙药的迷信?依我个人的意见看来,大概有几层原因:(一)那个时代乃是中国本部已成熟的文明开化四境上各种新民族的时代(试想当日开化中国南部的一段历史)。新民族吸收中原文化,自不必说。但是新民族的许多富于理想的神话也随时输入中国本部。试看屈原、宋玉一辈人的文学中所有的神话,都是北方文学所无,便是一证。或者神仙之说也是从这些新民族输入中国文明的。(二)那时生计发达,航海业也渐渐发达,于是有海上三神山等等神话自海边传来。(三)最要紧的原因是当时的兵祸连年,民不聊生,于是出世的观念也更发达。同时的哲学也有杨朱的厌世思想和庄子一派的出世思想,可见当时的趋势。庄子书中有许多仙人的神话(如列子御风、藐姑射仙人之类),又有"真人"、"神人"、"大浸稽天而不溺,大旱金石流,土山焦而不热"种种出世的理想。故仙人观念之盛行,其实只是那时代厌世思想流行的表示。

以上说"方士的宗教"的小史。当时的君主,很有几人迷信这种说话的。齐威王、宣王与燕昭王都有这种迷信。燕昭王求长生药,反被药毒死。秦始皇一统天下之后,功成意得,一切随心所欲,只有生死不可知,于是极力提倡这种"方士的宗教":到处设祠,封泰山,禅梁父,信用燕齐海上的方士,使徐市带了童男女数千人入海求仙人,使卢生去寻仙人羡门子高使韩终(又作韩众)、侯生等求不死之药,召集天下"方术士"无数,"候星气者多至三百人"。这十几年的热闹，遂使老子到韩非三百年哲学科学的中国，一变竟成一个方士的中国了。古代的哲学，消极一方面，受了怀疑主义的打击，受了狭义功用主义的摧残，又受了一尊主义的压制；积极一方面，又受了这十几年最时髦的方士宗教的同化，古代哲学从此遂真死了。所以我说，哲学灭亡的第四个真原因，不在焚书，不在坑儒，乃在方士的迷信。

附　　录

一、诸子不出于王官论

今之治诸子学者，自章太炎先生以下，皆主九流出于王官之说。此说关于诸子学说之根据，不可以不辨也。此说始见《汉书·艺文志》，盖本于刘歆《七略》，其说曰：

> 儒家者流，盖出于司徒之官。……
>
> 道家者流，盖出于史官。……
>
> 阴阳家者流，盖出于羲和之官。……
>
> 法家者流，盖出于理官。……
>
> 名家者流，盖出于礼官。……
>
> 墨家者流，盖出于清庙之守。……
>
> 纵横家者流，盖出于行人之官。……
>
> 杂家者流，盖出于议官。……
>
> 农家者流，盖出于农稷之官。……
>
> 小说家者流，盖出于稗官。……（本十家。原文有“其可观者九家而已”之语。故但言九流。）

此所说诸家所自出，皆属汉儒附会揣测之辞，其言全无凭据，而后之学者乃奉为师法，以为九流果皆出于王官。甚矣，先入之言之足以蔽人聪明也！夫言诸家之学说，间有近于王官之所守，如阴阳家之近于占候之官，此犹可说也。即谓古者学在官府，非吏无所得师，亦犹可说也。至谓王官为诸子所自出，甚至以墨家为出于清庙之守，以法家为出于理官，则不独言之无所依据，亦大悖于学术思想兴衰之迹矣。今试论此说之谬。分四端言之。

第一，刘歆以前之论周末诸子学派者，皆无此说也

（甲）《庄子·天下》篇。

（乙）《荀子·非十二子》篇。

（丙）司马谈《论六家要旨》。

（丁）《淮南子·要略》。

古之论诸子学说者，莫备于此四书。而此四书皆无出于王官之说。《淮南子·要略》（自“文王之时，纣为天下”以下）专论诸家学说所自出，以为诸子之学皆起于救世之弊，应时而兴。故有殷、周之争，而太公之阴谋生；有周公之遗风，而儒者之学兴；有儒学之敝，礼文之烦扰，而后墨者之教起；有齐国之地势，桓公之霸业，而后管子之书作；有战国之兵祸，而后纵横修短之术出；有韩国之法令“新故相反，前后相缪”，而后申子刑名之书生；有秦孝公之图治，而后商鞅之法兴焉。此所论列，虽间有考之未精，然其大旨以为学术之兴皆本于世变之所急，其说最近理。即此一说，已足推破九流出于王官之陋说矣。

第二，九流无出于王官之理也　《周官》司徒掌邦教，儒家以六经设教。而论者遂谓儒家为出于司徒之官。不知儒家之六籍，多非司徒之官之所能梦见。此所施教，固非彼所谓教也。此其说已不能成立。其最谬者，莫如以墨家为出于清庙之守。夫以“墨”名家，其为创说，更何待言。墨者之学，仪态万方，岂清庙小官所能产生？《七略》之言曰：

> 茅屋采椽，是以贵俭。养三老五更，是以兼爱。选士大射，是以上贤。宗祀严父，是以右鬼。顺四时而行，是以非命。以孝视天下，是以上同。

此其所言，无一语不谬。墨家贵俭，与茅屋采椽何关？茹毛饮血，穴居野处，不更俭耶？何不谓墨家为出于洪荒之世乎？养三老五更，尤不足以尽兼爱。墨家兼爱，本之其所谓“天志”。其意欲兼而爱人，兼而利人，与陋儒之养老异矣。选士大射，岂属清庙之守？其说已为离本。至谓“宗祀严父，是以右鬼，以孝视天下，是以上同”，则更荒谬矣。墨家爱无差等，何得宗祀严父？其上同之说，谓一同天下之义，与儒家之以孝治天下，全无关系也。墨家非命之说要在使人知祸福由于自召，丰歉有待耕耘，正攻儒家“死生有命贵富在天”之说。若“顺四时而行”，适成有命之说，更何“非命”之可言！

凡此诸端，皆足征墨家之不出于王官。举此一家，可例其他。如云纵横之术出于行人之官。不知行人自是行人，纵横自是纵横。一是官守，一为政术，二者岂相为渊源耶？《周礼》尝有掌皮之官矣。岂可谓今日制革之术为出于此耶？

第三，《艺文志》所分九流，乃汉儒陋说，未得诸家派别之实也　古无九流之目。《艺文志》强为之分别，其说多支离无据。如晏子岂可在儒家？管子岂可在道家？管子既在道家，韩非又安可属法家？至于《伊尹》、《太公》、《孔甲》、《盘盂》种种伪书，皆一律收录。其为昏谬，更不待言。其最谬者，莫如论名家。古无名家之名也。凡一家之学，无不有其为学之方术。此方术即是其"逻辑"。是以老子有无名之说，孔子有正名之论，墨子有三表之法，"别墨"有墨辩之书（即今《墨子》书中之《经》上下，《经说》上下，《大取》，《小取》诸篇），荀子有《正名》之篇，公孙龙有名实之论，尹文子有刑名之论，庄周有《齐物》之篇：皆其"名学"也。古无有无"名学"之家，故"名家"不成为一家之言。惠施、公孙龙，皆墨者也。观《列子·仲尼》篇所称公孙龙之说七事，《庄子·天下》篇所称二十一事，及今所传《公孙龙子》书中《坚白》、《通变》、《名实》诸篇，无一不尝见于《墨辩》（晋人如张湛、鲁胜之徒颇知此理。至于惠施主兼爱万物，公孙龙主偃兵，尤易见），皆其证也。其后学术散失，汉儒固陋，但知掇拾诸家之伦理政治学说，而不明诸家为学之方术，于是凡"苛察缴绕"（司马谈语）之言，概谓之"名家"。名家之目立，而先秦学术之方法沦亡矣。刘歆、班固承其谬说，列名家为九流之一，而不知其非也。先秦显学，本只有儒、墨、道三家。后世所称法家如韩非"管子"（管仲本无书。今所传《管子》，乃伪书耳），皆自属道家。任法，任术，任势，以为治，皆"道"也。其他如《吕览》之类，皆杂糅不成一家之言。知汉人所立"九流"之名之无征，则其九流出于王官之说不攻而自破矣。

第四，章太炎先生之说，亦不能成立　近人说诸子出于王官者，惟太炎先生为最详（其说见《诸子学略说》。此篇今不列于《章氏丛书》）。然其言亦颇破碎不完。如引《艺文志》之说而以为"此诸子出于王官之证"。此如惠施所云以弹说弹（见《说苑》），不成论证也。其称老聃为柱下史，为征藏史，以为道家固出于史官；然则孔丘尝为乘田矣，尝为委吏矣，岂可遂谓孔氏之学固出于此耶？又云："墨家先有史佚，为成王师。其后墨翟亦受学于史角。"史佚之书，今无所考，其名但见《艺文志》。其书之在墨家，亦犹晏子之在儒家与伊尹太公之在道家耳。若以墨翟之学于史角，为诸子出于王官之证，则孔子所师事者尤众矣。况史佚、史角既非清庙之官，则《艺文志》墨家出于清庙之说亦不能成立。又云："其他虽无征验而大抵出于王官。"然则太炎先生亦知其为无征验矣。

太炎先生又曰："古之学者多出王官。世卿用事之时，百姓当家则务农商畜牧，无所谓学问也。其欲学者，不得不给事官府，为之胥徒，或乃供洒扫为仆役焉。故《曲礼》云：官学事师。学字本或作御。所谓宦者，谓为其宦寺也（适按此说似未必然。郑注云：宦，仕也。《正义》引《左传》宣二年服虔注云：宦，学也。谓学仕官之事。其说似近是）。所谓御者，谓为其仆御也（适按，原作学，本可通。《正义》谓学习六艺是也。即作御，亦是六艺之一。古者车战之世，射御并重。孔子亦有吾执御矣之言。未必是仆役之贱职也）。……《说文》云：仕，学也。仕何以得训为学？所谓官于大夫，犹今之学习行走耳。是故非仕无学，非学无仕。"（《诸子学略说》）又曰："不仕则无所受书。"（《订孔》上）适按此言古代书册司于官府，故教育之权柄于王官；非仕无所受书，非吏无所得师。此或实有其事，亦未可知。然此另是一问题。古者学在王官，是一事。诸子之学是否出于王官，又是一事。吾意以为即令此说而信，亦不足证诸子出于王官。盖古代之王官，定无学术可言。《周礼》伪书本不足据（无论如何，《周礼》决非周公时之制度）。即以《周礼》所言"十有二教"及"乡三物"观之，皆不足以言学术。徒以古代为学皆以求仕，故智能之士或多萃于官府。此如欧洲中世教会柄世政，才秀之士多为祭司神甫，而书籍亦多聚于寺院。以故，其时求学者，皆以祭司为师。故谓教会为握欧洲中古教育之柄可也。然岂可遂谓近世之学术皆出于教会耶？吾意我国古代，或亦如此。当周室盛时，教育之权或尽操于王官。然其所谓教，必不外乎祀典卜筮之文，礼乐射御之末。其所谓"师儒"，亦如近世"训导"，"教授"之类耳。其视诸子之学术，正如天地之悬绝。诸子之学，不但决不能出于王官，果使能与王官并世，亦定不为所容而必为所焚烧坑杀耳。此如欧洲教会尝操中古教育之权，及文艺复兴之后，私家学术隆起，而教会以其不利于己，乃出其全力以抑阻之。哲人如卜鲁诺(Bruno)，乃遭焚杀之惨。其时科学哲学之书多遭焚毁。笛卡儿至自毁其已著未刊之"天地论"。使教会当时竟得行其志，则欧洲今世之学术文化尚有兴起之望耶？是故教会之失败，欧洲学术之大幸也；王官之废绝，保氏之失守，先秦学术之大幸也。而世之学者乃更拘守刘歆之谬说，谓诸子之学皆出于王官，亦大昧于学术隆替之迹已。

太炎先生《国故论衡》之论诸子学，其精辟远过其《诸子学略说》矣，然终不废九流出于王官之说(其说又散见他书，如《孝经用夏法说》，《订孔》上诸篇)。其言曰："是故九流皆出王官。及其发舒，王官所不能与。官人守要，而九流究宣其义，是以滋长。"(《原学》)此亦无征验之言。其言"官人守要而九流究宣其义"，大足贻误后学。夫义之未宣，更何要之能守？学术之兴，由简而繁，由易而赜，其简其易，皆属草创不完之际，非谓其要义已尽具于是也。吾意以为诸子自老聃、孔丘至于韩非，皆忧世之乱而思有以拯济之，故其学皆应时而生，与王官无涉。诸家既群起，乃交相为影响，虽明相攻击，而冥冥之中已受所攻击者之熏化。是故孔子攻"报怨以德"之言,而其言无为之治则老聃之影响也。墨子非儒,而其言曰:"义者,正也。必从上之正下,无从下之正上。"则同于"政者正也"之说矣。又言必称尧舜古圣王,则亦儒家之流毒也。孟子非墨家功利之说,而其言政无一非功利之事。又非兼爱,而盛称禹、稷之行,与不忍人之政,则亦庄生所谓"名实未亏而喜怒为用"者耳。荀子非墨,而其论正名,实大受墨者之影响。诸如此类,不可悉数。其间交互影响之迹,宛然可寻,而皆与王官无涉也。故诸子之学皆春秋、战国之时势世变所产生。其一家之兴,无非应时而起。及时变事异,则向之应世之学,翻成无用之文,于是后起之哲人乃张新帜而起。新者已兴而旧者未踣,其是非攻难之力往往亦能使旧者更新。儒家之有孟、荀,墨家之有"别墨"(别墨之名,始见《庄子·天下》篇),其造诣远过孔、墨之旧矣。有时一家之言,蔽于一曲,坐使妙理晦塞,而其间接之影响,乃更成新学之新基。如庄周之言天地万物进化之理,本为绝世妙论,惜其"蔽于天而不知人"(荀卿之语),遂沦为任天安命达观之说(此说流毒中国最深。《庄子》书中如《大宗师》诸篇,皆极有弊)。然荀卿、韩非受其进化论,而救之以人治胜天之说,遂变出世主义而为救时主义,变乘化待尽之说而为戡天之论,变"法先王"之儒家而为"法后王"之儒家、法家。学术之发生兴替,其道固非一端也。明于先秦诸子兴废沿革之迹,乃可以寻知诸家学说意旨所在。知其命意所指,然后可与论其得失之理也。若谓九流皆出于王官,则成周小吏之圣知,定远过于孔丘、墨翟,此与谓素王作《春秋》为汉朝立法者,其信古之陋何以异耶?

民国六年四月草于赫贞江上寓楼

二、《墨子·小取》篇新诂

序　例

(一)这是我的《墨辩新诂》的最后一篇。全书共分四篇，第一篇释《经上》、《经说上》，第二篇释《经下》、《经说下》，第三篇释《大取》篇，第四篇就是这一篇。这一篇先写定了，现在先发表出来，请当代治墨学的学者大家指正。

(二)本书原稿是两年前在美国做的。今年大加删改，但因为时间不够，故不能把全篇都改成白话。

(三)全篇共分九节，现在逐节分写。本文逐字隔开，注解用五号字，注之注用六号字。

(四)每节的训诂解释，皆是先举前人的话，次评其是非得失，然后加上我自己的解说。

中华民国八年三月　著者

小取篇

夫辩者，将以明是非之分，审治乱之纪，明同异之处，察名实之理，处利害，决嫌疑；焉摹略万物之然，论求群言之比；以名举实，以辞抒意，以说出故；以类取，以类予；有诸己，不非诸人；无诸己，不求诸人。

此第一节，总论辩。

此一节当作一长句读。孙诒让以焉字属下读，是也。焉作乃字解，说详王念孙《读书杂志》七之一，页一，及余编上，页十三。

辩即今人所谓推论，乃是分别是非真伪之方法。《经上》云："辩，争彼也。辩胜，当也。"《经说上》云："辩，或谓之牛，或谓之非牛，是争彼也。是不俱当。不俱当，必或不当。不当若犬。"《经说下》云："辩也者，或谓之是，或谓之非，当者胜也。"（参看我的《墨家哲学》，页四十七；或《中国哲学史大纲》上卷第八篇第三章。）

此节先言辩之用有六：明是非，审治乱，明同异，察名实，处利害，决嫌疑，是也。欲应此六用，乃"摹略万物之然，论求群言之比"。

《说文》："摹，规也。"《汉书·扬雄传》音义引《字林》："摹，广求也。"又《太玄·玄图》篇注："摹者，索而得之。"又《太玄·法》篇注："摹，索取也。"《广雅·释诂》："略，求也。"又《方言》二："略，求也。就室曰搜，于道曰略"。据以上诸书，是摹略有探讨搜求之义。王念孙以为"无虑"之转，非也。

俞樾曰："然字无义，疑当作状。状误为肰，因误为然。"俞说非也，然字不误。《经下》云："物之所以然，与所以知之，与所以使人知之，不必同，说在病。"《说》曰："物或伤之，然也。见之，智也。告之，使智也。"此然字之义。然即如此。

"摹略万物之然，论求群言之比"，二分句是推论之大法。谓搜讨万物之现象，而以言辞表示之，以便比较参观而求知其间交互之关系。例如"牛有角，马无角"，皆所谓群言之比也。

"以名举实，以辞抒意，以说出故"，三分句论推论之手续。

《经说上》云："所以谓，名也；所谓，实也。"一切事物皆是实，实之称谓为名。《公孙龙子》："夫名，实谓也，"是也。《经上》云："举，拟实也。"孙云："说文，拟，度也。谓量度其实而言之。"《经说》说举字云："举，告以文名举彼实也。"文名即是文字，古曰名，今曰字。名之为用，所以拟度一物之物德，被以文字，使可举以相告。若无名则必须指此物而后知为此，指彼物而后知为彼，不惟不胜其烦，其用亦易穷矣。

辞即今人所谓"判断"（Judgement）。辭从𤔔辛，有决狱理辜之义，正合判断本义。判断之表示为"命辞"（Proposition），或称"命题"，或称"词"。作"词"者甚不当，段玉裁曰，"积词而成辞"，是也。凡名皆词也。英文谓之 Terms。合异实之名以表一意乃谓之辞，故曰："以辞抒意。"《荀子·正名》篇曰："辞也者，兼异实之名以论一意也。"

说即今人所谓"前提"（Premise）。《经上》云："说，所以明也。"故即《经上》"故所得而后成也"之故，今人谓之"原因"，谓之"理由"。如《经下》云："狂举不可以知异，说在有不可"，其说即所用以明所立辞之故也。

"以类取，以类予"，二分句综上二分句而言。以名举实而成辞，合辞而成辩说，其综合之根据，要不外乎辨别同异有无，以类相从；要不外乎"以类取，以类予"而已。《大取》云："夫辞，以类行者也。立辞而不明于其类，则必困矣。"有所选择之谓取，有所是可之谓予。取即是举例，予即是判断。于物之中举牛马，是以类取也。曰："牛马皆四足兽也"，是以类予也。

《经说上》曰："有以同，类同也。"既以甲乙为同类矣，则甲所有不以非诸乙，乙所无亦不以求诸甲。故曰："有诸己，不非诸人；

无诸已,不求诸人。"

以上释第一节竟。

> 或也者,不尽也。假也者,今不然也。效也者,为之法也。所效者,所以为之法也。故中效,则是也。不中效,则非也。此效也。辟也者,举也物而以明之也。侔也者,比辞而俱行也。援也者,曰:"子然,我奚独不可以然也。"推也者,以其所不取之同于其所取者,予之也。是犹谓"也者同也",吾岂谓"也者异也"。

此第二节,论辩之七法。今分释之。

(一)"或也者,不尽也。"《经上》云:"尽,莫不然也。"《经说》曰:"尽,俱止。"所立辞为众所共认,则无复辩论之必要。"或"即古域字,域于一方,故为不尽。立辞而不能使人"莫不然",则辩说生矣。《易·文言》:"或之者,疑之也。"疑则有辩争之必要。故《经说下》云:"辩也者,或谓之是,或谓之非,当者胜也。"

吾昔以"或"为有待的论断,例如"此或为牛或为非牛,今此是犬,故非牛也。"今细审之,似未必作如此解,故但以为辩说之所由起,而不认为辩之一法。

(二)"假也者,今不然也。"假即假设。毕沅云:"假设是,尚未行",是也。《经下》云:"假必悖,说在不然。"《经说》曰:"假,必非也,而后假。"据此则本文所谓"假",似非今所谓 Hypothesis,乃是依据一虚拟之条件而想象其结果之论断(Argument by supposition)。例如宋人词"使李将军遇高皇帝,万户侯何足道哉?"此项虚设之条件乃是无中生有之妄想,故云“假必悖,说在不然”。

(三)“效也者,为之法也。所效者,所以为之法也。故中效,则是也。不中效,则非也。此效也。”欲明此段,须知效,法,故,三字皆墨家名学之术语。说文:“法,象也。”《荀子·不苟》篇注:“法,效也。”效字有象法之义。《经上》云:“法,所若而然也。”《经说》曰:“意,规,员,三也,俱可以为法。”凡仿效此物而能成类此之物,则所效者为“法”,而仿效所成之物为“效”,《墨辩》谓之“佴”。《经上》云:“佴,民若法也”;佴即今所谓副本。譬之为圆,或以意象中之圆,或以作圆之规,或以已成之圆,皆可为为圆之法。法定,则效此法者皆成圆形。

“故中效”之故字,不可作“是故”解。此即上文“以说出故”之故字。故即是成事之原因,立论之理由。《经上》云:“故,所得而后成也。”“有之必然,无之必不然”,故曰“所得而后成”。欲知所出之故是否为真故,是否为“有之必然,无之必不然”之故,莫如用此“故”作“法”,观其是否“中效”。“中效”者,谓效之而亦然也。能证明其为“所若而然”之法,然后知其即是“所得而后成”之故。故曰,“故中效则是也,不中效则非也。”

此所谓“效”,即今人所谓演绎的论证。演绎之根本学理曰:“凡一类所同具者,亦必为此类中各个体所皆具。”《经下》云:“一法者之相与也,尽类,若方之相合也。”《经说》曰:“一方尽类,俱有法而异,或木或石,不害其方之相合也。尽类犹方也,物俱然。”此言同法者必尽相类。此即演绎论理之根据。以同法者必同类,故“效”之为用,但观所为之“法”是否能生同类之结果,即知其是否为正确之故。例如云:

此是圆形。何以故？

以其"一中同长"故。（用《经上》语）

但观凡"一中同长"者是否皆圆形，即知"故"之是非。又如云：

此是圆形。何以故？

以其为"规写交"而成故。（用《经说上》语）

但观"规写交"是否能成圆形，即知"故"之是非。此之谓效。

试以印度因明学之"三支"比之。如云：

(1)声是无常。……………………………………………（宗）

(2)声是所作性故。………………………………………（因）

(3)凡所作者，皆是无常，………………（喻体）｝……（喻）

例如瓶。……………………（喻依）

此所谓"因"，即墨家所谓"故"。因明学最重因，故"因明"为明因之学。其喻体喻依两步即是观"因"是否含有"遍是宗法"之性而已；即是观"故"是否中效而已。"喻体"即是说依"因"做去定可生与"宗"同类之效果。"喻依"即是举出一个与宗同类之事物作例。

希腊之"三段"法与此亦相类。其式曰：

(1)凡所作者皆是无常。…………………………（大前提）

(2)声是所作。……………………………………（小前提）

(3)故声是无常。…………………………………（结语）

希腊"三段"法之"小前提"即是本文所说之"故"。惟此处先举大前提，次举小前提，最后始举结语，故其间层次不易见耳。试以"三段”法与印度古代之“五分作法”比较观之,则可知“三段法”之小前提与“三支”之因及墨家之故,正同一作用耳。五分作法之式如下:

(1)此山有火。 ……………………………………………(宗)

(2)因有烟故。 ……………………………………………(因)

(3)有烟之所有火,如灶等处。 ……………………………(喻)

(4)此山有烟。………………………………………………(合)

(5)故此山有火。 …………………………………………(结)

三段法只是五分法之末三分,其实与三支相同也。

近人如章太炎以为墨家之论证亦具三支(《国故论衡》下,《原名》篇)。其说以《经说上》之“大故”、“小故”为大小前提。吾尝辩其非矣(《墨辩新诂》上,一;又《中国哲学史大纲》上卷,篇八,章三)。其实墨家论辩之有无三支,本不成问题。盖墨家之名学本非法式的论理也。若夫三支之基本学理则固《墨辩》所具备矣。

(四)“辟也者,举也物而以明之也。”王念孙云:“也与他同。举他物以明此物,谓之譬。……《墨子》书通以也为他,说见《备城门》篇。”王说是也。毕沅删去第二也字,非也。《说文》:“譬,谕也。”今引《说苑》一则如下:

> 梁王谓惠子曰:“愿先生言事则直言耳,无譬也。”
>
> 惠子曰:“今有人于此而不知弹者,曰,弹之状何若?应之曰,弹之状如弹,则谕乎?”
>
> 王曰:“未谕也。”
>
> “于是更应曰,弹之状如弓,而以竹为弦,则知乎?”

> 王曰:"可知矣。"
>
> 惠子曰:"夫说者固以其所知谕其所不知而使人知之。今王曰无譬,则不可矣。"

此节释譬与本文互相发明。

(五)"侔也者,比辞而俱行也。"侔与辟都是"以其所知谕其所不知而使人知之"之法。然亦有区别。辟是以此物说明彼物,侔是以此辞比较彼辞。例如公孙龙谓孔穿曰:

> 龙闻楚王……丧其弓,左右请求之,王曰:"止。楚王遗弓,楚人得之,又何求乎?"仲尼闻之曰:"……亦曰人亡之人得之而已,何必楚?"若此,仲尼异"楚人"于所谓"人"。夫是仲尼异"楚人"于所谓"人",而非龙异"白马"于所谓"马",悖!(《公孙龙子》一)

此即是比辞而俱行。

(六)"援也者,曰,子然,我奚独不可以然也?"《说文》:"援,引也。"现今人说"援例",正是此意。此即名学书所谓"类推"(Analogy)。援之法乃由此一事推知彼一事,由此一物推知彼一物。例如《墨辩》云:"辩,争彼也",吾校云,彼当为佊之误,《广韵》引《论语》:"子西佊哉,"今本《论语》作"彼哉",可见佊字易误为彼。吾此校之根据乃是一种援例的论证;吾意若曰,《论语》之佊字可误为彼,则又安知《墨辩》之彼字非佊字之误耶?

辟、侔、援三者同是由个体事物推到个体事物。然其间有根本区别。辟与侔仅用已知之事物说明他事物。此他事物在听者虽为未知,而在设譬之人则为已知。故此两法实不能发明新知识,但可以使人了解我所已知之事物耳。援之法则由已知之事物推知未知之事物,苟用之得其道,其效乃等于归纳法。

(七)"推也者,以其所不取之同于其所取者,予之也。是犹谓'也者同也',吾岂谓'也者异也'。"第三第五"也"字皆当作他,说见上文第四段下。

此所谓"推",即今名学书所谓归纳法。归纳之通则曰:"已观察若干个体事物,知其如此,遂以为凡与所已观察之诸例同类者,亦必如此。"其所已观察之诸例即是"其所取者"。其所未观察之同类事物即是"其所未取者"。取即是举例,予即是判断。今谓"其所未取"之事物乃与"其所已取者"相同,由此便下一判断,说"凡类此者皆如此"。此即是"推"。

例如本篇前有"举也物而以明之也"之文,"也物"之也字与他字同。因此推知"也者同也"及"也者异也"之上二也字亦与他字同。如此推论犹是"援"之法,以其由个体推知个体也。然王念孙云:"《墨子》书通以也为他。"云"通以也为他",则是由个体推知通则矣。如此推论始名为"推",始名为归纳。

又如钱大昕说"古无轻唇音",因举"匍匐亦作扶服,又作扶伏","扶古读酺,转为蟠","伏羲古亦作庖牺","古音负如背","古读佛如弼"……等例为证。其所举例不过数十条,而可下"古无轻唇音"之全称判断者,则以其所未取之诸轻唇音为同于其所已取之"扶服"、"负"、"佛"……诸例,古亦皆读为重唇音耳(看《墨家哲学》页五十七至六十)。此项论证,皆合"推"之法。

"是犹谓'他者同也',吾岂谓'他者异也'",两句旧说皆不得其解。“他者同也”，是说其所未取之其他诸例与其所已取之诸例相同。吾若无正确之例外，则必不能说其他诸例不与此诸例相同也。吾若不能证明古有轻唇音，则不能说钱大昕所举数十例之外其他诸轻唇音字古不读重唇音也。

以上释第二节竟。

> 夫物有以同而不率遂同。辞之侔也，有所至而正。其然也，有所以然也；其然也同，其所以然不必同。其取之也，有所以取之；其取之也同，其所以取之不必同。是故辟，侔，援，推之辞，行而异，转而危，远而失，流而离本，则不可不审也，不可常用也。故言多方，殊类异故，则不可偏观也。

此第三节，论辟，侔，援，推诸法之谬误。

“其然也同”一句，旧脱“其然也”三字；“有所以取之”一句，旧脱“所”字。今并依王引之校增。

辟，侔，援，推各法皆以个体事物为起点，用之不慎，最易陷入谬误。盖此诸法，一言以蔽之，曰：辨事物同异之点而以之推论而已。若辨同异不精，则其论断必不能正确。此节所论诸谬，大率皆本于此。分别言之，则此节所述谬误凡有四端：

（一）“夫物有以同而不率遂同。”孙读“夫物有以同而不”为句，又以“率遂”二字为同义，皆非也。此十字当作一句读。率，皆也。言物或有相似之点，而不必皆遂相同也。

此论观察不精之谬。如牛有尾，马亦有尾；舜重瞳，项羽亦重瞳；人能言，鹦鹉亦能言。然岂可遽谓牛与马同，舜与项羽同，人与鹦鹉同耶？《经说上》曰：“有以同，类同也。”但可谓之偶有相类之点而已，其相类之点或多或少，或为大同，或为小同（惠施曰：“大同而与小同异。”）然不能遂以为尽同也。例如云“日之状如铜槃”，又“日之光如烛”，皆是。

（二）“辟之侔也，有所至而正。”孙读正为止，亦可通；然此字不必改也。此言两辟相侔，其正也有一定之限度；过此限度则不得为正矣。如范缜云：“神之于形，犹利之于刀。未闻刀没而利存，岂容形亡而神在哉？”此亦侔也。然“神之于形”，与“利之于刀”，究竟可以相侔至如何限度？故沈约驳之曰：“若谓此喻尽耶，则有所不尽；若谓此喻不尽耶，则未可以相喻也。”

（三）“其然也，有所以然也。其然也同，其所以然不必同。”此在名学，谓之“果同因异”（Plurality of Causes）。如人之死，或由自缢，或由服毒，或由肺病，或由杀头。又如热度，或由擦摩，或由火燃，或由电力。此诸因虽或根本相同，而自其显著者观之，则皆为果同而因异。至于社会之善恶，政治之良否，国家之存亡，其因尤繁复；而其显著之结果则或呈相似之点。若必谓中国之革命同于墨西哥之革命，俄国之革命同于美国之独立，则悖矣。以其然也同而其所以然则不必同也。

（四）“其取之也，有所以取之。其取之也同，其所以取之不必同。”有所选择之谓取。取即今言举例也。尝见洪宪元年为帝政事通告各地一文，中言共和之政仅可行诸小国寡民，而不适于地大物博之国，因历举瑞士、法兰西及中美、南美诸小国为例，及至美国，则以“北美新邦独为例外”八个字轻轻放过。此正足为此条之例。盖吾人推论，往往易为私意成见所蔽。以故，每见肯定之例，则喜而举之；及见否定之例，则或阳为不见，或指为不关紧要之例外而忽之。故曰“其取之也同，其所以取之不必同”。

欲救正此弊，莫如举否定之例以反诘之。墨家论辩最重此点，故墨辩诸篇于此意不惮反复言之。《经说上》云："以人之有黑者，有不黑者也，止黑人；与以人之有爱于人，有不爱于人，止爱〔于〕人：是孰宜止？彼举然者，以为此其然也，则举不然者而问之。"不然者即是否定之例。又《经说下》云："彼以此其然也，说'是其然也'。我以此其不然也，疑'是其然也'"。此亦上文"举不然者"之意。

此所述四谬，第一条指辟，第二指侔，第三指援，第四指推。故综合言之曰："是故辟，侔，援，推之辞，行而异，转而危，远而失，流而离本，则不可不审也，不可常用也。"物有以同而不全同，故稍不审慎，则"行而异"矣。辞之侔也有一定限度，过此则"转而危"矣。物有同果而异因者，若拘于其果之同而不察其因之异，则"远而失"矣。凡举例必根据于同一原理，若以私意成见为去取，则"流而离本"矣，"本"谓根据之理由也。此四谬不可不审也。因又综结之曰："故言多方，殊类，异故，则不可偏观也。"偏，孙云，与遍通。"多方"谓其法不一贯，《经说上》所谓"巧转"也；"殊类"谓辨同异不精，不能完全以"类"为予取；"异故"谓所根据之理由不一致，所谓"离本"也。有此诸蔽，则其所立辞惝忽迷离不易指定，故云"不可遍观也。"

以上释第三节竟。

> 夫物或乃是而然，或是而不然，或一周而一不周，或一是而一非也。

此第四节，论立辞之难，总起下文。

旧本"一是而一"之下有"不是也,不可常用也。故言多方,殊类,异故,则不可偏观也。"二十二字。王引之云,"不可常用也,以下十九字因上文而衍。不是也,三字则后人所增。下文云,此乃一是而一非者也,与此相应,可据以删正。"今依王说,删此二十二字。

适按下文第七节,疑"或是而不然"下,本有"或不是而然"五字。说详下。

《大取》篇:"一曰乃是而然,二曰乃是而不然,三曰迁,四曰强。"与此节略相似。

以上释第四节竟。

> 白马,马也。乘白马,乘马也。骊马,马也。乘骊马,乘马也。获,人也。爱获,爱人也。臧,人也。爱臧,爱人也。此乃是而然者也。

此第五节,释"物或是而然"。

以下诸节多论文字上所生之谬误。吾国文言,无单数与复数之区别,又无全与分(《墨辩》所阐"体与兼")之区别。故有种种名学的谬误即由此而生。今分别言之。

《经下》云:"推类之难,说在名之大小。"《经说》曰:"谓四足兽,与牛马,与物,尽与大小也。此然是必然,则俱为麋。"此一段极重要,今先以图表示之。(看第一图)

第一图

此言名之大小不等,如《经上》、《经说上》所谓"达,类,私"之别,如《荀子·正名》篇所谓"大共名”、“大别名”之别。推论者若不能审辩“名之大小”，径云“此然是必然”，则必皆陷于谬误矣。《大取》篇云：“立辞而不明于其类，则必困矣”，与此同意。此节及下节所论诸谬误皆由于“名之大小”辨之有未精耳。

此节为正格，先标举之，以与下诸节所论相比较。本文云：“白马，马也。乘白马，乘马也。”又云：“获，人也。爱获，爱人也。”以图示之。（看第二图）

更以三段式写之：

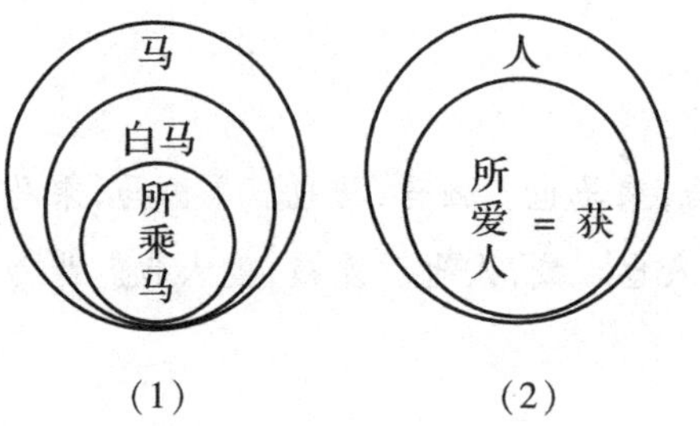

第二图

（1）凡白马，皆马也。

所乘，白马也。

故所乘，马也。

（2）获，人也。

所爱，获也。

故所爱，人也。

此为三段法之“第一格”，最易了解。亚里士多德论演绎以此为“正格”。谓之“是而然”者，前提与结语皆为肯定辞也。此节须与第六节参看。

以上释第五节竟。

获之亲，人也；获事其亲，非事人也。其弟，美人也；爱弟，非爱美人也。车，木也；乘车，非乘木也。船，木也；入船，非入木也。盗人，人也；多盗，非多人也；无盗，非无人也。奚以明之？“恶多盗，非恶多人也；欲无盗，非欲无人也。”世相与共是之。若若是，则虽“盗人，人也；爱盗，非爱人也；不爱盗，非不爱人也;杀盗人,非杀人也”,无难矣。此与彼同类。世有彼而不自非也。墨者有此而非之。无也故焉。所谓内胶外闭与?心毋空乎内,胶而不解也。此乃是而不然者也。

此第六节,释“乃是而不然”。

第一亲字旧作视,今依王引之校正。“入船非入木”,入字旧作人,今依苏时学校正。“无难”下旧有“盗无难”三字,今依孙诒让校衍。

“无也故焉”,旧本作“无故也焉”,今依王引之校正。王曰:“也故即他故”,是也。“所谓内胶外闭与?心毋空乎内,胶而不解也。”孙读闭字乎字句绝,又读空为孔。适按孙说非也。不如读与字(平声)句绝,“心毋空乎内”为一分句。毋通无。下节与此同。

末然字旧作杀,今依毕沅校正。

此节须与上节参看。上节云:

“获,人也。爱获,爱人也。”

今云:

“获之亲,人也。获事其亲,非事人也。”

此两例在形式上初无差别,然一为“是而然”而一为“是而不然”者,则以立辞时注意之点不同,故辞式同而意别也。前例所注意者在于获之为“人”;后例所注意者不在获之亲之为“人”,而在其为“获之亲”。以获为人而爱之,故爱获可谓为爱人,言爱人类之一体也。获之事其亲,非以其为人类之一而事之,乃以其为其亲而事之耳,故不得谓为“事人”也。

此节之理与公孙龙“白马非马”说之理相同。上节云:

> 白马,马也。乘白马,乘马也。

所以者何?下文云:“乘马不待周乘马然后为乘马也,有乘于马因为乘马矣。”此因立辞之时所注意者在白马之为“马”而不在其为何色之马也。今更云:

> 求“白马”于厩中。无有白马而有骊色之马。然不可以应“有白马”也,但可以应“有马”耳。(《公孙龙子》)

此处所注意者不在“马”而在“白马”,故曰“白马,非马也”。“马”者所以命形,“白”者所以名色。马之形为众马之所同具,而白色则白马之所独有。自其共相言之,则“白马,马也”。自其自相言之,则“白马,非马也”。盗人之例尤明显。(看第三图)

第三图

盗人,人也。

多盗,非多人也;恶多盗,非恶多人也。

无盗,非无人也;欲无盗,非欲无人也。

爱盗,非爱人也。

杀盗人,非杀人也。

《经下》云:

> 狗,犬也。“而杀狗,非杀犬也”可。

“杀狗,非杀犬也”,与“杀盗人,非杀人也”,同一理由。《尔雅》云:狗为犬之未成豪者,是狗乃犬之一种耳。

此种论式,若以“盗人,人也”,及“狗,犬也”,为前提,则结语作否定辞不与前提相应,故最易起争论。《荀子·正名》篇云:“杀盗非杀人也,此惑于用名以乱名者也”,正是驳墨家之说。墨者中亦有明此理者,故公孙龙倡“白马非马”及“狗非犬”之论。知“狗非犬”则知杀狗之非杀犬矣。

此种命辞其致误解之因在于所用“非”字。“非”字作“不是”解,则“白马不是马”为诡辞。“非”字其实当用“异于”二字。如公孙龙云:

> 仲尼异“楚人”于所谓“人”。夫是仲尼异“楚人”于所谓“人”,而非龙异“白马”于所谓“马”,悖。

今用“异于”二字代“非”字,如下式:

“白马”异于“马”,故“有白马”异于“有马”。

“盗人”异于“人”,故“杀盗”异于“杀人”。

“狗”异于“犬”,故“杀狗”异于“杀犬”。

如此措辞则一切无谓之争皆可息矣。

墨者初以肯定的统举辞为前提,而所得结语乃为否定的,故曰“是而不然”也。

本节及下文两称“墨者”,可见此篇必非墨子自著之书。参看《中国哲学史大纲》上卷149—155。

以上释第六节竟。

且夫读书，非好书也。且“斗鸡”，非“鸡”也；好“斗鸡”，好“鸡”也。“且入井”，非“入井”也；止“且入井”，止“入井”也。“且出门”，非“出门也”；止“且出门”，止“出门”也。若若是，且“夭非夭也，寿夭也；有命，非命也；非执有命，非命也”，无难矣。此与彼同类。世有彼而不自非也。墨者有此而罪非之。无也故焉。所谓内胶外闭与？心毋空乎内，胶而不解也。此乃是而然者也。

此第七节，释“或不是而然”（说详下）。

孙诒让曰：“且夫读书，非好书也，疑当作‘夫且读书，非读书也；好读书，好书也。’”适按孙说未确。此当读

且夫“读书”，非〔书也；好“读书”〕好“书”也。

且“斗鸡”，非“鸡”也；好“斗鸡”，好“鸡”也。

此两且字与下文且字不同。此一节论中国文字之不精密，往往互相抵牾，易致误会。如“读书”非“书”也，而“好书”即为“好读书”；“斗鸡”非“鸡”也，而“好鸡”即为“好斗鸡”。此如今人言“善书”即为“善于写字”，而“寄书”不为“寄写字”，“著书”又不为“著写字”也。吾人习焉不察，不以为异；使外国人初学中国文字者观之，则必觉其不谨严而易于致误矣。

又如：

“且入井”，非“入井”也；止“且入井”，止“入井”也。

“且出门”，非“出门”也；止“且出门”，止“出门”也。

此四且字与上且字有别。《经上》云：“且，且言然也。”（疑当作“且，言且然也。”）《经说》云：“且，自前曰 且，自后曰已。方然亦且。”孙引《吕氏春秋》高注云：“且，将也。”此言动词之时差。如云

“入井”,乃是泛指,无有时间可言。若云“且入井”,则是将入而未入,目前言之,故曰“且”。然止人将入井,不云“止且入井”,而省言“止入井”,则是“入井”与“将入井”无别矣。“且出门”一例同此。

其下又云:“且夭非夭也,寿夭也。”此八字无义。适疑此乃后人所妄为增益,遂不可读。原文疑无“非夭也”及“夭也”五字。此当连下文作如下读法:

且“夭寿有命”,非“命”也;非“执有命”,非“命”也。

此言“夭寿有命”乃是“执有命”者之言而非即“命”也。然墨家有“非命”之论,“非命”即是“非执有命”矣。《公孟》篇有云:

> 公孟子曰:“贫富寿夭,齰然在天,不可损益。”又曰:“君子必学。”子墨子曰:“教人学而执有命,是犹命人葆而去其冠也。”

上言“寿夭在天”,下言“执有命”,可以参证。

“罪非之”,毕沅、王引之及顾广圻皆衍罪字,孙诒让云,“罪疑当作众,似非衍文。”适按罪字不改亦可通。

“无也故焉”,旧作“无故焉也”,王、顾并据道藏本校正。

“此乃是而然者也”,旧本如此。王念孙云:

> 上文“白马,马也”以下,但言是,不言非,故曰:“此乃是而然者也。”“获之亲”以下,言是又言非,故曰:“此乃是而不然者也。”“且夫读书,非好书也”以下,亦是非并言,而以此三句(谓“所谓内胶外闭与”三句)承之,则亦当云:“此乃是而不然

者也。”写者脱去不字耳。

适按王校未精也。第六节由肯定之前提而得否定之结语，王氏所谓“言是又言非”者，是也。此节则先为否定之辞而后作肯定之结语，先非而后是。故当云：“此乃不是而然者也。”所脱不字当在是字之上。

据此，则第四节当误脱“或不是而然”一句。

以上释第七节竟。

爱人待周爱人而后为爱人。不爱人不待周不爱人。不失周爱，因为不爱人矣。乘马不待周乘马然后为乘马也。有乘于马，因为乘马矣。逮至不乘马，待周不乘马，而后为不乘马。此一周而一不周者也。

此第八节，释“一周而一不周”。

此节分两段，一论爱人，一论乘马。第一段旧本作：

爱人待周爱人而后为爱人不爱人不待周不爱人不失周爱因为不爱人矣。

俞樾云：“周犹遍也。失字衍文。此言不爱人者，不待遍不爱人而后谓之不爱人也。有不遍爱，因为不爱人矣。今衍失字，义不可通，乃浅人不达文义而加之。”孙从其说，删失字。

适按俞氏盖拘于墨家兼爱之旨，故曲为之说。其实墨家所主兼爱并不必“周爱人”。《经下》云：“无穷不害兼”。《经说》云：

"人之可尽不可尽未可知,而必人之可尽爱也,悖"。此一证也。上文云:"获,人也,爱获,爱人也;臧,人也,爱臧,爱人也"。此则虽仅爱一人,亦可谓之爱人矣,此二证也。《大取》篇云:"爱众也,与爱寡也,相若。兼爱之,有相若。"(从王引之校)此三证也。合观诸证,更以下段论乘马校之,疑此文已经后人增删,今不可考其本来面目矣。其大旨约略如下:

爱人不待周爱人而后为爱人。不爱人待周不爱人。不周不爱,因为爱人矣。

第二段"不待周乘马"句,旧脱不字;"而后为不乘马"句,旧脱为字。今皆依王引之校增。又原文重出"而后不乘马"五字,今依王校删。

此一节所谓"一周而一不周",即名学所谓"尽物与不尽物",亦称"周延与不周延"(Distributed or Undistributed)。凡辞之一端,或主词,或表词,综括所指之全部者,曰周延,此谓之"周";其不能包举所指之全部者,谓之不周延,此谓之"不周"。名学之律曰:

凡统举命辞之主词必周延。

凡偏及命辞之主词必不周延。

凡肯定命辞之表词必不周延。

凡否定命辞之表词必周延。

第四图

如言"乘马",则所乘马为马类之一部分,其式为"所乘者马也"。此为统举的肯定命辞,其主词周延而表词"马"不周延,如第四图。换位则为"马有为所乘者”,是为偏及的肯定命辞,其主词“马”亦不周延,如第五图。故曰:“乘马不待周乘马然后为乘马。有乘于马,因为乘马矣。”

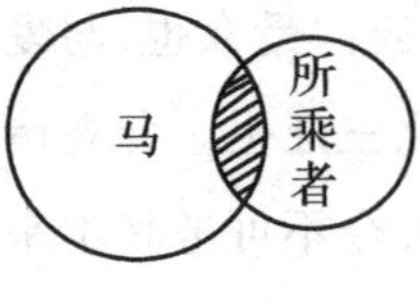

第五图

若言“不乘马”,其式为“凡所乘者,皆非马也”。是为统举的否定命辞,其主词与表词皆周延,如第六图。故曰“不乘马待周不乘马而后为不乘马”也。

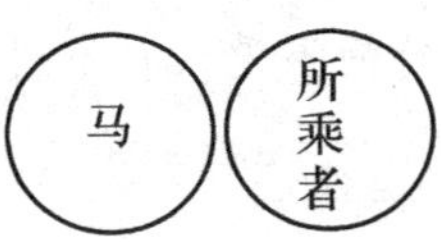

第六图

爱人与不爱人之例亦如此。俞、孙之说,其误皆由以爱人一段为“周”而乘马一段为“不周”,不知爱人与乘马皆“不周”,而不爱人与不乘马皆为“周”也。若如俞、孙之说,则墨者自破其论式,有是理乎?

以上释第八节竟。

居于国则为居国,有一宅于国而不为有国。桃之实,桃也;棘之实,非棘也。问“人之病”,问“人”也;恶“人之病”,非恶“人”也。人之鬼,非人也,兄之鬼,兄也;祭人之鬼,非“祭人”也,祭兄之鬼,乃“祭兄”也。之马之目盼,则谓“之马盼”,之马之目大,而不谓“之马大”;之牛之毛黄,则谓“之牛黄”,之牛之毛众,而不谓“之牛众”。一马,马也;二马,马也。“马四足”者,一马而四足也,非两马而四足也。一马,马也;〔二马,马也。〕“马或白”者,二马而或白也,非一马而或白。此乃一是而一非者也。

此第九节,释“或一是而一非”。今分六小段。

(1)“居于国则为居国,有一宅于国而不为有国。”此语言之小疵，亦根于“名之大小”者也。“居国”是居于国之一部分；而有国之一部分不得为“有国”也。

(2)“桃之实，桃也；棘之实。非棘也。”此亦语言之小疵。孙云：“棘之实，枣也；故云非棘。《诗·魏风》毛《传》云，棘，枣也。”

(3)“问人之病，问人也；恶人之病，非恶人也。”此与第七节第一二例略相似。

(4)“人之鬼，非人也，兄之鬼，兄也；祭人之鬼，非祭人也，祭兄之鬼，乃祭兄也。”此与上三段皆论“习惯语”(Idiom)之不合文法通则者。

(5)“之马之目盼，则谓之马盼，之马之目大，而不谓之马大；之牛之毛黄，则谓之牛黄，之牛之毛众，而不谓之牛众。”顾广圻校云：“《淮南·说山训》作眇，此作盼，误也。”按《说山训》曰：“小马大目，不可谓大马；大(疑衍)马之目眇，所(疑当作斯)谓之眇马。物固有似然而似不然者。”“之牛”、“之马”之之字，王引之曰，“之犹于也。”苏云“之马，犹言是马也。”孙从苏说，是也。

此段论物德与定名之关系。凡名一物，当举此物最重要之特点。《经说下》云：

> 以“牛有齿，马有尾”说牛之非马也，不可。是俱有，不偏有偏无有。曰牛之与马不类，用“牛有角，马无角”，是类不同也。

此言可与本段互相参证。马目眇则谓“之马眇”，牛毛黄则谓“之牛黄”。此皆重要之性质也。牛之目大，马之毛众，皆“不偏有，偏无有”，非重要之表德，故不以命名也。

(6)"一马,马也;二马,马也。马四足者,一马而四足也,非两马而四足也。一马,马也;〔二马,马也。〕马或白者,二马而或白也,非一马而或白。"

王引之云,下"一马,马也",四字盖是衍文。适按此下当脱"二马,马也"四字,写者笔误耳。

此段论吾国文字无单数复数之病。如"马四足"之马为单数,而"马或白"之马为复数,乃无以分别之。若在文法细密之国,则无此弊矣。此弊乃近人所谓"拢统主义"之一证。文言尤甚,白话则少此弊。如此两例,白话当云"一匹马有四只脚"及"有些马是白的"。如此则无语病矣。又如"白马,马也"一例,在文法谨严之文字如法文,则当云"白马是一些马"。如此则不致有一切无谓之纷争矣。

以上释第九节竟。

以上释《小取》篇竟。此稿初次写定于民国六年二月十七夜。自是以来,凡重写三次。此次写定之稿,有几处重要之点与旧作大不相同。最要者如"名实"二字,如"或","假","效"三项,皆与吾在《墨家哲学》及《中国哲学史大纲》中所言大异。甚望读者比较其得失而是正之。

参看:

王念孙:《读书杂志》七之四。

俞　樾:《诸子平议》(《墨子》)。

孙诒让:《墨子间诂》卷十及十一。

章炳麟:《国故论衡》(《原名》篇)。

胡　适:《中国哲学史大纲》卷上,页149—183。

(原载1919年3月《北大月刊》第3期)

胡适先生学术年表*

1891 年(光绪十七年)

12 月 17 日,出生在上海大东门外,取名嗣穈。(后改名适,字适之。)

1893 年(光绪十九年)

4 月,随母赴台湾父亲任所,先后在台南、台东居住。

1895 年(光绪二十一年)

2 月,随母离台回绩溪老家居住。不久入私塾读书。

8 月,父亲胡传在厦门病逝。

1899 年(光绪二十五年)

始读《水浒传》等大量白话小说。

1901 年(光绪二十七年)

始读《纲鉴易知录》、《资治通鉴》。受范缜"神灭论"思想影响甚大。

1903 年(光绪二十九年)

私塾的最后一年。九年私塾课程次序如下:《学为人诗》、《原学》、《律诗六钞》、《孝经》、《小学》、《论语》、《孟子》、《大学》、《中庸》、《诗经》、《书经》、《易经》、《礼记》。

---

* 此年表由王法周先生撰写。

1904 年(光绪三十年)

春,入上海梅溪学堂,课程有国文、英文、算学三种。

1905 年(光绪三十一年)

秋,改入澄衷学堂。读严译《天演论》,受"天演"观念的影响,改名"适"。

1906 年(光绪三十二年)

澄衷课余,读梁启超的《新民说》和《中国学术思想变迁之大势》等,思想深受影响。

秋,入中国公学。加入竞业学会,开始发表破除迷信与思想启蒙的文字。

1908 年(光绪三十四年)

主编《竞业旬报》。参与组建中国新公学,被聘为英语教员。

1910 年(宣统二年)

7 月,赴京参加庚款考试,正式使用"胡适"这一名字。

9 月抵美,入康奈尔大学农学院,开始七年之久的留学生活。

1912 年

年初,弃农科,转入文学院主修哲学。

1913 年

5 月,被选为康奈尔大学世界学生会会长。

1914 年

2 月,本科毕业,获文学士学位。

6 月,参与组织中国科学社。

1915 年

9 月,入哥伦比亚大学研究院,师从杜威研究哲学。

1916 年

与梅光迪、任鸿隽等频繁讨论白话文学问题。

1917 年

1 月,《文学改良刍议》刊发于《新青年》。

4 月,完成博士论文《中国古代哲学方法之进化史》。

6 月,结束留学生活,离开美国。

9 月,就任北京大学教授,教授英文学、中国古代哲学等。

11 月,成功创议大学选科制和教授委员会制。

12 月,创办哲学研究所,任主任。

年底,在绩溪老家与江冬秀完婚。

1918 年

1 月,担任《新青年》杂志编辑。

4 月,发表《建设的文学革命论》,提出文学革命的基本目标。

6 月,发表《易卜生主义》,宣扬个人主义。

11 月,母亲病逝,回绩溪奔丧。

1919 年

1 月,扶持《新潮》杂志创刊。

2 月,《中国哲学史大纲》(卷上)出版,此书对中国现代学术的建立具有开创之功。

4 月,发表《实验主义》,这是中国现代实验主义哲学的代表作。

7 月,在该刊上发表《多研究些问题,少谈些主义》,宣扬改良主义的政治主张。

10 月,代理北京大学教务长。

12 月,发表《新思潮的意义》,阐述新文化运动的纲领。

1920 年

3 月，《尝试集》出版，这是中国的第一本白话诗集。

8 月，与蒋梦麟等联名发表《争自由的宣言》。

1921 年

5 月，创办成立“努力会”。

10 月，发表《好政府主义》。

11 月，改定《红楼梦考证》，确定作者为曹雪芹。

1922 年

3 月，任《国学季刊》编辑部主任。

4 月，任北京大学教务长。

5 月，创刊《努力》周报，发表《我们的政治主张》。

1923 年

1 月，发表《〈国学季刊〉发刊宣言》。

11 月，写成《科学与人生观序》。

1925 年

被聘为英国庚款委员会委员。

1926 年

6 月，写成《我们对西洋近代文明的态度》。

7 月，赴英参加庚款会议。在伦敦、巴黎查阅敦煌卷子。

1927 年

10 月，《戴东原的哲学》出版。

1928 年

3 月，参与创刊《新月》。

4 月，任中国公学校长。

6 月，《白话文学史》（上卷）出版，提出双线文学的新观念。

1929 年

4 月,发表《人权与约法》,引起国民党的“围剿”。

1930 年

5 月,辞去中国公学校长。

12 月,发表《我们走哪条路》。

1931 年

春,被聘为北京大学文学院院长。

10 月,在南京与蒋介石第一次会面。

12 月,《淮南王书》出版。

1932 年

5 月,主持创刊《独立评论》。《中国中古思想史提要》出版。

1933 年

1 月,加入中国民权保障同盟,不久即与该同盟决裂。

9 月,《四十自述》出版。

1934 年

5 月,《说儒》完稿。

1935 年

6 月,发表《充分世界化与全盘西化》。

9 月,被选为中央研究院第一届评议会评议员。

1936 年

8 月,赴美国出席太平洋国际学会第六届常会(年会),被选为副会长。

1937 年

7 月,参加庐山茶话会。

9 月,以非官方身份赴美进行外交活动。

1938 年

9 月，被任命为驻美大使。

10 月，向美国总统递交国书，开始以大使身份开展外交。

12 月，首次向美贷款获得成功。

1939 年

2 月，开始阻止美国国会中立法修正案。

9 月，要求第二次向美国借款。

1940 年

4 月，第二次借款成功。

1942 年

9 月，交卸大使职务。在纽约从事学术研究。发表《中国思想史纲要》（英文）。

1943 年

11 月，开始重新研究《水经注》疑案。

1944 年

3 月，写成《全校〈水经注〉辨伪》。

1945 年

4 月，出席旧金山联合国制宪会议。

8 月，致电毛泽东，要求中国共产党放弃武力，做和平的第二大党。

9 月，被任命为北京大学校长。

1946 年

7 月，离美回国。

9 月，正式就任北京大学校长。

11 月，出席“国民大会”，为主席团成员。

1947 年

5 月,在北平组织成立“独立时论社”。

1948 年

3 月,被选为中央研究院第一届院士。出席“国民大会”,蒋介石拟请胡适为总统候选人。

9 月,在北平电台作题为《自由主义》的讲演。

11 月,蒋介石请胡适出任行政院院长,辞谢不就。

12 月,胡适乘专机离开北平。

1949 年

4 月,赴美。

11 月,《自由中国》在台北创刊,胡适为发行人。发表《民主与极权的冲突》。

1950 年

5 月,被聘为普林斯顿大学葛思德东方图书馆管理员。

9 月,次子胡思杜声明与胡适断绝父子关系。

1952 年

夏天,被改聘为普林斯顿大学葛思德东方图书馆的荣誉主持人。

1953 年

2 月,辞去《自由中国》发行人名衔。

1954 年

2 月,赴台出席“国民大会”二次会议,任大会临时主席。

11 月,大陆批判胡适运动开始。

1956 年

12 月,胡适的自由主义言论触怒蒋氏父子。

1957 年

1 月,蒋经国主持印发《向毒素思想总攻击》,猛烈批判胡适。

9 月,次子胡思杜自杀身亡。

1958 年

4 月,到台北就任“中央研究院”院长。

5 月,做《从争取言论自由谈到反对党》的讲演。

1959 年

2 月,任“国家长期发展科学委员会”主席。

11 月,公开反对蒋介石连任第三届“总统”。

1960 年

9 月,雷震被捕,胡适开脱无果。

1961 年

11 月,再次受到国民党当局的激烈围攻。

1962 年

2 月 24 日,主持“中央研究院”第五届院士会议,心脏病猝发而死。

《中国哲学史大纲》导论

王法周

胡适的《中国哲学史大纲》，是第一本用现代哲学方法系统研究中国哲学的书，是中国哲学史学科的开山之作。

《中国哲学史大纲》是胡适在自己的博士论文《先秦名学史》和北京大学中国哲学史讲义的基础上修改扩充而成的，出版于1919年2月。书出不到两个月即再版，到1922年已出至第八版，在当时的学术界乃至整个文化界有很大的影响。

《中国哲学史大纲》的意义，并不限于中国哲学史学科。余英时认为，此书在中国现代学术思想史上具有“开创性、革命性”的意义，是中国传统学术向现代学术转移过程中的“全新的典范”。这一观点，获得了颇多学者的认同。

一

在中国哲学史学科的发展史上，《中国哲学史大纲》是一部具有划时代意义的现代学术著作。

要明白这一点，首先需要了解在这本书之前的中国哲学史研究状况。

实际上，在胡适的《中国哲学史大纲》之前，也有陈黻宸、谢无量等人撰写的名之为《中国哲学史》的著作。但这些书,内容实非哲学,基本上对哲学问题与非哲学问题缺乏把握,对哲学及中国哲学史的研究对象与范围也缺乏基本的了解。故这些书虽名曰《中国哲学史》,实则尚未从一般的古史研究和经学研究中分离出来。简单地说,《中国哲学史大纲》之前,还谈不上存在现代学术意义上的中国哲学史研究。

作为中国现代学术思想史上第一部真正意义上的中国哲学史著作,此书的第一步是借鉴西方哲学的知识系统来厘定中国哲学史的研究对象和范围。

在《中国哲学史大纲》的导言中,他首先对什么是哲学做了界定:"凡研究人生切要问题,从根本上着想,要寻一个根本的解决,这种学问,叫做哲学。"根据这个定义,胡适认为哲学应包含六个大的问题,即:(一)天地万物是怎样来的;(二)知识思想的范围、作用及方法;(三)人生在世应该如何行为;(四)怎样才可以使人有知识;(五)社会国家应该如何组织和管理;(六)人生究竟有何归宿。这样,中国哲学便包括六大内容,即:宇宙论、知识论、人生哲学、教育哲学、政治哲学和宗教哲学。哲学的边界既经勘定,各种非哲学的问题自然从中国哲学史的研究范围中剔除了出去。仅有这一点,此书就可能成为第一本研究中国哲学的书。

由此出发,胡适提出了建立中国哲学史学科的基本规范以及相关的具体要求。在交代了什么是哲学后,他继续指出:"把这种种哲学问题的种种研究法和种种解决方法,都依着年代的先后和学派的系统,一一记叙下来,便成了哲学史。"书中把哲学史的任务归结为三条:

(一)明变,弄清古今哲学思想变迁的线索,这是哲学史的"第一要务”。

（二）求因，不但要弄清哲学思想变迁的线索，还要弄清发生这种种变迁的原因。例如，程、朱的哲学何以不同于孔、孟，陆、王的哲学又何以不同于程、朱。胡适认为，发生这种同异变迁的原因大约有三种：(1)个人的才性不同；(2)所处的时势不同；(3)所受的思想学术影响不同。

（三）评判，明变、求因之后，还要对各家学说作出评判，使人了解其价值所在。胡适特别强调，评判应该是客观的，即弄清每一家学说实际所发生的效果。这些效果便是那家学说价值的实际表现。学说的效果大致有三个方面：(1)对同时代和后来的思想产生何种影响；(2)在社会风俗政治上产生何种影响；(3)可以造出怎样的人格来。胡适指出的这几点，不但可以据以评判哲学家，而且也可以普遍用来评判一切思想家、教育家的学说价值。

作者特别强调对于史料的通贯意识，认为必须在校勘、训诂的基础上，对史料作出通贯的处理。只有这样，才能“把各家的书贯串领会，使一家一家的学说，都成有条理有系统的哲学。”

但是，要真正做到“明变”、“求因”和“评判”，还必须具有基本的现代学术眼光和现代学术方法，即“用现代哲学去重新解释中国古代哲学”，用西方哲学的范畴与逻辑系统来整理中国哲学的材料。

实际上，《中国哲学史大纲》正是在运用西方哲学方法的基础上，把经史研究贯连成了一个条理清晰的学术系统，从而在总体上完成了对乾嘉考据学的超越。此书每讲一派哲学，都能给我们讲出这一派哲学的思想系统。如讲老子，先考其生平时代，然后说他对时世的态度，再讲他的主要哲学观念。在相关哲学观念中，先讲其天道，即其自然观，再讲其名实观念。老子重“无”的思想，无名先于有名，万有生于无。由于如此看重“无”，乃有他一套无为的思想主张。讲孔、墨及其他诸家，亦均如此，都是把各家哲学整理成一个有组织的学说系统。

籍西方现代哲学的观念与方法，此书还紧紧抓住一些重大哲学问题作为主线，依时代的先后及思想演变的脉络，一一进行考证、分析、演绎，然后分别说明它们产生的原因，与发生的效果。比如，抓住各家学说中的“名学”方法，从老子的“无名”，到孔子的“正名”、墨子的以名符实、杨朱的“名无实”……一直到荀子的“正名论”，从而各家的“名学”思想呈现出一条清晰的线索。又如，人生论问题，从老子“无为”人生，到孔子伦常的人生，到墨子博爱的人生……再到庄子“达观主义”的人生，等等，各家的“人生”哲学亦形成一条清楚的线索。同样，对其他相关的哲学问题也分别斟酌，作类似的处理。这样讲哲学史，就很有系统性，不是简单排比各家的思想主张、成为互不相涉的豆腐账式的记载，而是既指明其思想与时代的关系，又揭示其思想的内在逻辑，同时更指出各家各派的历史上的联系。使人真正有“史”的感觉，有发展的脉络可循。此书的问世，终于使数千年来杂陈在浩瀚典籍中的相关史料成为了有条理有系统的中国哲学史学科。

作为一部学科草创之初的中国哲学史著作，此书自难达到尽善尽美的地步。但就其整体方法、架构与基本内容而言，《中国哲学史大纲》对于中国哲学史学科的开创性意义，是相当明显的。

二

《中国哲学史大纲》最重要的观念和方法是什么？这是阅读此书需要特别注意的地方。

上一节所提到的哲学六大内容，它们之间并不是平行的，其中知识论或名学方法在全书中居于最中心的地位。换句话来说，以逻辑—知识论为中心便是此书最主要的特点。

胡适在此书的台北版自记中说："我这本书的特别立场是要抓住每一位哲人或每一个学派的'名学方法'（逻辑方法，即知识思考的方法），认为这是哲学史的中心问题。"这里，胡适把名学方法又称作逻辑方法。逻辑学，近代曾被译作名学或论理学。但严格说来，知识思考的方法或哲学方法，并非逻辑方法所能涵盖。胡适是在广义上使用名学或逻辑这一概念的，指的是广泛意义上的哲学方法，相当于西方哲学中的知识论或方法论。

此书中名学或方法论包含两方面的内容：一是关于知识形式的规范，如概念、判断、推理及其相互关系的规定，它相当于我们今天所说的逻辑学；一是关于知识来源、获取知识的方法、知识的真伪以及效用的检验，等等，这相当于今天所说的知识论。前者，胡适书中有时称为名学、论辩方法；后者，有时称为哲学方法、知识论，有时甚至称作"心理学"（不同于今天所说的心理学）。这些概念使用上的不同情况，读者应予注意。举例说，此书中第六篇第二章讲"墨子的哲学方法"，第八篇第二章讲"墨辩论知识"，第十一篇第三章讲荀子的"心理学"部分，都是上述第二种情况，即讲的是知识论。而第六篇之第三章讲“三表法”，第八篇之第三章讲“论辩”，第十一篇之第三章讲“名学”的部分，则属于第一种情况，即讲的是逻辑学。名学方法是中国古代哲学中固有的内容，从前治中国哲学史、思想史的人，未予充分注意。胡适在他的书里，抓住此一方法演变的线索，与其历史的方法表里辉映，取得了很大的成功。

名学方法既然被看做是古代各家各派哲学的中心问题，各家有各家的名学，各派有各派的方法，所以，胡适不承认有专门所谓名家一派。他说：“古代本没有什么‘名家’，无论哪一家的哲学，都有一种为学的方法。这个方法便是这一家的名学（逻辑）。所以老子要‘无名’，孔子要‘正名’，墨子说‘言有三表’，杨子说‘实无名，名无实’，公孙龙有‘名实论’，荀子有《正名篇》，庄子有《齐物论》，尹文子有‘刑名之论’：这都是各家的‘名学’。因为家家都有‘名学’，所以没有什么‘名家’。”这段文字相当重要，读者可视为全书的一个纲领。

由于把名学方法视为各家哲学的中心，视为古代哲学发展的主线，书中往往将古代哲人的政治哲学、教育哲学、人生哲学也都与其名学方法挂上钩，以其名学方法统贯起来。例如，在讲庄子的哲学时，作者从《齐物论》入手，明确指出“庄子的名学的结果已侵入他人生哲学的范围了”。他指出，庄子的哲学只是一种超然的达观主义、出世主义，在他看来，万事万物之不同都只是相对的、不值得计较的。作者说：“庄子只是要人懂得这个道理，故说：‘自其异者视之，肝胆楚越也；自其同者视之，万物皆一也。’庄子的名学和人生哲学，都只是要人知道‘万物皆一’四个大字。”这也就是说，《齐物论》既是庄子的名学方法，也是他的人生哲学的根本要义所在。对于老子、孔子、墨子、荀子等论述,也大体上都以知识方法作统率。这也使得此书,在总的思想理路上,体现了方法与观点的一致性。

胡适此书,于名学方法、知识论用力最多,所论多有精义,同时代学者对此早有定评。梁启超于1922年3月,曾到北京大学作题为《评胡适之〈中国哲学史大纲〉》的专门讲演,指出:"胡先生观察中国古代哲学,全从知识论方面下子,观察得异常精密,我对于本书这方面,认为是空前创作。"又说,"这一部书讲墨子、荀子最好",讲墨子,讲别墨,"都是好极了","总说一句话,凡关于知识论方面,到处发见石破天惊的伟论"(《饮冰室合集·文集之三十八》,第51、60、66页)。梁氏评价确不为过。此书中关于墨子、后期墨家、惠施、公孙龙、荀子等部分讲得都很精彩。其中,《别墨》一篇,篇幅最大。作者用西方现代逻辑知识来诠释《墨经》,当时大受时流的推重。此篇全部内容皆堪称经典之作,现在通行的中国哲学史著作,在很大程度上,都接受了胡适此书的见解。

当然,胡适过于重视知识方法,以此方法统率政治哲学、人生哲学等领域,也难免会发生一些问题,这一点我们在文章最后一节再作讨论。

三

此书的价值及其对后世的影响主要有三方面。

第一,它标志了中国哲学史学科体系的建立。

作为第一部借鉴西洋哲学方法写作的中国哲学史,《中国哲学史大纲》在某些具体材料和问题的处理上，难免有不当之处。但就其整体方法与架构而言，此书堪称是中国哲学史学科的开山之作。冯友兰称此书是“一部具有划时代意义的书”，也是这个意思。这本书的出版，亦即是现代中国哲学史学科成立的标志。关于这一点，上文已有讨论，此不赘述。

第二，它在中国现代学术思想上树立了一个新范式。

《中国哲学史大纲》的学术意义并不限于中国哲学史学科本身，它为整个中国现代学术思想的研究奠立了一个全新的范式。

以此书对整个史学的影响为例。

此书堪称是中国现代实证史学的奠基之作。此书敢于“截断众流”，撇开三皇五帝尧舜禹汤的传说，径直“从孔子、老子”讲起。这种霹雳手段，对于儒家古史观形成了重大的打击。在很大程度上，稍后古史辨派的诞生便兆因于此。

此书特别重视史料的处理，超过三分之一的篇幅用在了史料考证方面。作者认为，一部可靠的中国哲学史，必须要在搜集史料、审定史料真假以及整理史料等方面下工夫。在此书的导言中，胡适对史料的搜集、考辨、校勘和贯通的理解，作了全面系统的阐述。这一阐述是对清代考据学成果进行的精心提炼和全面总结。但需要注意到，胡适对清代考据学是有批评的。他认为，清代汉学家精于校勘训诂，但大都缺乏“贯通的工夫”，从而绝大多数“流于支离破碎”。书中，胡适不仅借鉴了西方历史校勘学的方法，还系统运用了实验主义的哲学方法。其中关于哲学家生卒年代及其著作的考证，内容真伪的辨别，重要文字的训释等方面，都取得了不俗的成绩。如对墨子、别墨、惠施、公孙龙的考证，对儒墨两家复杂关系的考证，对于关涉重要哲学范畴的关键文字的考释，对史料的贯通理解，等等，都在传统考据学的基础上，进行逻辑分析与哲学诠释，从而较透彻地揭示了哲学家的思想面貌。胡适的考证，是把现代哲学观念与实证史学方法注入清代考据学之中，比清代考据更严格、更系统化，在整体上超越了清代考据学，彰显了现代实证科学方法的理论效力，对于近代史学革命的完成具有划时代的意义。

《中国哲学史大纲》对整个中国现代学术的发展都具有相当深远的影响。此书始终贯穿着现代学术观念与方法，它的一整套处理材料的技术手段，对于社会科学、人文学科等领域，都具有多方位的示范意义。余英时在《〈中国哲学史大纲〉与史学革命》一文中指出："《中国哲学史大纲》所提供的，并不是个别的观点而是一整套关于国故整理的信仰、价值和技术系统。"余氏此说极见功力。余氏又指出，冯友兰著《中国哲学史》"并未突破胡著的典范"。他的意思，是在"范式"说的意义上，包括冯著在内的其他相关的学术研究，都是对胡著开创的这一学术新范式的精细化、修正与展开。余氏曾多次强调了《中国哲学史大纲》在中国现代学术思想史上所具有的开创性与革命性意义。

第三，思想启蒙的重要作用。

《中国哲学史大纲》的写作、出版之时，正值新文化运动方兴未艾之际。细心的读者自不难发现它的时代印迹。

此书对科学方法、理性精神的张扬之意相当明显。第二部分讲过，此书的最大特色是重视知识方法，把各家各派的哲学方法放在首要的地位，这是全书中最重要的一条思想线索。这一点是有深刻的历史意义的。知识方法与科学理性精神，是西方近代哲学中最为发达的一部分，也是西方近代文明获得长足发展的利器，而这一点在中国古代哲学中恰恰是最为薄弱的。知识论在中国文化中的欠缺,成了胡适等启蒙思想家一生的梦魇。因此,《中国哲学史大纲》极力张扬中国古代哲学中所蕴含的科学、理性观念,对凡所关涉现代科学知识的内容均不惜重墨,如《墨子》、《别墨》、《荀子》等诸篇皆是。即如第九篇讲庄子,把庄子的一些观念解释成生物进化论,虽然这一理解是错误的,但我们由此正可看到作者对科学观念的高度重视。

新文化运动提倡的自由民主精神以及追求进取的价值取向,在全书中时隐时现,脉络不断。书中常常不失时机地彰显古代哲学中的自由、民主因素,有意识地揭示近似个人主义的思想因素。比如,肯定墨子非命论中的自由意志,揭示杨朱"为我"的合理性因素,称扬"孟子的政治哲学很带有尊重民权的意味",等等。书中显扬进取的人生观,批判庄子的不谴是非、否定人为的思想,而赞许孔子进取的人生态度,尤对孔子"知其不可而为之"的精神特别予以张扬。

重新审视旧文化,"重新估定一切价值",是此书重要的一条思想线索。此书把历史上孔子及其思想同历代人为树立的孔子偶像区别开来,还孔子以本来的面目,剔除后人附加的种种夸饰。书中着力张扬儒家非正统学派与非儒学派的思想和主张,透露出打破儒学独尊、追求学术平等的思想理念。这就是蔡元培所谓的"平等的眼光",即平视孔、墨、老、庄,将孔子与古代诸哲平等看待,这也是"重新估定一切价值"的基本条件。

新文化运动以融合中西,创造新文化为旨归。在本书的导言中,胡适明确表达了使中西两大哲学系统结合起来、创造出一种全新哲学的祈望。书中贯穿着作者致力于沟通中西文化、再造中国文明的强烈意向。启蒙思想若缺少了学术研究的基础，自难巩固，也自难持久。在一定意义上，作为一部用西方现代哲学方法系统地整理、研究中国哲学的典范，此书也可以看做是中国现代启蒙思想的一个学术基础。

四

作为一门新学科开创时期的作品，此书也有不足之处。

《中国哲学史大纲》出版不久，即有学者提出批评。如梁启超所作《评胡适之〈中国哲学史大纲〉》一篇讲演中，批评此书因突出知识论，而忽略了中国古代哲学中诸如宇宙观、人生观等一些重要观念。同时批评此书以实验主义为标准而导致了“强人以就我的毛病”以及一概舍弃《尚书》、《左传》等书中的材料而犯了“疑古太过”的毛病等。梁氏的这些批评，都是有所见的。

胡适自己也发现了此书的一些缺陷。后来他在《中国古代哲学史》台北版的自记中，专门检出此书的三处缺点：（一）“我当时相信孔子做过‘删诗书、订礼乐’的工作，这大概是错的。”（二）“我当时用《列子》里的《杨朱》篇来代表杨朱的思想，这也是错的。”（三）“此书第九篇第一章论《庄子时代的生物进化论》，是全书最脆弱的一章。”胡适自认，这一章中关于庄子和列子的进化论的说法，“所用的材料，所下的结论，都大有问题”，等等。

一般认为，此书最主要的不足，在于因过分凸显知识论的问题，从而在一定程度上削弱了中国古代哲学中宇宙论、人生论等问题的丰富意蕴，同时也弱化了诸如天人合一、知行合一等中国哲学的重要精神特质。实际上,造成这种不足的原因,在很大程度上恰恰在于胡适对上述问题的有意识的排斥。按照胡适实验主义哲学的眼光,上述问题与现代科学精神相扞格,或为哲学的赘余,或有直觉、笼统的毛病,或有神秘主义的因素,等等,总之他认为这些问题缺乏逻辑性和合理性。但无论如何,上述问题毕竟是古代中国哲人关注的重心,忽略了这些,就不足以显示中国古代哲学的特点。更重要的是,过分凸显知识方法的作用,容易把一些根本的哲学命题都转化、归结于知识方法,从而发生化约论的思想嫌疑。(这里要说明的是,这个问题十分复杂,关涉面甚多,读者需要对现代西方哲学有一个基本的了解。)

无论如何,尽管此书存在这样一些缺点,但它作为第一部用现代学术方法著作的中国哲学史,它的价值与意义是巨大而深远的。

最后,需要再次提醒读者,读此书,需要把它放到整个中国现代学术思想发展史上去把握,要把它放到新文化运动这一大思想背景中去把握。注意到这些,读者才能够对此书有一个基本的了解。